Josef Tomiska

Physik, Gott und die Materie

Wieso Wissenschaft und Glaube kein Widerspruch sind

UEBERREUTER

Zsuzsanna und Heide-Thérèse,
den beiden Damen meines Herzens,
in Liebe und Freude

Das säurefreie und alterungsbeständige Papier EOS liefert Salzer, St. Pölten
(hergestellt aus chlorfrei gebleichtem Zellstoff aus nachhaltiger Forstwirtschaft).

ISBN 978-3-8000-7458-7

Covergestaltung: Walter Reiterer, ReitererGrafik Wien
Coverfoto: DX/fotolia.com

Gedruckt in Österreich
1 3 5 7 6 4 2

Ueberreuter im Internet: www.ueberreuter.at

Inhalt

VORWORT

Von früh an lernen wir eine Menge Phänomene, Naturgesetze und was Menschen im Laufe der Zeit zu einer Fülle von Problemen gesagt oder gedacht haben. In teils sehr apodiktischer Weise werden wir von Ideologien, Philosophie und Religion mit ihren grundverschiedenen Ansichten über unsere Welt konfrontiert und hören ziemlich bruchstückhaft, zumeist aber nicht weniger dogmatisch, wie die Physik unser Universum sieht.

Leider ist davon allzu vieles bereits arg überholt, da schon längst als irrig erkannt. So manches andere Wissen wurde im Laufe unserer Kulturgeschichte aus unterschiedlichsten Gründen verfälscht: Einiges davon aus hehren Zielen, weil man meinte, dadurch die Verständlichkeit zu verbessern, wie bei Teilen der Newton'schen Mechanik. Wir kennen aber auch Fehlinformationen, die aus purem Eigennutz bewusst in die Welt gesetzt worden sind, wie etwa die Behauptung, im Mittelalter hätten wir an eine scheibenförmige Erde geglaubt.

Das vorliegende Buch katapultiert uns in lockerer und allgemein verständlicher Weise – immer aber fachlich völlig korrekt – in eine Weltsicht, die ins 21. Jahrhundert passt. Es räumt mit so manchen Fehlinformationen und Verfälschungen auf und zeigt uns die tatsächlichen Bedeutungen von »Materie«, »Gott«, »Zeit« und »Raum«.

Wir erfahren, was unsere physikalischen Theorien zu unserem Weltverständnis beitragen können, was die Religionen, die Philosophie und die Ideologien. Es zeigt uns auch, wie rational und objektiv die Naturwissenschaft ist, welchen Standpunkt die mechanistische Physik vertreten hat und was die moderne Naturwissenschaft kann und will.

Es war dabei hilfreich, dass sich der Autor seit Jahren bemüht, die moderne Physik »alltagstauglich« zu machen, indem er sie fachlich korrekt in eine verständliche Sprache und Begriffswelt übersetzt, um so ihre Einbindung in das allgemeine Kulturleben zu ermöglichen – frei nach dem Motto »Unser Wissen muss einfach und verständlich werden«. Zwei Bücher sind dazu von ihm bereits erschienen: *Die Werkstatt der Natur –*

Eine moderne Einführung in die Quantentheorie und *Das kosmische Spiel – Die verständliche Welt der Relativitätstheorie.*

Die zweite Schiene zu dem vorliegenden Buch ist eine bislang völlig unbemerkte, aber um so erstaunlichere Parallele, die den Autor seit seinen Studententagen fasziniert: Die Physik benötigt drei transzendente Begriffe – in Abgrenzung zur Philosophie – als im Rahmen ihrer Wissenschaft nicht mehr hinterfragbare Basis ihrer selbst und der christliche Gott der Dreifaltigkeit wird als drei verschiedene Personen in einem Wesen geglaubt.

Der Autor ist daher seit Langem um eine möglichst geschlossene Weltanschauung bemüht, die naturwissenschaftliches Arbeiten und den Glauben an den christlichen Gott als harmonisch vereinbar ausweist. Das vorliegende Buch ist ein erstes Ergebnis seiner diesbezüglichen Gedanken. Er bemühte sich nach bestem Gewissen um sachliches, objektives Erzählen und unterscheidet rigide zwischen verifizierbaren Tatsachen und seinen persönlichen Ansichten, wie der geneigte Leser unschwer zu konstatieren vermag.

Josef Tomiska
Jänner 2010

1.

DER GEIST UND DIE MATERIE

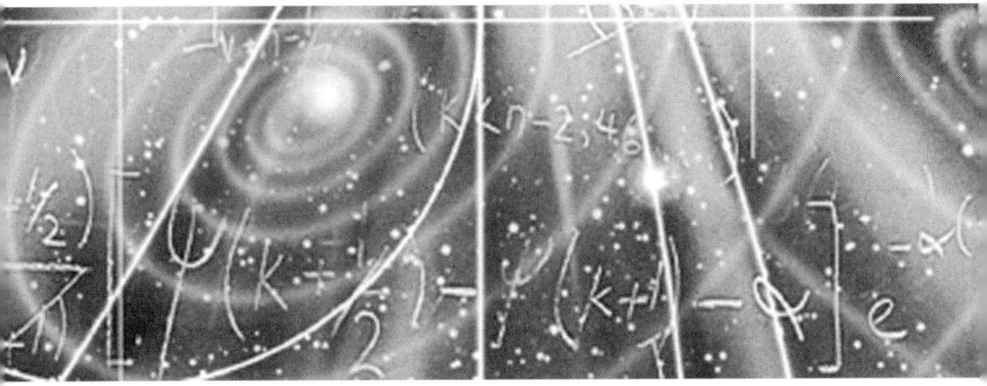

Es gibt keine unbestrittene Wahrheit.

Voltaire

Was ist Wahrheit?

Pontius Pilatus (Joh. 18–38)

1.1 Die Fronten

Naturwissenschaft und Gott werden insbesondere seit dem Aufkommen des mechanistischen Weltbildes im 19. Jahrhundert gerne als Schlagwörter für völlig unvereinbare Weltanschauungen gebraucht. Dass sich Vertreter unterschiedlicher Weltsichten bisweilen hart bekämpfen, ist nichts Neues, denn seit je befehden sich Philosophen und Religionen unter- und gegeneinander, jeder in der vollen Überzeugung, die »wahre« Wahrheit zu kennen.

Neu hingegen ist, dass sich mit den Erfolgen der neuzeitlichen Naturwissenschaft eine bis dahin unbekannte Ebene der Wissenserkenntnis aufgetan hat, die auf der Nachprüfbarkeit mithilfe von gezielten Experimenten beruht. Die modernen Materialisten und Deterministen sind überzeugt, dass ihre Weltsicht auf dieser naturwissenschaftlichen Methode beruht und deshalb jeder anderen Weltanschauung überlegen sein muss. Gottesgläubige hingegen berufen sich für ihre Welterklärungen oft auf höhere Wahrheiten.

Einer der Hauptstreitpunkte ist die Kernfrage einer jeden Weltanschauung, was das eigentlich »Wirkliche«, der »Urgrund« unseres Universums ist, der gerne das »Absolute« (lat.: abgelöst) oder »Unbedingte« genannt wird, weil er allein aus sich selbst heraus existiert. Dieses »Absolute« (»Unbedingte«) muss in jeder Weltsicht von allem anderen völlig unabhängig existieren können, es muss sich »selbst genug« sein und ermöglichen, dass sich die Existenz aller anderen Dinge unserer Welt darauf zurückführen lässt.

Auf der Erklärungssuche, was dieses Absolute denn sei, wurden im Laufe unserer Kulturgeschichte die beiden Begriffe »Materie« und »Geist« geprägt. Die Spiritualisten (*»spiritus«* [lat.]: Geist) sind von einer eigenständigen Existenz des »Geistes« überzeugt, die sich keinesfalls auf irgendwelche »natürliche«, physiologische Vorgänge zurückführen lässt. Im Spiritualismus werden also das »Körperliche« und das »Geistige« als zwei radikal verschiedene und getrennte Substanzen aufgefasst. Viele Spiritualisten – insbesondere die Idealisten – sehen den »Geist« sogar als das grundlegend Wichtigere in unserer Welt an, nämlich als das einzig »Absolute«.

Die modernen Materialisten dekretieren hingegen, dass es den »Geist« als eigenständige Existenz gar nicht gibt, sondern alles durch die »Materie« bedingt wird. Sie fühlen sich in ihrer Position dadurch bestärkt, dass der »Geist« kein Teil der physikalischen Begriffswelt ist. Diese »Materie« ist für sie daher das einzig »Absolute«, denn sie bringt ihnen zufolge sämtliche von uns wahrgenommenen Dinge und Vorkommnisse dieser Welt hervor. Auch unser menschliches Bewusstsein, unsere Gedanken und Ideen sind nach Auffassung der Materialisten reine Erscheinungsformen dieser »Materie« bzw. können auf solche zurückgeführt werden: Das »Geistige« ist für sie bloß eine Folge von materiell körperlichen Prozessen.

1.2 Der Geist

Der »Geist« der Spiritualisten, der philosophische Begriff des »Geistes« also, hat nichts mit den »Geistern« zu tun, denen wir in Naturreligionen und im Aberglauben begegnen. Für Thales von Milet (640/624–546 [?] v. Chr.), der traditionell als Begründer der Philosophie gilt und von Platon zu einem der sieben Weisen des Altertums gezählt worden ist, gab es noch keinen »Geist«. Er sah im »Wasser« den Urgrund (griech.: *arché*) allen Seins und allen Geschehens, allerdings galt es ihm noch als lebendig und als Inbegriff alles Feuchten.

Der Begriff des »Geistes« wurde erst etwa hundert Jahre später durch Heraklit von Ephesus (ca. 544–484 v. Chr.) in unsere europäische Kulturgeschichte eingebracht, ist aber seither praktisch aus keiner Weltanschauung mehr wegzudenken. Er wurde und wird jedoch in so vielfältiger Weise gebraucht, dass sich kaum ein gemeinsamer Nenner finden lässt. Dieses Schicksal teilt er – wie wir bald sehen werden – mit seinem Gegenspieler, der »Materie«.

Heraklit nannte ihn »*logos*« (griech.: Wort, Vernunft, Begriff), er dachte ihn als eine ordnende Weltkraft, eine ewige Weltstruktur, die überall enthalten ist und alle Geschehnisse unserer Welt steuert. Dieser »*logos*« verbleibt nach Heraklit für uns eine völlig undurchschaubare »All-Vernunft«, die »nicht will und doch will mit dem Namen des ›Zeus‹

benannt werden«. Er wollte offenbar damit sagen, dass die Bezeichnung seines »*logos*« mit dem Namen »Zeus« deshalb versagen muss, weil diese seine Welt bestimmende Kraft nicht mit dem Gott der damaligen griechischen Volksreligion identisch war. Aber sie schien ihm andererseits deshalb gerechtfertigt, weil mit »Zeus« auch jene göttliche Realität bezeichnet worden war, die alles ist und sich in alles verwandeln kann.

Bei Anaxagoras (499–428 v. Chr.) heißt die Weltvernunft oder der »Geist« hingegen »*nous*« und wird anders gedacht, nämlich als zweites Ewiges neben der »Materie«. Am Anfang der Zeit versetzte nach Anaxagoras der »*nous*« die »Materie« in eine Wirbelbewegung, welche die Dinge gemäß ihrer Verschiedenartigkeit allmählich voneinander trennte. Dieser »*nous*« war aber nicht bloß Auslöser und Ordnungsprinzip des Kosmos, sondern auch der Garant für die dauerhafte Existenz des Lebendigen.

Platon (428/427–348/347 v. Chr.), der überragende Philosoph der griechischen Antike, der in der Legende gar zum Sohn Apollos verklärt worden ist, versteht unter »Geist« die »ewige Selbstschau des Ewigen« und sein Schüler Aristoteles (384–322 v. Chr.) das »sich selbst denkende Denken«. Beide Philosophenfürsten unterschieden streng zwischen dem »vernünftigen« Seelenteil, der den Geist tragen sollte, und dem bloß Vegetativen und Animalischen von uns Menschen.

Dies entsprach der Zweiteilung des Kosmos, der nach Platons Lehre vom »Demiurgen«, dem Weltschöpfer, neben der materiellen Welt auch eine Weltseele bekommen hat. Diese beseelte den Kosmos und konstituierte ihn somit als einen lebenden Organismus. Der Demiurg schuf auch die anderen Gottheiten, unter ihnen jene, deren Aufgabe es war, den Menschen aus Materie und Bestandteilen der Weltseele zu kreieren.

Georg W. F. Hegel (1770–1831) erhob ebenfalls den Anspruch, mit seiner Philosophie die gesamte Wirklichkeit unserer Welt in der Vielfalt ihrer Erscheinungsformen einschließlich ihrer geschichtlichen Entwicklung systematisch, definitiv und zusammenhängend zu deuten. Seine *Phänomenologie des Geistes* gehört denn auch zu den wichtigsten Werken unserer Philosophiegeschichte. Die Wirklichkeit war nach Hegel einzig durch den »Geist« geschaffen worden, der ihm als eine umfassende Einheit, also als ein »Absolutes« galt. Nach Hegel hat dieser »Geist« einzig aus sich heraus zu existieren. Er benötigt nichts und niemanden für sein Dasein, er ist, weil »er ist«.

Hier sind wir am Rande unserer Denkfähigkeit angelangt: Wir können nur sagen, dass es irgendetwas gibt, aus dem unser Universum und wir geworden sind. Im Christentum heißt dieses so verstandene »Absolute« »Gott«. Die Parallelität geht noch weiter: Der »Geist« als »Absolutes« (im Christentum: »Gott«) manifestiert sich im Endlichen und umfasst dieses. Er offenbart und entfaltet sich nach Hegel und dem Christentum in der Geschichte des Universums.

Allerdings bedarf es dazu noch eines zweiten Aspekts dieses »Geistes«, desjenigen nämlich, dem sich das »Absolute« offenbaren und in dem es sich entfalten kann. Dieser wird bei Hegel jedoch völlig anders verstanden als im Christentum. In Letzterem heißt dieser Aspekt des »Geistes« »Seele«, die jeder Mensch bei seiner Zeugung zusammen mit seinem Körper erhält und die seinen materiellen Tod überdauert. Ihr Schicksal ist dann davon abhängig, was wir uns im Laufe unseres körperlichen Lebens gewünscht haben: Sie verbleibt entweder allein für sich, also von allem anderen isoliert – dieser Zustand heißt gemeiniglich »Hölle« –, oder sie hat teil an der Existenz ihres Schöpfergottes, dann spricht das Christentum vom »Himmel«.

Für Hegel hingegen kann sich der »Geist« nur dem offenbaren, was er vorher von sich selbst abgespaltet hat. Aber: Indem sich der »Geist« dem von ihm abgespaltenen Teil offenbart, vereinigt er sich wiederum mit ihm. Dies nennt er das »entfaltende Selbst des Geistes«. Damit ist der »Geist« im Grunde eine Vernunftstruktur der Wirklichkeit, in der er sowohl der Prozess selbst als auch das Ergebnis dieser Struktur ist.

Somit schafft der »Geist« aus sich selbst heraus eine neue Einheit, die verschieden von der ursprünglichen ist: Sie ist reicher geworden als die ursprüngliche, sie hat sich quasi selbst entfaltet. Sie hat sich selbst hervorgebracht, ist ihr eigenes Ergebnis. »Geist« bedeutet daher auch die Verwirklichung von Freiheit, denn nur durch solche sich selbst verwirklichende, entfaltende Selbstverhältnisse gibt es wirkliche Freiheit, da dies der einzige Prozess ist, bei dem nirgendwo Fremdbestimmung, Zwang auftritt.

Immer wieder wird in unserer Kulturgeschichte unter »Geist« das Gestaltungsprinzip des Universums verstanden, jene Ordnung, die außerhalb von uns Menschen liegt. Insbesondere bezeichnen wir vor allem diejenige Ursache des Kosmos als »Geist«, die außerhalb unserer Erkenntnisfähigkeit liegt, also »transzendent« (*transcendere* [lat.]: hinübergehen, überschreiten) ist. In den großen Religionen wird sie die schöpferische Macht Gottes genannt, im Christentum etwa heißt sie »Gott Heiliger Geist«.

Daneben gilt der »Geist« auch als das universale Prinzip, welches uns Menschen mit unserer Welt und einem Gott verbindet. Wir Menschen treten mit unserem »Geist« aus unserem rein biologischen Leben heraus, wir werden quasi zum Doppelwesen: Wir erkennen uns als biologisches und als geistiges Wesen. Hierbei wird die Bedeutung des »Geistes« oft nochmals aufgesplittert gesehen: einmal als der unsere psychisch-körperliche Einheit herstellende Geist und dann als unser normatives Prinzip, als der »höhere« Teil von uns, welcher auf die kosmische und/oder göttliche Ordnung verweist, in der wir zu leben haben und/oder der wir zugehörig sind.

1.3 Die Materie

Die Materialisten verstehen sich im radikalen Gegensatz zu den Idealisten, für sie ist die »Materie« geradezu die Inkarnation aller Erkenntnisse und Ursachen. Sie glauben felsenfest, dass die Materie das Bestimmende, die Grundlage und Ursache des gesamten Seins ist. Sie soll ihrer Überzeugung nach auch unser Bewusstsein bewirken. Die Materie wird als der Urgrund des gesamten Universums definiert, aber die Materialisten bleiben uns schuldig zu erklären, was genau sie unter ihrer »Materie« verstehen!

Sie können es nicht, denn niemand von uns kann schlüssig definieren, was unter Materie genau zu verstehen ist – selbst wenn wir seit der antiken Philosophie viel darüber räsoniert haben! Weder die Philosophie noch die Naturwissenschaft kann uns schlüssig erklären, was wir unter

»Materie« zu verstehen haben. Im weit verbreiteten achtbändigen *Lehrbuch der Experimentalphysik* von Bergmann-Schaefer finden wir zwar die Erscheinungs- und Strukturformen der Materie, aber keine explizite Definition der »Materie«.

In Meyers *Physik-Lexikon* werden wir allerdings fündig: »Materie ist der Inbegriff des Stofflichen, und ihre Grundeigenschaft ist die Masse.« Die Bedeutung des »Stoffes« müssen wir uns aber aus anderen Quellen suchen. Chemiebücher erklären uns zumeist, dass die Chemie die Lehre von den Stoffen und deren Veränderungen sei, aber meist ebenfalls nicht, was wir uns unter »Stoff« vorzustellen haben. »Stoff« und »Substanz« werden dabei im Allgemeinen weitgehend synonym gebraucht. Für den *dtv-Atlas für Chemie* ist die materielle Welt aus verschiedenen »Stoffen« zusammengesetzt, die sich durch ihre Eigenschaften wie Farbe, Dichte, Löslichkeit ... voneinander unterscheiden. Wobei Größe, Gestalt und Masse (!) nicht zu den Stoffeigenschaften gezählt werden dürfen. Im Widerspruch dazu definiert die »Encarta97 Enzyklopädie« von Microsoft: »›Materie‹ ist das, das als Masse vorhanden ist (im Gegensatz zu Vakuum und Energie)« und vermerkt, dass in der Physik zwischen fester, flüssiger und gasförmiger Materie unterschieden wird. Ein »Stoff« wird hier als ein Gas, eine Flüssigkeit oder eine feste Masse in einer bestimmten Form mit bestimmten Eigenschaften definiert. Was sollen wir uns also unter »Materie« vorstellen?

Die Geschichte zeigt, dass das Interesse von uns Menschen am Aufbau der »Materie« stets besonders groß war. Unseren Bemühungen, Wesentliches darüber zu erfahren, war aber lange kein Erfolg beschieden, da sie rein spekulativer Art waren. Das Wort »Materie« selbst ist lateinischen Ursprungs und bedeutet Stoff, Inhalt und/oder Substanz. Geprägt wurde »Materie« vom griechischen Begriff »*hyle*«, der aber nichts anderes bezeichnet als Bauholz, Material und ungeformten Stoff. Die antiken Philosophen benutzten für einen Eckpfeiler ihrer Weltbilder ein sehr alltägliches Wort, das aber sehr genau den Kern trifft: dasjenige »Etwas«, woraus die Körper unserer Welt gemacht sind – Punktum.

Über das Wesen dieser »Materie« gab es allerdings die unterschiedlichsten Spekulationen: Für Thales von Milet war sie bekanntlich aus dem einfachen, lebendigen Urstoff Wasser bestehend und Anaximenes (585–525 v. Chr.) war überzeugt, dass nur Luft die Ursubstanz von allem sein könne, denn durch ihre Verdünnung würde das Feuer entstehen und durch ihre Verdichtung Nebel, Wasser, Schlamm und Stein.

Pythagoras (ca. 570–510 v. Chr.) wiederum sah als Zahlenmystiker in den Zahlen und der Mathematik die Natur der Dinge. Er prägte den Begriff der Sphärenharmonie: »Das ganze Himmelsgebäude ist Harmonie und Zahl.« Die Zahl war für ihn der ewige Urgrund (griech.: »*arché*«), das Prinzip des Seienden in der Form. Die Zahl formte das Unbestimmte, das »*apeiron*«. Für Empedokles (ca. 483–423 v. Chr.) bestand die Materie hingegen aus vier Bausteinen oder »Elementen«: Feuer, Luft, Wasser und Erde. Diese vier Elemente waren von ihm allerdings dämonisch-göttlich gedacht – als Zeus, Hera, Nestis und Adoneus. Durch Vermischen und Austausch dieser Elemente entstanden dann alle anderen Stoffe. Das »Werden« war bei Empedokles Ortsveränderung. Er benutzte die Liebe als vereinende und den Hass als abstoßende, als trennende Kraft; beide allerdings waren materialistisch gedacht.

Obwohl es noch niemandem gelungen ist, mithilfe dieser vier Elemente auch nur ein einziges Schwert oder ein einziges Trinkglas in seinen Eigenschaften zu verbessern, geschweige denn Nylonstrümpfe herzustellen, werden sie in vielen Weltsichten heute noch benützt. Ungebrochene Beliebtheit genießen sie insbesondere in der Esoterik, wenngleich deren Vertreter im Alltag einzig die aus unseren chemischen Elementen geformten Materialien benützen.

Demokrit (ca. 460–370 v. Chr.), sein vorgeblicher Lehrer Leukipp (sofern er tatsächlich gelebt hat) und Epikur (341–271 v. Chr.) waren die ersten »Atomisten«. Für sie war die Materie nicht beliebig fein zerteilbar, sondern bestand aus nicht näher spezifizierten »*atomos*«, unteilbaren Teilchen, und leerem Raum. Diese »*atomos*« und der »leere Raum« galten ihnen als das einzig wahre Wirkliche. Ihre »*atomos*« haben aber außer dem Namen nichts mit den Atomen unserer heutigen Vorstellungswelt gemeinsam.

Platon gehörte der athenischen Hocharistokratie an und war daher in der Überzeugung aufgewachsen, dass jegliche manuelle Tätigkeit die

Arbeit von Minderen, von rechtlosen Sklaven zu sein hatte und nur die geistige Beschäftigung die adäquate Profession seiner Klasse wäre. Die Materie durfte daher in der Welt Platons keine hohen Eigenschaften besitzen, vor allem durfte sie keine eigene Schaffenskraft haben, keine Kausalität, sie konnte nur blind sein und nur noch mechanisch wirkende Ursächlichkeit aufweisen.

Der Demiurg aber musste mit dieser unzulänglichen Materie arbeiten, weil sie ewig war. Er hatte daher den Kosmos aus leerem Raum und den flüchtigen Elementen zu formen. Dies behinderte den Demiurgen in seinem Wunsch, alles so gut wie möglich zu schaffen. Daher geschahen neben der passenden Schöpfertätigkeit auch Werke der Notwendigkeit, zu denen alles Materie-Abhängige gehörte.

Es scheint, dass Platon auch auf die Atomtheorie Demokrits geantwortet hat: Er ließ die vier Elemente des Empedokles aus regulären Polyedern hervorgehen: Feuer als das leichteste und schärfste aus Tetraedern, denn diese Körper weisen die wenigsten Flächen und die schärfsten Spitzen auf; die Erde als schwerstes Element wurde dagegen den plumpesten Körpern zugeordnet, den Hexaedern; Luft bestand für Platon aus Oktaedern und Wasser aus Ikosaedern.

Die Elementpolyeder sollten aus Urdreiecken aufgebaut sein und diese wiederum aus Flächen. Die Materie bildenden Flächen waren von Platon aus den begrenzenden Linien gedacht und Letztere endlich aus Punkten aufgebaut. Diese »Urpunkte« waren für Platon zählbar und ließen sich von eins ableiten. Platon machte damit schlussendlich den mathematischen Raum zur Materie. Körperliches erschien damit als Ausdehnung schlechthin.

Aristoteles betrachtete die »Materie« wiederum als ewigen Urstoff, als Urprinzip, das der Bewegung, dem Werden zugrunde liegt. Der »Stoff« war dabei das »Bestimmbare« der Materie im Gegensatz zur bestimmenden Form, dem »*eidos*«. Stoff war für Aristoteles damit die Möglichkeit des Geformtwerdens, die Formen drängten den Stoff von der Möglichkeit zur Wirklichkeit hinüber. Der Übergang selbst sollte in der »Bewegung« geschehen. Aristoteles folgte den Element-Vorstellungen seiner Vorgänger, führte jedoch für die Existenz der Himmelskörper noch ein fünftes Element ein: den (Himmels)Äther. Er verband jedoch die Elementenlehre mit den vier Grundqualitäten warm, kalt, trocken und feucht. Dieses Begriffssystem bildete dann die Grundlage der mittelalterlichen Chemie. Die stoffliche Veränderlichkeit der Materie wurde von uns Menschen schon früh bei der Herstellung von Werkzeugen aus Metallen genutzt. Unsere Vorfahren erlernten nacheinander die Legierungsbildung bei Bronze, die Gewinnung von Eisen aus Erz und Kohle. Dieses sich immer höher entwickelnde Hüttenwesen musste dazu anregen, auch andere Stoffe der Natur zu verändern und für den Menschen zu veredeln. Wenn es gelungen war, aus dem wertlosen Erz schmiedbares Eisen und aus dem pulvrigen Zinnober das blanke, metallische Quecksilber zu erzeugen, warum sollte es dann nicht möglich sein, Gold und andere wertvolle Materialien aus wertlosen herzustellen?

Eine in der naturwissenschaftlich-naiven Vorstellung jener Zeit durchaus logische Frage. Jahrhundertelang wurde nach allen erdenklichen Spekulationen experimentiert. Gold wurde keines hergestellt, der Stein der Weisen wurde ebenfalls nicht gefunden – dafür aber wurden die Grundkenntnisse des chemischen Experimentierens erarbeitet. Wir lernten, flüchtige Stoffe, »Geister«, aufzufangen, also zu destillieren, und wir begannen, die neuen Stoffe zu verwenden, den Wein-»Geist«, den Salmiak-»Geist« und andere mehr.

Der neuzeitliche Materiebegriff wird dann zunehmend von der klassischen Naturwissenschaft bestimmt. Die Unterscheidung zwischen Form und Materie wird ersetzt durch eine Trennung zwischen ewigen Naturgesetzen einerseits und der physischen Materie andererseits, die in Raum und Zeit ausgedehnt gedacht wird. Der französische Naturforscher, Mathematiker und Philosoph René Descartes (1596–1650; auch Cartesius genannt) prägte das »Verständnis« als Gegenbegriff zum »Geist« mithilfe seiner Hauptbestimmungen der Stofflichkeit – Ausgedehntsein, Teilbarkeit und Quantität –, deren Veränderungen er kausal determiniert und mechanistisch gesetzmäßig betrachtete.

Immanuel Kant (1724–1804) kehrte zum Form-Materie-Schema zurück, aber nicht als Prinzip für die »Dinge an sich«. Er braucht es nur zur Bestimmung der erfahrenen Gegenstände in ihrem Verhältnis zu unserem Erkenntnisvermögen. Deshalb benützt Kant den Ausdruck »Reflexionsbegriffe«. Die unstruktuierten Sinneseindrücke, die Empfindungen, bilden die Materie der Erkenntnis, die damit durch die Erfahrung, also a posteriori, gegeben ist. Die struktuierende Form dagegen ist für Kant a priori gegeben, und zwar in den Anschauungsformen Raum und Zeit sowie den Verstandesformen oder Kategorien Substanz, Ursache-Wirkung. Dem Wesen der Materie sind wir offensichtlich nicht näher gekommen. Wie sollten wir auch? Wie etwa in Rowohlts *Lexikon der Philosophie* nachzulesen, distanzieren sich die »Philosophen« ja expressis verbis von dem Anspruch, Weise und Wissende, »Sophisten«, zu sein, sie suchen nur immer nach Wissen. Als »Suchende« können sie uns anderen keine Wissensbestände mitteilen, sie können uns nur an ihrer Wahrheitssuche teilhaben lassen. Und die Naturwissenschaft hilft uns ebenfalls nicht viel weiter, sie hat es sich zur Arbeitsmaxime gemacht, auf Spekulationen zu verzichten und nur das durch Experimente verifizierbare als Gegenstand ihrer Bemühungen zuzulassen.

1.4 Moderne Materievorstellungen

Die moderne Physik verzichtet daher auf jedwege Interpretation der Materie, wenngleich dieser Sachverhalt fast nirgendwo explizit ausgedrückt und im Forscheralltag häufig vergessen wird. Wir klammern absichtlich jegliche Überlegungen über das »Wesen« oder die »wahre Natur« der Materie aus. Wir untersuchen und erforschen nur die Eigenschaften der Materie und nicht ihr Wesen. Einige Eigenschaften – wie Schwere, Trägheit und Elektrizität – können wir schon ziemlich erfolgreich beschreiben und damit hervorragend für unsere Zwecke benützen, bei anderen tun wir uns schwerer. Die Frage, ob es noch unbekannte Eigenschaften der Materie gibt, muss unbeantwortet bleiben und sorgt für ständige Spannung in unserer Kulturgeschichte.

Lange Zeit, insbesondere als Nachwehen des überwältigenden Erfolges der Newton'schen Mechanik (Sir Isaac Newton: englischer Physiker, Mathematiker und Philosoph; 1643–1727), meinten wir, alle Vorgänge unserer Natur auf rein mechanische Ursachen zurückführen zu können: Es war dies einer der wichtigsten Faktoren für die Popularität der mechanistischen Weltanschauungen. Ein kleiner, aber entscheidender Schritt war dabei, zu vergessen, dass die mechanischen Gesetze auch existieren müssen. Wird alles Materie-orientiert gedacht, dann wird die Materie zu Ursache und Auslöser des gesamten Universums gemacht. Das war und ist natürlich geistig legitim, nicht mehr legitim hingegen ist es, dass vergessen wurde dazuzusagen, dass wir keine Ahnung vom Wesen dieser Materie haben und nur eine einzige Eigenschaft betrachteten, nämlich ihre Masse. Alles andere kann bereits als Semantik angesehen werden.

Albert Einstein (1879–1955; Nobelpreis 1921) räumte gründlich mit der Vorstellung auf, Massekörper besäßen eine absolute, eine »objektive« Form. Wir Menschen sind es, die ihnen bestimmte geometrische Formen zuordnen! Der Grund ist ganz einfach einzusehen: Die geometrische Gestalt der Massekörper ist definitionsgemäß durch die Angabe der gleichzeitigen Lage aller ihrer Oberflächenpunkte gegeben. Unsere Augen und optische Geräte können aber nur optische Augenblicksaufnahmen von den Massekörpern machen, die unser Hirn zu dem verarbeitet, was wir als ihre »visuelle« (optische) Gestalt bezeichnen.

Solange wir vermeinten, unendlich schnell schauen zu können, so lange war diese Unterscheidung gegenstandslos, denn die visuellen Bilder der Massekörper stimmten völlig mit den geometrischen überein – beide waren Momentaufnahmen. Mit der Erkenntnis jedoch, dass das Licht mitnichten unendlich schnell ist, änderte sich diese Sachlage schlagartig, denn jetzt kommt das Licht von den verschiedenen Oberflächenpunkten eines Körpers gar nicht gleichzeitig zu uns, sondern es braucht von den hinteren Teilen länger als von den uns näher liegenden Gebieten.

Die endlich schnelle Lichtausbreitung macht es uns in der Tat unmöglich, eine geometrische Gestalt von Massekörpern zu sehen, wir können uns eine solche viemehr immer nur im Nachhinein nach bestimmten Regeln künstlich konstruieren. Die Quantenmechanik reduzierte diese Erkenntnis noch zusätzlich, indem sie aufzeigte, dass wir den submikroskopisch kleinen Materieteilchen (Moleküle, Atome und Elementarteilchen) nicht einmal mehr eine wie immer geartete geometrische Figur zuordnen dürfen.

Doch nicht genug! Einstein zeigte uns auch erstmals, dass die Energie alle Eigenschaften der Körpermasse besitzt: Sie ist genauso »träge« wie jene, da sie sich ebenfalls jeglicher Beschleunigung zu widersetzen versucht, und sie ist auch »schwer«, denn sie wird ebenso wie die Masse von der Schwerkraft angezogen. Die Schwere der Energie wird beispielsweise bei einer totalen Sonnenfinsternis evident, wie uns Bild 1 illustriert. Da sehen wir die Sterne, deren Licht knapp an der Sonne vorbeigeht, nämlich um 1,5 bis 2,2 Winkelsekunden an einem anderen Ort als zu Zeiten, in denen die Sonne woanders steht.

Diese Verschiebung ist nur dadurch zu erklären, dass Licht ebenso wie jeder Flugkörper von der Sonne angezogen und damit in seiner Ausbreitung abgelenkt wird. Die Schwerewirkung auf die Lichtenergie bewirkt auch, dass aufsteigendes Licht langsamer schwingt, sodass das Licht aus dem Tal auf einer Bergspitze rötlicher gesehen wird als im Tal selbst (Bild 2). Umgekehrt schwingt ein im Schwerefeld fallendes Licht schneller, sodass das Berglicht im Tal bläulicher gesehen wird. Mit den heutigen Geräten können wir dies auf der Erde bereits bei einem Höhenunterschied von nur 20 m verifizieren.

Mit der Trägheit der Energie werden wir wiederum laufend in unseren Teilchenbeschleunigern – etwa beim CERN (Kernforschungszentrum) in Genf – konfrontiert. Sie ist jene Bremse der Natur, die verhindert, dass irgendein Massekörper so schnell wie die Kraft wird, die sich seit Einstein im Vakuum für alle Beobachter gleichermaßen mit der konstanten Lichtschnelligkeit c ausbreitet (c = 1,08 Milliarden km/h = 300.000 km/sec). Diese Bremse ist notwendig, weil in der Kraftwelt völlig andere Gesetze herrschen als in der Welt der Massekörper, die sich von uns in Raum und Zeit beschreiben lässt.

Jede Energiezufuhr an einen Massekörper macht diesen daher träger. Je mehr Energie wir einem solchen mithilfe einer Beschleunigungskraft zuführen, desto träger wird er. Es muss also nicht nur seine Masse beschleunigt werden, sondern auch seine Bewegungsenergie (»kinetische«

Energie). Je schneller ein Massekörper fliegt, desto höher ist seine Bewegungsenergie, und es bedarf daher einer immer größeren Beschleunigungskraft, um ihn noch ein wenig schneller werden zu lassen.

Bei halber Lichtschnelligkeit sind Körper aufgrund ihrer Bewegungsenergie lediglich um 16 Prozent träger als es ihrer Masse entspricht, und selbst die schnellsten Elektronen in den Teilchenbeschleunigern des CERN, die bloß um zwei Drittel Stundenkilometer langsamer als das Licht herumflitzen, sind »nur« 40.000 Mal so träge wie in unseren Stromkabeln. Für noch schnellere Massegebilde wächst ihre Trägheit rapide bis ins Unendliche, sodass tatsächlich kein Massekörper in der Lage ist, so schnell wie die Kraftausbreitung zu werden.

Die Energie ist aber nicht nur völlig äquivalent zur trägen und schweren Masse, sondern es können sogar Masseteilchen teilweise oder sogar völlig in Energie zerstrahlt werden! Die Sonne bezieht ihre Hitze ebenso wie die »Wasserstoffbomben« davon, dass die Masseteilchen der Atomkerne (Protonen und Neutronen) unter bestimmten Umständen, die »Kernverschmelzung« heißen, einen Teil ihrer selbst so gekonnt in Energie umwandeln, dass die Sonne trotz ihrer ungeheuer starken Strahlung selbst nach zehn Milliarden Jahren nicht einmal ein Promille ihrer Masse verloren haben wird.

Die vollständige Umwandlung von Masseteilchen in Energie funktioniert jedoch – ebenso wie ihre Erzeugung durch höchste Energiefokussierung – nur pärchenweise, und zwar immer nur zusammen mit den entsprechenden Teilchen der Antimaterie. Antimaterie ist genauso aufgebaut wie die uns vertraute Materie, allerdings weisen ihre Masseteilchen immer die umgekehrte elektrische Ladung auf: Das Anti-Elektron (»Positron«) ist also nicht negativ, sondern positiv geladen, dafür zeigt sich das Anti-Proton mit negativer Ladung. Uns Menschen gelingt die Umwandlung von Energie in Materie und vice versa allerdings nur in großen Teilchenbeschleunigern wie jenen beim CERN.

»Materie« können wir damit heute im Wesentlichen als das verstehen, was uns an Energie sichtbar vermittelt wird. Der deutsche Physiker und Philosoph Carl Friedrich Freiherr von Weizsäcker (1912–2007) drückte dies etwas komplizierter so aus: »Materie ist die unserem Bewusstsein zugängliche Information des Universums, das Maß also an Menge der uns vorstellbaren Gestalt.«

Jetzt liegt der Ball bei der »Energie« und die »Materialisten« sollten sich heute eigentlich »Energetiker« nennen. Doch Vorsicht: »Energie« ist im Gegensatz zur Materie ein rein physikalischer Begriff, über den wir Physiker streng wachen. Jeder, der der physikalischen »Energie« ein unphysikalisches Attribut beiordnen will, muss klarmachen, was er darunter anderes verstehen will als wir Physiker, die wir diesen Begriff ja erschaffen haben! Wir können nicht physikalisch mit jenen diskutieren, welche unsere Begriffe zwar nicht akzeptieren wollen, aber andererseits auch nicht erklären können, was sie darunter verstehen.

Die Materie als Quelle und/oder Urgrund des Universums anzusehen wird selbst dann nicht plausibler, wenn wir die Materie als dasjenige definieren, was aus »Fermionen« aufgebaut ist. Keine Sorge, Fermionen sind nichts Kompliziertes, so heißen nur in der Quantenwelt alle submikroskopisch kleinen Masseteilchen zu Ehren des genialen italienischen Physikers Enrico Fermi (1901–1954). Denn: Die Bausteine all dieser Masseteilchen sind die »Quarks« und »Elektronen«, die allesamt erst eine Winzigkeit nach dem Urknall im bereits real existierenden Universum entstanden sind – und nach keiner wie immer gearteten Theorie Teil des Urknalls gewesen sein konnten.

Max Planck (deutscher Physiker, 1858–1947; Nobelpreis für Physik 1918), der Begründer der Quantentheorie für die Vorgänge im submikroskopisch Kleinen, war überzeugt, dass es gar keine »Materie an sich« gibt. Für ihn bestand Materie nur durch eine Kraft, welche die Atomteilchen in Schwingung bringt und zusammenhält. Hinter dieser Kraft war für Max Planck ein bewusster intelligenter Geist anzunehmen. Dieser Geist war für ihn der Urgrund der Materie. Er sagte: »So scheue ich mich nicht, diesen geheimnisvollen Schöpfer ebenso zu nennen, wie ihn alle alten Kulturvölker der Erde genannt haben – ›Gott‹!«

1.5 Religion

Der britische Physiker Paul Dirac (1902–1984), Schöpfer der relativistischen Quantentheorie der Elektronen (die zur Entdeckung der Antimaterie führte), für die er 1933 mit dem Nobelpreis ausgezeichnet wurde, war dagegen überzeugter Atheist und Kommunist. In einem Gespräch mit seinem kongenialen deutschen Kollegen Werner Heisenberg (1901–1976; Nobelpreis für Physik 1932 für die nach ihm benannte Unschärferelation), das dieser in seinem Buch *Der Teil und das Ganze: Gespräche im Umkreis der Atomphysik* wiedergibt, zeigt sich Dirac verwundert:

> »Ich weiß nicht, warum wir hier über Religion reden. Wenn man ehrlich ist – und das muss man als Naturwissenschaftler doch vor allem sein –, muss man zugeben, dass in der Religion lauter falsche Behauptungen ausgesprochen werden, für die es in der Wirklichkeit keinerlei Rechtfertigung gibt.
> Schon der Begriff ›Gott‹ ist doch ein Produkt menschlicher Fantasie. Man kann verstehen, dass primitive Völker, die der Übermacht der Naturkräfte mehr ausgesetzt waren als wir jetzt, aus Angst diese Kräfte personifiziert haben und so auf den Begriff der Gottheit gekommen sind. Aber in unserer Welt, in der wir die Naturzusammenhänge durchschauen, haben wir solche Vorstellungen doch nicht mehr nötig.«

Diracs Einschätzung über das Maß unseres Wissens um die Natur war allzu optimistisch und unreflektiert. Zum einen haben wir selbst 80 Jahre nach dieser Behauptung noch immer keine Theorie, die auch nur halbwegs schlüssig das Werden der Materieteilchen und der Kraftwelt erklärt. Zum andern vergaß er, dass wir – wie wir bald erfahren werden – mitnichten um das Wesen der Naturgrößen wissen, sondern nur deren wechselhaftes Auftreten beschreiben können.

Weiters meinte Dirac:

> »Wenn in unserer Zeit noch Religion gelehrt wird, so hat das doch offenbar nicht den Grund, dass diese Vorstellungen uns noch überzeugten, sondern es steckt der Wunsch dahinter, das Volk, die einfachen Menschen zu beschwichtigen. Ruhige Menschen

sind einfacher zu regieren als unruhige und unzufriedene. Sie sind leichter auszunützen und auszubeuten. Die Religion ist eine Art Opium (Anm. d. Verf.: Hier griff er auf Karl Marx zurück), das dem Volk verordnet wird, um es in glücklichen Wunschträume zu wiegen und es damit über die Ungerechtigkeit zu trösten, die ihm widerfährt.«

Werner Heisenberg widersprach ihm vehement:

»Damit beurteilst du die Religion von ihrem politischen Missbrauch her, und da man fast alles in der Welt missbrauchen kann – sicher auch die kommunistische Ideologie, von der du neulich gesprochen hast –, wird man mit einer solchen Beurteilung der Sache nicht gerecht. Schließlich wird es immer menschliche Gemeinschaften geben, und solche Gemeinschaften müssen auch eine gemeinsame Sprache finden, in der über Tod und Leben und über den großen Zusammenhang, unter dem sich das Leben der Gemeinschaft abspielt, gesprochen werden kann. Die geistigen Formen, die sich in der Geschichte bei dem Suchen nach einer gemeinsamen Sprache entwickelt haben, müssen doch eine große Überzeugungskraft besessen haben, wenn so viele Menschen Jahrhunderte hindurch ihr Leben nach diesen Formen ausgerichtet haben. So leicht, wie du es jetzt sagst, lässt sich die Religion nicht abtun.«

Es ist gar nicht möglich, eine allgemeine Beurteilung der Religion zu treffen, denn als »Religion« wird eine Vielzahl unterschiedlicher kultureller Phänomene bezeichnet, welche das Verhalten, Handeln und Denken von Menschen prägen und ihre Wertvorstellungen normativ beeinflussen. Bis dato fehlt uns überdies eine wissenschaftlich allgemein anerkannte Definition dieses Begriffes.

Das Wort »Religion« (frz., von »*religio*« [lat.]: Gottesfurcht) stammt aus der vorchristlichen Zeit, ist aber frühzeitig in den Sprachgebrauch des Christentums eingeflossen. Schon im Lateinischen stand das Wort »*religio*« nicht nur für Gottesfurcht, sondern für eine Reihe anderer Begriffe wie Frömmigkeit, Heiligkeit, Gewissenhaftigkeit, Pflicht usf. Wollen wir Cicero glauben, dann ist »*religio*« von »*religere*«, dem Wort für »sorgsam achten« abgeleitet. Andere Etymologen leiten das Wort von »*relegere*«, was »wieder durchgehen«, »von Neuem lesen« bedeutet, ab oder auch von »*religare*«, dem lateinischen Wort für »anbinden, befestigen«.

In China heißt Religion »*chiao*«, die Lehre, und in Indien »*dharma*«, die feststehende Weltordnung. Die Araber sprechen von »*din*«, der göttlichen Bestimmung, dem Geschuldeten, dem göttlichen Gericht. Die alten Germanen sprachen mit ihrem Einbuchstabenwort »*ê*« das göttliche Gesetz an, das Herkömmliche, die göttliche Ordnung. Davon stammen übrigens auch unsere Wörter »Ehe« und »Ewigkeit«.

»Religion« bezeichnet vor allem einmal einen heiligen Gegenstand, also einen Gegenstand, der mit übernatürlicher Kraft erfüllt ist. Im Gegensatz zu profanen Gegenständen darf man der Religion, dem heiligen Gegenstand, nur mit Vorsicht nahen, sie ist »tabu«. »Tabu« ist ein polynesisches Wort im Sinne eines Meidungsgebotes, eines religiös bestimmten Verbotes. Besonders in Gesellschaften mit wenig ausgebildetem Rechtssystem stellen oft ausgeklügelte Systeme von Tabus den Gesetzeskodex dar. Tabus bilden häufig in Kulturen anerkannte grundlegende Verhaltensmuster, auf deren strikte Einhaltung von Kindheit an streng geachtet wird.

Zum andern gilt als »Religion« auch die ehrfürchtige Haltung der Menschen gegenüber dem heiligen Gegenstand. Hier bekommt »religiös« eine neue Bedeutung: nicht mehr allein als Bezeichnung eines heiligen Ortes oder Zeitpunktes, sondern auch im Sinne von »gottesfürchtig« und »fromm«. In letzterer Bedeutung ist »religiös« zu einem Zentralbegriff des Christentums geworden.

Wir können Religion daher nicht als bloß subjektive psychologische Erscheinung ansehen, wie es im Sprachgebrauch dialektischer Theologie geschieht, denn Religion war nirgendwo rein individuelles Anliegen, sonder immer in Gemeinschaft eingebunden. Im Laufe unserer Kulturgeschichte wurde »Religion« jedoch auf weitere Bedeutungen ausgedehnt, sodass wir unter diesem Wort heute vier verschiedene Themenkreise subsumieren:

- Erstens das Verhalten von uns Menschen zu einer Macht – insbesondere im Sinne des Heiligen –, die uns selbst übersteigt und die

Grundbedingungen für unsere menschliche Existenz schafft. Die Religion zielt damit auf eine Wirklichkeit, die als übernatürlich, übersinnlich gedacht wird. Diese nicht-menschliche Wirklichkeit ist unserer menschlichen Wirklichkeit in dem Sinne vorgeordnet, als Letztere nur entstehen kann, weil Erstere existiert. Die übernatürliche Wirklichkeit gilt als höchste Macht und absoluter Wert. Einzig und allein sie ist es, welche uns Menschen Sinn gibt. Demzufolge haben wir Menschen unsere Lebensführung ihr gegenüber zu verantworten, sie ist die letztentscheidende Instanz. Die Religion sieht unsere menschliche Wirklichkeit als eine untrennbare Einheit. Unser Verhalten zu dieser Macht zeigen wir durch unsere Gefühle der Abhängigkeit, Ehrfurcht, Verehrung und Verpflichtung. Diese absolute Macht kann – muss aber nicht (!) – als ein Gott aufgefasst werden, zu dem wir Menschen eine Glaubensbeziehung eingehen sollen.

- Zweitens verstehen wir unter Religion auch unsere Vorstellungen von etwas Heiligem, zusammen mit unseren Gefühlen und Handlungen diesem gegenüber.
- Drittens wird aber auch eine Gemeinschaft von Menschen als Religion bezeichnet, die durch den gemeinsamen Glauben an dasselbe Heilige sowie durch die kultische, ritenhafte Verehrung dieses Heiligen verbunden sind.
- Und viertens bezeichnen wir solche Weltanschauungen und die daraus resultierenden Lebensformen als Religion, welche auf dem Glauben an etwas Göttliches oder an einen Gott basiert, zumindest aber auf der Verpflichtung oder Abhängigkeit von dieser heiligen Macht.

Religionen können uns somit helfen, Antworten auf Fragen zu finden, die vielen von uns Menschen besonders wichtig sind: Zuallererst einmal wollen wir wissen, welchen Sinn unser irdisches Leben hat und was der Ursprung aller Dinge ist. Hier zeigen sie uns, wie nach ihrer Lehre die absolute Macht aussieht, und erzählen uns dazu oft Geschichten über die Welt und weise Menschen, die vor langer Zeit gelebt haben, und wollen damit erreichen, dass wir den Sinn unseres Lebens erfahren.

Was passiert mit uns nach unserem Tod? Religionen wollen uns davor bewahren in Verzweifung zu verfallen, wenn wir an unseren Tod denken, der unser biologisches Leben auslöscht. In gewisser Weise ist unser irdischer Tod wie eine Mauer, die uns umgibt, ohne dass wir eine Chance haben, über sie hinwegzublicken. Religionen wollen uns Hoffnung geben, dass es jenseits dieser »biologischen Todesmauer« etwas gibt, in dem wir uns wiederfinden können. Diese Hoffnung soll uns die Angst vor dem biologischen Tod nehmen und damit helfen, unser Leben zu bewältigen und unserem biologischen Tod entspannter entgegenzusehen. Im Christentum wird das mit dem Glauben an die Hoffnung verbunden, dass die Liebe niemals stirbt. Daher sind dies auch seine »Kardinaltugenden«: Glaube – Hoffnung – Liebe.

Viele von uns wollen wissen, wie wir »richtig« leben sollen, suchen Richtlinien, die uns zeigen, was wir gegenüber unseren Mitmenschen und uns selbst zu tun und zu unterlassen haben. Staaten kennen zwar Strafgesetzbücher, die festlegen, was alles für den Einzelnen bei ihnen *verboten* ist. Aber kein Staat kann etwa per Gesetz anordnen, dass wir unseren Nächsten lieben oder freiwillig für Bedürftige spenden sollen. Solche Forderungen können nur Weltanschauungen an uns stellen, die wir freiwillig übernehmen – und Religionen sind solche Weltanschauungen. Das alles hat nichts damit zu tun, wie wir persönlich zu Religionen stehen, sondern einzig damit, dass Religionen uns im Gegensatz zu Staatsgebilden positive Verhaltensregeln für unseren Umgang mit unseren Mitmenschen geben können. Darüber hinaus zeigen sie uns auch, wie wir mit unseren eigenen Fehlern und Unzulänglichkeiten sowie jenen der anderen umgehen können.

Allerdings besitzt die Religion für die Antworten auf all die genannten Fragen kein Exklusivrecht, denn die Philosophie, die »Volksweisheiten« und Ideologien sind dafür ebenfalls zuständig. Die im Laufe unserer Kulturgeschichte gegebenen Antworten und Überzeugungen finden sich somit nicht nur in religiösen Überlieferungen, sondern auch im philosophischen und ideologischen Schriftgut sowie in den mythischen Sagen, in Dichtungen, Verhaltensregeln und Sprichwörtern der verschiedenen Völker und Kulturen.

Für die Beantwortung einer einzigen Frage ist allein die Religion zuständig, nämlich dafür, wie wir mit dem von ihr verkündeten Übernatürlichen umgehen sollen. Der Umkehrschluss ist jedoch nicht zulässig: Weil wir in anderen Quellen ebenfalls Antwortmöglichkeiten auf unsere menschlichen Fundamentalfragen finden, sei die Religion damit a priori entbehrlich. Mit der gleichen Berechtigung könnten wir dann die Ansichten aller Philosophen und Ideologen für entbehrlich halten – bis auf einen einzigen. Wer allerdings dieses Exklusivrecht besitzen sollte, darüber gäbe es vermutlich äußerst hitzige Debatten.

2.

WANDEL DER WELTBILDER

Es gibt nichts so Absurdes, dass es nicht
von Philosophen gesagt worden wäre.

Cicero

Wir Menschen sind neugierig und wollen glücklich sein. Diese beiden Wünsche prägen unsere gesamte Kulturgeschichte, sie sind die Triebfedern für die vielfältigsten Beschäftigungen, besonders die geistige Auseinandersetzung mit unserem Leben. Ob wir fröhlich, niedergeschlagen, mutig oder ängstlich sind, ob wir uns des Lebens freuen oder daran zu verzweifeln drohen, immer sind die Grundfragen dieselben: Woher kommen wir, was sind wir und was passiert wirklich in dieser Welt, die uns so oft spüren lässt, dass hier Kräfte wirken, die menschliche Leistungsfähigkeit, ja sogar unser Vorstellungsvermögen bei Weitem übersteigen?

Wen wundert, dass früh schon Menschen vermuteten, »höhere« Gewalten seien für Blitz und Sturm, für die Gezeiten und das Auftürmen der Bergriesen verantwortlich, aber auch für Krankheiten, Jagdglück und für viele andere Ereignisse des täglichen Lebens. Früher waren für die Unwägbarkeiten unseres Lebens Dämonen, Götter und Geister verantwortlich, die es zu besänftigen und zu befriedigen galt. Ihre Wünsche mussten wir erkunden, um sie ja nicht zu erzürnen und damit Naturkatastrophen heraufzubeschwören.

Es waren einfache Welten, denn alle Geschehnisse hatten ihre Ordnung, ihren Sinn und waren damit erklärbar. Und trat doch einmal etwas Neues auf, dann wusste man, dass sich hier ein neues, bisher noch unbekanntes Wesen zeigte, das man künftig ebenfalls noch befriedigen müsse. Es waren die Welten der Zauberer und Hexen, der Wahrsager, Spiritisten und Geisterbeschwörer. Diese Welten beeinflussen bis heute die Handlungsweise vieler Menschen, denken wir etwa an die rasant steigende Zahl der Inserate von Wahrsagern, an den wieder zunehmenden Hexenglauben, an all die Glücksbringer, Maskottchen ...

2.1 Die Welt der Snorra-Edda

»Am Anfang war die Öde, nur endlose Leere, weder Sand noch See noch sanfte Woge; nicht Erde unten noch Himmel oben, nur gähnender Abgrund – Ginnungagap. Zuerst gab es im Süden diejenige Welt, die man Muspell (Bild 3-2) nennt, das Feuerreich; sie

ist hell und heiß. Dort lodert die Flamme und brennt, und sie ist unbegehbar für alle, die dort nicht beheimatet sind. (...)
Der Teil von Ginnungagap, der im Norden lag, füllte sich mit der schweren Last von Eis und Reif. So wie die Kälte und alles Ungestüm aus Niflheim (Bild 3-9) kam, so war der Teil, der nach Muspellsheim wies, heiß und hell. Und wo sich der Reif und heiße Luft begegneten, da taute es und es fielen Tropfen. Und durch die Schöpferkraft dessen, der die Wärme spendete, kamen die Tropfen zum Leben. Ymir entstand im menschlichen Bild. Doch er war böse.«

Die alten Wikinger waren nicht nur hervorragende Seefahrer, sondern nannten auch eine kunstvolle Poesie ihr Eigen. So wie das antike Griechenland und andere alte Kulturen betrachteten sie unsere Umwelt aus heutiger Sicht aber sehr naiv und hinterfragten nur weniges. Über die Schöpfung von Himmel und Erde erzählt uns die Snorra-Edda nämlich weiters:

»Bors Söhne erschlugen den Riesen Ymir und warfen ihn mitten ins Ginnungagap und schufen aus ihm die Erde; aus seinem Blut das Meer und die Seen, aus seinem Fleisch das feste Land, die Berge aus seinen Knochen und Gestein und Geröll aus seinen Zähnen und Kinnbacken und aus solchen Knochen, die zerborsten waren. Aus dem Blut, das aus seinen Knochen rann, schufen sie das Weltmeer und legten es außen rundherum um die Erde. Sie umgürteten damit die Erde und banden sie. So groß ist das Meer, dass es den meisten Menschen unmöglich dünken mag, es zu überqueren. Sie nahmen auch seinen Schädel und schufen daraus den Himmel und stülpten ihn an allen vier Ecken über die Erde, und unter jede Ecke setzten sie einen Zwerg. Die heißen Austri, Westri, Nordri und Sudri.
Dann nahmen sie sprühende Funken, die aus Muspellsheim kamen und lose umherflogen, und festigten sie am Himmel, oben und unten, um damit Himmel und Erde zu beleuchten. All diesen Sternen wiesen sie einen Platz zu, einigen am Himmel, anderen in freier Bahn darunter. Ein jeder bekam seine Bahn zugewiesen. So

> steht es in den alten Gedichten, dass man mit ihrer Hilfe Tag und Nacht unterschied und die Anzahl der Jahre.
> Die Erde ist kreisrund und ringsherum von tiefem Meer umgeben. Den Meeresstrand gaben die Götter den Riesen zur Wohnstatt. Aber drinnen auf der Erde bauten sie eine Schutzwehr gegen die feindseligen Riesen (Bild 3-6: Jötunheim). Diese Schutzwehr schufen sie aus den Augenwimpern Ymirs und nannten sie Migard. Sie nahmen auch sein Gehirn und warfen es in die Luft und machten daraus die Wolken.«

So bizarr uns heute diese Genesis der Welt auch vorkommt, so hat das Weltbild der Wikinger unser Leben dennoch mehr beeinflusst, als wir vermeinen: Erda, wie die Mutter des Donnergottes Donar (auch: Thor) im Germanischen heißt, gab unserem Planeten ihren Namen, und nach ihrem Sohn sind der Donner des Gewitters sowie unser Donnerstag benannt. Die Liebesgöttin Freia stand Patin für den Freitag, unsere vier Windrichtungen heißen noch immer nach den vier Zwergen, die von Bors Söhnen an die Ecken unsere Erde gesetzt wurden, und Hel, ihre Unterwelt (Bild 3-8), fand Eingang in das Christentum.

Manche unserer heutigen Weltsichten können uns allerdings um nichts weniger eigenwillig erscheinen wie jene der alten Wikinger: etwa die Behauptungen, es gäbe nicht nur unser Universum, sondern unendlich viele andere auch, oder dass es vor unserem Universum schon immer wieder solche gegeben habe. Ein weiteres Beispiel ist die öfter vertretene Meinung, es müsse eine parallele Antiwelt existieren, die exakt wie die unsere abläuft, nur dass dort alle Gebilde aus Antimaterie aufgebaut sind. Dass wir also quasi im Doppelmaß herumlaufen und im Gleichklang agieren, jeweils im selben Moment unsere Kinder zeugen, in den Schulen unsere Prüfungen ablegen und dasselbe essen und trinken sollen – außer dass die Atomkerne dort nicht positiv, sondern negativ und dafür die Elektronen positiv und nicht negativ geladen sind.

2.2 Geister

Der Glaube an Geister und ihr Kult heißt Dämonismus oder Polydämonismus. Geister gelten im Glauben vieler Religionen als selbstständige »numinose« Wesen. Als »Numen« werden Mächte oder Kräfte bezeichnet, die in derselben Weise wie Schicksal, Wachstum und Tod auf die Natur und den Menschen einwirken. Werden diese Kräfte mehr oder weniger personalisiert, dann heißen sie Geister, Dämonen oder Gottheiten.

Was immer wir in unserer Umwelt oder in uns selbst bemerken, können wir demnach als einen Geist (Dämon) ansehen: ungewöhnliche Bäume, das Dampfen eines Moores, den Wind, Traumbilder, Schmerzen, Angst und Beklemmung, Ausgelassenheit usf. Vielfach wurden jedoch Übersetzungsfehler begangen und Völker sprachen eher von Seele oder einem anderen abstrakten Prinzip denn von einem Geist. Die Geister unterscheiden sich von den Göttern dadurch, dass Letztere im Gegensatz zu den Geistern als volle Personen geglaubt werden, welche eine Konstanz ihres Willens aufweisen.

Die Geister des europäischen Volksglaubens leben in eigenen Gemeinschaften oder allein und sind keinen menschlichen Lebensbedingungen unterworfen. Geister sind oft unsichtbar, treten aber häufig als Tiere oder Fabelwesen auf. So manche erscheinen auch in menschlicher Gestalt, dann aber zumeist in Figur und Form entstellt (Riesen und Zwerge; Ekel erregende Körper ...). Geister sollen Berge, Flüsse, Bäume, Höhlen, Einöden und viele andere Orte unserer Erde bewohnen und sie können selbstverständlich auch harmlose Wesen wie Kobolde sein. Sie waren schon für alle Dinge unseres Lebens zuständig: für Katastrophen wie Krankheiten und Kriege ebenso wie für Glück. Für menschliche Fertigkeiten wie Handwerk, Musizieren, aber auch für die Heilkunst und sogar für ganze Ortschaften.

Die Menschen meinen sich dabei von ihnen abhängig, ihnen ausgeliefert. Sie versuchen daher, sie durch Opfergaben oder andere rituelle Handlungen willfährig zu stimmen oder sich ihrer durch Exorzismus (Geist-Austreibung) zu entledigen. Menschen vermeinen aber auch, von Geistern Hilfe zu erhalten, insbesondere von den sogenannten Schutz-

und Hilfsgeistern. Das geht so weit, dass manchen Geistern kultische Verehrung entgegengebracht wird.

Totengeister sollen den Teil des Menschen bilden, welcher den Tod überdauert. Sie sollen in Verbindung mit den Hinterbliebenen stehen können, über die sie Macht auszuüben imstande sind. Totengeister können sich auch in Naturgeister wandeln. Werden allerdings die erforderlichen Riten mangelhaft oder überhaupt nicht vollzogen, dann passiert zumeist Schreckliches: Die Totengeister werden Gespenster.

2.3 Magisch-dämonische Welten

Überall dort, wo Mythen herrschen, gilt vollständiger Determinismus. Für »Zufälle« ist dann kein Platz: Wer im Krieg siegen will, muss den Kriegsgott oder den entsprechenden Geist milde stimmen und auf seine Seite bringen, wer eine reiche Ernte braucht, opfert den Fruchtbarkeitsgöttern. In magischen Welten werden alle Ereignisse als willentliche Handlungen verstanden, etwa als Ergebnis des Streits zwischen guten und bösen Mächten.

Praktiken, die den Verlauf von Ereignissen auf übernatürliche Weise zu beeinflussen versprechen, sind vielfältig. Die Magie wird mit Alchimie, Okkultismus, Spiritismus, Aberglauben und Hexerei in Verbindung gebracht. Der Begriff selbst leitet sich vom altpersischen Magier ab, dessen priesterliche Aufgaben den Umgang mit dem Okkulten umfassten. Magische Glaubensvorstellungen und Praktiken existieren bei Weitem nicht nur in »primitiven« Kulturen, sondern auch in der modernen Welt: Astrologie, der Glaube an Talismane und Glückszahlen, Wahrsagerei und die vorgebliche Kommunikation mit Toten oder Geistern.

Während schwarze (oder böse) Magie dazu verwendet wird, Schaden zuzufügen, dient weiße (oder gute) Magie dazu, die Wirkungen der schwarzen Magie aufzuheben und ihr entgegenzuwirken. Im Mittelalter umfasste die schwarze Magie Hexerei, Zauberei und die Anrufung von Dämonen. Die weiße Magie beschäftigte sich mit Astrologie und Kräuterkunde. Magische Praktiken sind etwa das Aufsagen von Zaubersprüchen, Versen oder Formeln, welche die Namen übernatürlicher Wesen oder jener Personen enthalten, denen Gutes oder Schlechtes gewünscht werden soll.

Andere Praktiken zur Wunscherfüllung basieren auf symbolischen Darstellungen. Durch Imitation oder Verwendung von Gegenständen, die mit einer Person in Verbindung gebracht werden, soll dabei die gewünschte Wirkung eintreten. So soll etwa die Kraft, Schnelligkeit oder Geschicklichkeit eines Tieres dann auf einen Menschen übergehen, wenn dieser das Tierfleisch isst oder Hilfsmittel aus dem Fell, den Hörnern oder Knochen verwendet. Einen Feind soll man verletzen können, indem man Pfeile in eine Abbildung von ihm sticht.

Sämtliche dieser und andere okkultistische Verfahren beruhen auf esoterischem oder »verborgenem« Wissen um das Universum und seine geheimnisvollen Kräfte. Solches Wissen enthält typischerweise die Vorstellung von »Korrespondenzen«, also Beziehungen zwischen Dingen im Universum wie Sternen, Planeten, Edelsteinen und Farben einerseits und Teilen des menschlichen Körpers oder Ereignissen im menschlichen Leben andererseits. Die Anwendung dieses Wissens bewirkt dann Heilungen oder die Beeinflussung von menschlichen Schicksalen.

Die Wurzeln des westlichen Okkultismus liegen in der alten babylonischen und ägyptischen Mythologie. Verstärkt durch den jüdischen kabbalistischen Mystizismus wurde er im Mittelalter besonders in Form von Astrologie, Alchimie und zeremoniellen magischen Riten zur Geisterbeschwörung gepflegt. Viele bedeutende Gelehrte des Mittelalters und der Renaissance wie Roger Bacon oder Paracelsus befanden sich eigentlich im Übergangsstadium vom alten Okkultismus zur modernen Wissenschaft. Im frühneuzeitlichen Europa führte die Kirche einen erbitterten Kampf gegen den Okkultismus, den sie zunehmend mit der Anbetung Satans identifizierte. Abertausende »Hexen« wurden verfolgt, gefoltert und verbrannt.

Im 19. Jahrhundert bereicherte der Okkultismus die aufkommende romantische Bewegung. Besonders die Theosophische Gesellschaft und der Hermetische Orden der goldenen Dämmerung übten eine große Anziehungskraft auf symbolistische und andere Künstler, Dichter und

Denker aus. Im aufgeklärten, von der Technik und Naturwissenschaft stark geprägten 20. Jahrhundert war der Okkultismus aber nur scheinbar zurückgedrängt: Er erlebte eine Wiedergeburt in der Gegenkultur der Sechzigerjahre und danach in der New-Age-Bewegung der Achtziger- und Neunzigerjahre. Magisch-dämonische Naturempfindungen sind aber auch die unausgesprochene Basis für modernen Aberglauben, für Wahrsagerei und Astrologie.

Wie sonst sollte das Schreiben oder Benennen mit der Zahl »dreizehn« Unglück bringen, die Benützung von »zwölf A« dieses aber verhindern? Wie deterministisch wird die Welt gesehen, wenn den schwarzen Katzen die Botenrolle zuerkannt wird, uns kommendes Unglück oder Glück anzuzeigen? Welche anderen als magische Kräfte sollen ein Amulett in die Lage versetzen, seinen Träger vor Gewehrkugeln zu schützen? Wie tief ist eigentlich Kaffeesud in den inneren Aufbau des Universums verwoben, sodass er Kunde haben kann von menschlichen Schicksalen? Was spiegelt der Glaube an die Astrologie denn anderes wider als absoluten Determinismus?

Magisches, okkultes Wissen wird durch die Initiation eines Eingeweihten oder das Studium esoterischer Schriften erworben. Es steht damit vollständig außerhalb dessen, was wir in der Naturwissenschaft »nachprüfbar« nennen. Somit können magische Vorstellungen kaum widerlegt werden. Wenn es trotz des Regentanzes nicht regnet, dann ist eben die Zeremonie falsch durchgeführt oder durch einen noch mächtigeren Zauber überlagert worden. Wieso wir das wissen? Weil der Medizinmann es sagt!

Fundamentalistische Überzeugungen können durch nichts und niemanden verändert werden. Menschen, die davon überzeugt sind, im Besitz des echten und wahrhaften Wissens zu sein, verschließen sich jeglichen Hinweisen oder Argumenten für andere Erklärungen. Das ist im Alltagsleben genauso wie in der Politik, in der Religion und leider auch in der Wissenschaft. Denken wir an den Selbstmord des österreichischen Physikers und Philosophen Ludwig Boltzmann (1844–1906): Im ausgehenden 19. Jahrhundert war er einer der ersten führenden Proponenten für die damals revolutionäre Ansicht, dass unsere Stoffe aus Atomen und

Molekülen aufgebaut sind. Er wurde vom Großteil der Fachwelt dafür verlacht und verhöhnt, sodass er schließlich keinen Ausweg mehr fand und sich selbst aus dem Leben nahm.

Wie soll man die Überzeugung jener alten Dame ändern, die am Ende eines Vortrages über Astronomie, in dem erzählt worden ist, dass die Erde eine Kugel sei, die um die Sonne kreist, die wieder mit Abermillionen anderen Sonnen die Milchstraße bildet, dem Vortragenden erklärte: »Es stimmt nichts von dem, was Sie erzählt haben. In Wirklichkeit ist die Erde eine flache Scheibe, die von einer Riesenschildkröte auf dem Rücken getragen wird.« Der Wissenschaftler – man sagt, es sei Bertrand Russell gewesen – fragte sie daraufhin mit überlegenem Lächeln, worauf denn dann ihre Schildkröte stünde. Die alte Dame parierte: »Sehr schlau, junger Mann. Ich werde es Ihnen sagen: Da stehen lauter Riesenschildkröten aufeinander.«

Wann immer magische Praktiken wirksam sein sollten, mussten sie in der richtigen Geisteshaltung durchgeführt werden. Im Gegensatz dazu können die Gesetze und Handlungsvorschläge der modernen Naturwissenschaft selbst von den größten Zweiflern mit demselben Erfolg angewendet werden wie von denen, die an ihre Richtigkeit glauben. Die moderne Naturwissenschaft sucht weder nach Phänomenen, die vom Geisteszustand des Beobachters abhängen, noch sieht sie Möglichkeiten, Naturgesetze irgendwo durch irgendwelche Praktiken außer Kraft zu setzen.

2.4 Verstand, Vernunft und Ideen

Irgendwann begannen wir, nach anderen, neuen Erklärungen für unsere Erlebnisse und Beobachtungen zu suchen als bloßen Verweisen auf »höhere« Gewalten. Das Zurückdrängen der Geister, Götter und Dämonen aus ihrer unmittelbaren Verursacherrolle für alle Naturgeschehnisse erforderte die immer stärkere Ausprägung dessen, was wir als »Verstand« und »Vernunft« bezeichnen. Wir sind stolz auf unseren »Verstand«, und es gehört zum guten Ton, »vernünftig« zu handeln. Was bedeutet das aber konkret?

In Rowohlts *Lexikon der Philosophie* steht es arg kompliziert. Hier erfahren wir besonders, dass sich diese Begriffe im Laufe unserer Kulturgeschichte stark in ihrer Auffassung gewandelt haben. Nach *Meyers Konversationslexikon* geht es etwas einfacher: Hier wird als »Verstand« die menschliche Fähigkeit des analytischen Denkens und Urteilens genannt. Seit Immanuel Kant wird danach »der Verstand als jene Grundlage der Begriffsbildung angesehen, die der Vernunft, der Erkenntnis der prinzipiellen Bedingungen des Handelns untergeordnet ist«.

Und als »Vernunft« wird das menschliche Vermögen definiert, sinnliche Wahrnehmungen geistig zu verarbeiten, die Dinge und Erscheinungen in ihrem Zusammenhang zu begreifen. In der Philosophie der Aufklärung, besonders bei Kant, ist »Vernunft« das höchste Erkenntnisvermögen, »die Fähigkeit zur Ideenbildung als einen Verständigung und Normen überschreitenden Prozess«, der jedoch der Vernunftkritik unterworfen bleibt.

Diese Definitionen setzen voraus, dass die Bedeutung aller benützten Begriffe klar und eindeutig ist, insbesondere jene der Begriffe »Grundlage«, »analytisches Denken«, »Erkenntnis«, »Idee« ... Versuchen wir allerdings, auch diese Begriffe zu hinterfragen, dann kommen wieder andere, neue Begriffsbildungen herein. Die »Idee« etwa, als Wort griechisch-lateinischen Ursprungs, bezeichnet nach *Meyers Konversationslexikon* viererlei:

1. Allgemein einen plötzlichen Einfall, Gedanken und/oder Auffassung.
2. Von Platon wurde »Idee« in die Philosophie als jener Begriff eingeführt, durch den »die den Erscheinungen zugrunde liegenden Urbilder bestimmt werden (Idealismus)«.
3. In der Erkenntnistheorie des neuzeitlichen Rationalismus »entstehen Ideen erfahrungsunabhängig im Denkprozess (angeborene Ideen) und sind die Namen menschlicher Allgemeinvorstellungen«.
4. Hegel definiert schließlich die Idee »als Einheit von Begriff und Realität, Subjektivem und Objektivem«. Die »absolute Idee« ist dasjenige, das durch seine Selbstverwirklichung das Sein hervorbringt und in den theistischen Religionen »Gott« genannt wird.

Es wird uns offensichtlich äußerst schwer, ja schier unmöglich gemacht, präzise zu formulieren, was es bedeuten soll, seinen »Verstand« zu benützen und vernünftig zu handeln. Und doch sind es die zentralen Begriffe unserer geistigen Auseinandersetzung mit den Problemen dieser Welt, gleichgültig ob wir »wissenschaftlich«, »philosophisch« oder »religiös« argumentieren.

Müssen wir etwa, um »vernünftig« zu sein, im gewohnten sozial-geistigen Umfeld weiter verbleiben oder im Gegenteil, wo immer möglich, versuchen Verbesserungen einzubringen? Aus der Sicht der meisten Erzieher ist es vernünftig, genau so zu denken und zu handeln, wie wir es von ihnen gelehrt bekommen haben. Dann müssten wir allerdings noch in den prähistorischen Höhlen leben und dürften weder Feuerzeug noch das Rad erfunden haben. Menschenrechte müssten vermutlich ebenso unbekannt geblieben sein wie gekochte Speisen und Herzoperationen. Umgekehrt gibt es viele drastische Beispiele für allgemein anerkanntes vernünftiges Handeln durch Befolgen der Ratschläge und Gesetze der Älteren: Es bleibt jederzeit klug, kein Strychnin zu essen und sich keine schweren Steine auf den ungeschützten Kopf fallen zu lassen.

Die Begründungen für solche Verhaltensregeln waren im Laufe unserer Geschichte zwar verschieden, aber einerlei, ob wir physikalisch/chemisch argumentieren, mit Dämonen und Geistern oder mit irgend anderen Argumenten: Bei Zuwiderhandlung bleibt die Wirkung auf den Menschen dieselbe, denn die Natur reagiert offensichtlich unabhängig von unserem persönlichen Weltbild.

Nur die Begründungen für die prophezeiten Folgen wurzeln in unseren Ansichten über die Welt, nicht aber die Folgen selbst. Vor nicht einmal zweihundert Jahren etwa gab es ernsthafte medizinische Befürchtungen, dass wir Menschen sterben müssten, wenn wir uns mit für damals so »mörderisch« hohen Geschwindigkeiten wie etwa 50 km/h fortbewegen wollten. Vielen Ärzten des beginnenden 19. Jahrhunderts war eben völlig unvorstellbar, dass sich Menschen mit derartiger Rasanz fortbewegen könnten, ohne massiven Schaden an ihrer Gesundheit zu nehmen.

Aus ihrer Sicht der Welt völlig richtig und vernünftig. Wir lächeln heute darüber und ebenso über den Glauben an eine scheibenförmige

Erde. Und besonders über das Argument gegen die Kugelgestalt unserer Erde, dass »dann ja auf der Gegenseite die Menschen von der Erdkugel herunterfallen müssten«.

Diese Ansichten erwiesen sich im Laufe der Geschichte als Irrungen – doch waren sie deshalb »unvernünftig«? Aus unserer jetzigen Sichtweise schon, aber aus der damaligen? Handeln und Argumentieren als »vernünftig« zu klassifizieren, erscheint daher nur sinnvoll von einem eindeutigen, zweckgebundenen Gesichtspunkt her. Wem dies zu radikal ist, der möge versuchen, eine exakte Grenze dafür anzugeben und dann schlüssig zu beweisen, was der »Vernunft« folgend von unseren Weltbildern seit welcher Zeit hinterfragt werden darf und/oder muss. Persönlich bin ich skeptisch, dass eine solche Antwort gegeben werden kann, denn eine absolut gültige Aussage darüber treffen zu können, welche Handlungen »vernünftig« sind, erweist sich bei akribischer Hinterfragung in der Tat als kaum vorstellbar.

Bei klugem Ordnen unserer Beobachtungen und Erlebnisse müssen wir stets daran denken, dass »Ordnung« in unserem Sprachverständnis nur bedeutet: »Das Zusammengefügtsein einer Vielheit von Teilen und/oder Elementen zu einem einheitlichen Ganzen unter einem bestimmten Ordnungsprinzip bzw. System. Die Art und Weise also, wie etwas geordnet ist.« »Prinzipien« sind aber bloß Grundsätze, Grundnormen, Grundregeln.

Sämtliche Ordnungsprinzipien – auch jene der Wissenschaft – sind also aus unserer menschlichen Vorstellungswelt heraus entstanden. Sie sind kein »absolutes«, »wahres« Wissen, keine jenseits all unserer Erfahrung für sich einfach als »wahr« und »unumstößlich« dastehende Erkenntnisse, sondern einzig und allein menschliche Einfälle und Vorstellungen, aus rein menschlichen Überlegungen und/oder Wünschen entstanden – und zwar überall: bei jeder wissenschaftlichen Erklärung, in jedem Wäscheschrank, in jedem philosophischen System und in jeder Religion. Bei Letzteren muss allerdings nochmals zwischen göttlichen Botschaften und unseren menschlichen Interpretationen derselben unterschieden werden.

2.5 Gott, Natur und Wissenschaft

Die Wörter »Natur«, »Gott« und »Wissenschaft« gehören zu den von uns ebenso wie »Verstand« und »Vernunft« emotionell wie intellektuell am häufigsten benützten Begriffen. Und so wie diese entwickelten auch sie schon eine Eigendynamik, sodass wir zwar vermeinen, ganz genau zu wissen, was wir dabei ansprechen, in Diskussionen sehr emotionell reagieren können, aber bei dem Zwang, sie klar und deutlich definieren zu müssen, plötzlich bemerken, dass wir gar nicht sehr präzisieren können, was wir intuitiv so genau zu wissen vermeinen.

Die Vielfältigkeit dessen, was im Laufe unserer Kulturgeschichte – insbesondere in der Neuzeit – mit dem Wort »Natur« angesprochen worden ist, lässt keinen einfachen und wohlstrukturierten Überblick zu. Seit Jahrtausenden versuchen wir Menschen, das uns Unbekannte in ein verständliches Beschreibungs- und Gedankengebäude zu bringen. Da bei genauer Reflexion alles uns Umgebende uns unbekannt ist, stehen wir dabei immer vor dem Problem, eine letztlich immerwährend gänzlich unbekannte Umwelt geistig so einzurichten, dass wir uns darin vertraut und sicher genug bewegen können.

Johannes Kepler (1571–1630), dessen drei berühmte Gesetze über die Planetenbahnen das Kopernikanische Weltsystem absicherten, für die dann erst Newton ein Jahrhundert später mit der Entdeckung der Schwerkraft eine physikalische Erklärung fand, schreibt in der Widmung in seinem Buch *Mysterium Cosmographicum*:

> »Es handelt sich hier um das Buch der Natur, das von den Heiligen Schriften so hoch gefeiert wird. Paulus hält es den Heiden vor, auf dass sie in ihm Gott wie die Sonne im Wasser oder im Spiegel betrachten möchten. Warum sollen wir Christen uns weniger an dieser Betrachtung ergötzen, da es doch unsere Aufgabe ist, Gott auf die wahre Weise zu feiern, zu verehren und zu bewundern? Unsere Andacht dabei ist umso tiefer, je besser wir die Schöpfung und ihre Größe erkennen.«

Für Johannes Kepler und seine Zeit war es selbstverständlich, dass Natur, Philosophie und Gottesglaube eine selbstverständliche Einheit bilden.

Heute betrachten wir die Natur vielfach wesentlich prosaischer, eher als zwecklose raum-zeitliche Welt von ausgedehnten materiellen Körpern, die überall den gleichen Naturgesetzen gehorchen. Vermehrt auch als herrenloses Objekt der Nutzung, Vermarktung und Ausbeutung, in dem alles erlaubt ist, was gutes Geschäft oder Wunschbefriedigung verspricht. Vielfach wird der Naturbegriff geteilt, es werden die Organismen als »belebte« Natur angesprochen und damit von der »unbelebten« Natur, also von den Mineralien, dem Wasser und der Luft getrennt.

Lange Zeit waren wir sogar überzeugt, dass Leben nur wiederum von Leben abstammen könne und daher extra geschaffen worden sein musste. Im Alltagsleben gingen wir noch einen Schritt weiter und verknüpfen mit »Natur« oft nur mehr das, was wir mit unserer menschlichen Tätigkeit in der Umwelt noch unverändert gelassen haben: die Naturlandschaft, die Tier- und Pflanzenwelt im Unterschied zu den Kulturlandschaften, Haustieren und Kulturrassen, die das Ergebnis menschlicher Eingriffe und Gestaltung darstellen, die mithilfe von Kultur und Technik durchgeführt wurden. Allzu genau nehmen wir es dabei allerdings nicht, denn in Mitteleuropa sind die Wälder Kultur- und nicht mehr Naturwälder und kaum ein Bach oder Fluss hat noch das von ihm allein geschaffene Bett.

Daneben verstehen wir »Natur« auch in der Bedeutung von Wesen und innerer Beschaffenheit, als Charakter und Veranlagung. Daher sprechen wir etwa von der »Natur der Sache«, der »Natur des Menschen« und von »das ist ja natürlich«. Dies entspricht durchaus der Begriffsgeschichte des Wortes »Natur«, in der zwei Grundbedeutungen vorherrschend sind, die bereits die frühgriechische Redeweise von Natur prägen und in der christlichen Tradition von Philosophie und Theologie festgehalten wurden.

2.6 Das Werden war die Wirklichkeit

Unser Wort Natur kommt über das lateinische »*natura*« vom griechischen Terminus »*physis*«, der das »Wachsen«, Werden, Entstehen bezeichnet. Ursprünglich war für die Griechen die »Wirklichkeit« ja das, was unmittelbar wird – in dem Sinne, dass es wächst. Wobei für die Griechen

»natürliches Wachsen« jenes Gesetz verwirklichte, das ihrer Überzeugung nach jeder Wesenheit innewohnte. Die Natur, als das Prinzip des Werdens, wurde demnach als das »Wesen« der Dinge verstanden.

Das zentrale Thema der Spekulation über das Wesen der Wirklichkeit war die Frage nach dem Werden und Vergehen. Viele Theorien wurden aufgestellt, bekämpft, modifiziert und ergänzt. Anaximander (610–546 v. Chr.) etwa, der vielfach als Erster der vorsokratischen Philosophen betrachtet wird, sah die Vergänglichkeit (das »Vergehen«) noch als Strafe für Schuld an. Schuld und Existenz scheinen für ihn in wesenhaftem Zusammenhang gestanden zu sein. Die Anfänge der westlichen Philosophie sind allerdings weit weniger eindeutig, als oft geglaubt wird, und es gibt die verschiedensten Interpretationen und Theorien, was wer gemeint haben könnte. Auch wurden etwa Gegensatzpaare wie warm-kalt, feucht-trocken offenbar noch nicht in unserem Sinne als Eigenschaften angesehen, sondern galten vielmehr als Dinge, die sozusagen selbst agieren konnten und daher zuweilen auch Kräfte (griech.: »*dynameis*«) genannt wurden. Empedokles formuliert seine Vorstellung darüber so: »Jene Elemente und Kräfte nämlich sind alle gleich stark und gleich alt von Abstammung, doch jedes von ihnen hat ein verschiedenes Amt, jedes seine besondere Art, und abwechselnd gewinnen sie die Oberhand im Umlauf der Zeit.«

Während die Bilder über die Materie konkreter formuliert wurden, blieb es stets unklar, wie wir uns die Kräfte vorzustellen haben. Sie waren offensichtlich von den Grundelementen verschieden zu denken und es handelte sich sicher um Projektionen von Gefühlen in die Natur. Doch nirgendwo eine Erklärung, wie diese fast magisch anzusehenden Kräfte etwa das Mischen oder Entmischen von Elementsplittern bewerkstelligen sollten.

Diese Eigentümlichkeit unserer Denk- und Kulturwelt blieb bis heute erhalten: Wir räsonieren über vieles, spezifizieren, unterscheiden und bemühen uns, auf vielen Gebieten immer genauer zu werden. Aber wesentliche Gebiete unserer Weltbilder lassen wir gleichsam tabuisiert. Wer erklärt uns die Wirkungsweise der Kraft? Keine klassische Naturwissenschaft, keine Philosophie, niemand. Wir sind offensichtlich damit zufrieden, dass die Kräfte »da« sind und wir sie, wann immer opportun, als »*Deus ex machina*« einsetzen können.

3.

DIE KOPERNIKANISCHE WENDE

Aristoteles hatte ganz recht, wenn er sagte,
Zweifel sei der Weisheit Anfang.

Voltaire

3.1 Der aristotelische Kosmos

Mit Aristoteles begann die Naturwissenschaft im engeren Sinne. Bei ihm war »Natur« allerdings eher eine Bestimmung des einzelnen Seienden als eine Bestimmung der Welt als Ganzes, wenngleich auch Aristoteles die Welt als eine geordnete Ganzheit verstand. Wie bei den anderen antiken Naturforschern stand bei Aristoteles das Phänomen der Bewegung im Vordergrund. Er verstand die »Natur« als dasjenige »Etwas«, welches das Prinzip seiner Bewegung in sich selbst trägt, sowohl für die räumliche Fortbewegung als auch für die Entwicklung.

Damit war die innere Zielgerichtetheit des Naturgeschehens, das »Prinzip der Teleologie«, die entscheidende Eigenschaft seines Naturbegriffes. So betrachtete er es als die Natur der Samen, sich zu Pflanzen zu entwickeln. Entsprechend hatte jedes Ding seinen natürlichen Platz in der Welt, in der die leichten Dinge nach oben steigen, während die schweren sich zur Erde hin bewegen. Aristoteles unterschied daher zwischen einer natürlichen Bewegung, nach der sich die Dinge zu ihrem natürlichen Ort bewegen, und einer erzwungenen, nach der ein Ding von Menschen in eine bestimmte Richtung gezwungen wird. Die Weiterentwicklung dieser Beobachtung führte zu einer Unterscheidung zwischen Natur und Kultur: Kultur als das vom Menschen Hervorgebrachte im Gegensatz zur Natur als dasjenige an den Dingen, das nicht von Menschen erzeugt wird.

Er prägte für mehr als 2000 Jahre unser Weltbild. Die Physik des Aristoteles ging von einem kugelförmigen Universum aus, in dessen Mittelpunkt die Erde ruht. Das Universum sollte völlig von Materie erfüllt sein, wobei Aristoteles zwischen den vier Elementen der irdischen Welt und dem kristallenen Äther der Himmelssphären unterschied. Für Aristoteles bildete die kugelförmige Erde den ruhenden Mittelpunkt des Weltalls.

Wie uns Bild 4 zeigt, wurde die Erde von kristallenen Himmelssphären umgeben gedacht. Die innerste Kugelschale trug den Mond, die folgenden waren Sitz der Sonne und der verschiedenen Planeten. Die äußerste Sphäre war das Himmelsgewölbe, an dem die Fixsterne befestigt waren. Außerhalb dieser Sphäre war nichts, nicht einmal Raum. Denn eine der Grundlagen des aristotelischen Systems besagte, dass es keinen leeren Raum gäbe. Raum war nur zusammen mit Materie denkbar und so konnte es außerhalb der Fixsternkugel weder Raum noch Materie geben.

Einmal am Tag drehte sich die Fixsternkugel um die Erde. Durch Reibungskräfte bewegte sie die inneren Himmelskugeln, die ohne Zwischenraum aneinander anschlossen. Auf diese Art versuchte man eine mechanische Erklärung der Himmelserscheinungen zu gewinnen. Die kristallenen Himmelssphären bestanden aus einem besonders leichten und durchsichtigen Material, dem »Äther«, der sie ewig und unvergänglich machte. Dadurch unterschieden sie sich wesentlich von der irdischen Welt, die aus den vier Elementen Erde, Wasser, Luft und Feuer aufgebaut war.

Jedes dieser Elemente strebte seinem »natürlichen Ort« zu. So fielen Steine nach unten, weil der natürliche Ort von Erde, Sand und Steinen in der Nähe des Mittelpunktes der Welt war. Die Reibung der kristallenen Mondsphäre an der irdischen Welt wirbelte die Elemente jedoch stets aufs Neue durcheinander und sorgte so für die Aufrechterhaltung des vergänglichen irdischen Treibens.

Die den Himmel bewohnenden Wesen waren vollkommene, also göttliche Geschöpfe und bewegten sich daher auf vollkommenen Bahnen; das waren für Aristoteles die gleichmäßigen Kreisbahnen. Die irdische Welt dagegen wurde durch dauernde Veränderung charakterisiert, sie war die Welt des Entstehens und des Vergehens. Aber die Menschen und alle Dinge hatten ihren natürlichen Platz und jegliche Abweichung von dieser Ordnung wäre naturwidrig gewesen. Die Erde musste sich beispielsweise deshalb im Mittelpunkt der aristotelischen Welt befinden, weil sie aus dem schwersten Stoff bestand und dieser konnte keine andere natürliche Lage haben als das Zentrum des Kosmos – ansonsten wäre seine gesamte Bewegungsharmonie gestört gewesen.

Aus diesem Grunde allein schon konnte die Erde nicht als einer der Planeten angesehen werden! Für Aristoteles gab es zwar ewige Zeit, aber der Kosmos war räumlich endlich und in sich geschlossen. Der Radius des Weltalls wurde auf 130 Millionen Kilometer geschätzt, überraschend ähnlich der mittleren Entfernung der Erde von der Sonne, die etwa 150 Millionen Kilometer beträgt. Auch die Vorstellung eines Vakuums war im aristotelischen System sowohl begrifflich als auch physikalisch denkunmöglich.

3.2 Die Natur im Mittelalter

Aristoteles übergab seiner Nachwelt ein vollständiges Weltbild, in dem sowohl die irdische als auch die »himmlische« Physik qualitativ ausgearbeitet war. Gerade diese Vollständigkeit machte es in der Folge schwer, das aristotelische System zu überwinden, denn jede Abänderung eines Details zerstörte das Gesamtsystem. Derartige Bedeutung wollte man der Naturbeobachtung aber gerade im Mittelalter, das völlig im Zeichen des Glaubens stand, nicht zuerkennen.

Es störte nicht, dass die Kalendermacher und Astronomen seit dem zweiten nachchristlichen Jahrhundert ein etwas anders aufgebautes, aber wesentlich genaueres Himmelssystem benutzten, nämlich das vom vermutlich griechischen Astronomen Ptolemäus (100 [?]–175 [?]) erstellte. Ptolemäus war realistisch genug gewesen, um der Genauigkeit der Himmelsbahnbeschreibungen willen auch solche Bewegungen zuzulassen, die im Widerspruch zu den idealen Bewegungen standen, die nach Platon den vollkommenen Wesen der Himmelskörper zukamen.

Bild 5 zeigt uns ein vereinfachtes Schema dieser Himmelsvorstellung: Die Erde ruhte bei Ptolemäus nach wie vor in der Mitte und wurde vom Mond direkt umkreist. Die Sonne umlief die Erde immer noch entlang einer einfachen Kreisbahn, aber wesentlich weiter draußen: Zuvor kamen die beiden inneren Planeten Merkur und Venus, deren Bahnen jedoch ebenso wie jene der drei äußeren Planeten Mars, Jupiter und Saturn wesentlich komplizierter geworden waren, nämlich kleine Kreisbahnen, deren Mittelpunkte sich entlang der alten aristotelischen Kreisbahnen um die Erde bewegten. Diese überlagerten Bewegungen waren notwendig geworden, um die beobachteten rückläufigen Bewegungsabläufe der Planeten am Sternenhimmel zu beschreiben.

Eine noch genauere Erfassung der Planetenbahnen gelang Ptolemäus nur mehr durch eine weitere Zusatzannahme, die jedoch die Platonischen Prinzipien aufs Gröblichste verletzte: Er benötigte dritte, noch kleinere Kreisbahnen, die er Äquanten nannte und deren Mittelpunkte auf den vorher beschriebenen kleinen Kreisbahnen rotieren mussten. Erst Kopernikus hat diese Einführung dann als derartigen Schönheitsfehler empfunden, dass sie ihm Zeichen für die unhaltbare Widersprüchlichkeit des ganzen ptolemäischen Systems wurde.

Die Philosophie des Mittelalters hatte sich aus dem Bedürfnis entwickelt, die theologischen Lehren der Bibel und der Kirchenväter auch philosophisch zu durchdringen und so einen Einklang zwischen Theologie und Philosophie herzustellen. Ab dem 4. Jahrhundert wurde versucht, insbesondere Aristoteles und seine Erklärer in die christliche Philosophie und Theologie zu integrieren. Da der christliche Gott als ewig und als Schöpfer der gesamten Welt angesehen wird, war es dafür notwendig, den Naturbegriff zu teilen: Gott ist die »ewige und kreative Natur«, also die Ursache und das schöpferische Prinzip für die »in Raum und Zeit erschaffene Natur«, den als Schöpfung geglaubten Kosmos.

Zunächst waren noch beide Naturen ganz im Sinne des antiken Naturbegriffes gedacht, denn sowohl die schöpferische als auch die erschaffene Natur sind strukturierende Prinzipien gewesen. Die scholastische Philosophie machte dann den entscheidenden Schritt zur Loslösung von dieser Auffassung: Für sie war nur noch Gott ewig, die Natur hingegen ist an einem bestimmten Zeitpunkt durch einen freien Schöpfungsakt Gottes erschaffen worden – was ja eigentlich der Bibel entspricht.

Die Antike sprach von der ewigen Natur, für sie waren sowohl der Kosmos als auch die natürlichen Prinzipien ewig gewesen. Aus der Sichtweise des christlichen Mittelalters erhält die Natur ihre Existenz und ihr Ziel ausschließlich durch einen Willensakt Gottes, der sich genauso gut entschließen hätte können, überhaupt keine Natur zu schaffen oder eine ohne jegliches Ziel.

Im 14. Jahrhundert begann sich das einheitliche mittelalterliche Denken aufzulösen und zaghafte naturphilosophische Überlegungen bereiteten die Physik der Neuzeit vor. Mit der Vermehrung naturwissenschaftlicher Einsichten und der Entwicklung neuer technischer Fähigkeiten erscheint die Natur immer mehr als etwas von uns Menschen Beherrschbares. Damit aber wird die teleologische Betrachtungsweise zunehmend zurückgedrängt. Parallel dazu wurden immer mehr Vorstellungen und Ansichten der antiken Welt wiederentdeckt und in unser Weltbild eingefügt.

3.3 Wie die Erdkugel zur Scheibe wurde

Wie kam eigentlich das Mittelalter zum Glauben an eine scheibenförmige Erde? Sämtliche Astronomen und Astrologen des Mittelalters benutzten für ihre Berechnungen das ptolemäische System, in dem die Erde ebenso Kugelgestalt hatte wie im aristotelischen Himmelssystem. Auch bereits die Pythagoräer und danach die meisten anderen antiken Philosophen waren überzeugt, dass die Erde nur kugelförmig sein könne. Sie hatten sogar ihren Umfang auf 10 Prozent genau gemessen.

Insbesondere der deutsche Romanist Reinhard Krüger, der österreichische Philologe Rudolf Simek sowie der amerikanische Historiker J. B. Russell fanden nach umfangreichen Recherchen seit den 1990er-Jahren heraus, dass weder die kirchlichen noch die weltlichen Gelehrten der Spätantike und des Mittelalters geglaubt hatten, die Erde wäre eine Scheibe. Einzig die beiden Kirchenväter Laktantius und Severianus von Gabala sowie der ägyptische Mönch Indikopleustes vertraten diese Ansicht. Doch deren Weltsicht galt als zu abartig, als dass sie im Mittelalter gelehrt worden wären. Erst neuzeitliche Gelehrte entdeckten deren Schriften wieder und schufen mit ihrer Hilfe die Scheibenlegende.

Mit Ausnahme dieser drei Autoren gab es im christlichen Mittelalter niemanden, der eine Flacherde vertreten hätte. Die Polemik, die dem Mittelalter ein Weltbild mit einer Erdscheibe zuschrieb, setzte zunächst zaghaft, aber doch zu Beginn des 17. Jahrhunderts ein. Vermutlich wollte man das stark kirchlich beeinflusste Mittelalter – und damit die Kirche selbst – als besonders primitiv und wissenschaftsfeindlich erscheinen lassen. Dadurch konnte man die eigene Zeit als naturwissenschaftlich ausgerichtetes, »aufgeklärtes Zeitalter« – vor allem mit dem neuen, mechanistischen Weltbild sowie dem aufkommenden Positivismus und Materialismus – als weit überlegen erscheinen lassen. Papst Silvester II. (950–1003) etwa verfasste Abhandlungen darüber, wie man Erdgloben herstellte und welchen exakten Umfang die Erde hatte. Der Kirchenlehrer Hermann der Lahme (1013–1054) benützte solche Globen in seinem Unterricht. Krüger entdeckte insgesamt ein helles, modern denkendes Mittelalter. Dazu passt gut, dass der Philosoph, Theologe und größte Kirchenvater Augustinus (354–430) – der selbstverständlich von der Kugelgestalt der Erde überzeugt war – extrem moderne Ansichten über die »Zeit« hatte.

Die Relativitätstheorie lehrt uns, dass es keine absolute Zeit geben kann, die uns überall dieselbe »Gegenwart« anzeigt, sondern dass die Gegenwart immer nur bei uns ist. Wo immer wir uns aufhalten, wo immer wir »hier und jetzt« sagen, dort ist unsere »Gegenwart«. Sie begleitet uns also und kann durch nichts von uns getrennt werden. Wir sind immer in der Gegenwart, niemals in der Vergangenheit und niemals in der Zukunft. Jeder andere Teil unseres Universums hat ebenfalls immer seine »Gegenwart«. Jeder Teil des Kosmos ist für sich und aus sich heraus immer »hier und jetzt«, somit immer »gegenwärtig« – völlig unabhängig davon, welche Veränderungen durch ihn in den Bildern seiner Umwelt hervorgerufen und bewirkt werden.

Augustinus schrieb in seinen *Bekenntnissen* über die Zeit Folgendes:

> »Was also ist die Zeit? Solange mich niemand danach fragt, ist mir's als wüsste ich's; doch fragt man mich und ich soll es erklären, so weiß ich es nicht ...«
>
> Und etwas später:
>
> »Was nun also klar und deutlich ist, ist dies, dass es nicht Zukunft gibt noch auch Vergangenheit. Eigentlich also kann man nicht sagen: Es gibt drei Zeiten, Vergangenheit, Gegenwart und Zukunft. Genauer vielleicht wäre es zu sagen: Es gibt drei Zeiten, die Gegenwart der Vergangenheit, die Gegenwart des Gegenwärtigen und die Gegenwart der Zukunft. In der Seele nämlich sind diese drei; anderswo sehe ich

sie nirgends. Die Gegenwart der Vergangenheit ist das Gedächtnis, die Gegenwart des Gegenwärtigen die Anschauung, die Gegenwart der Künftigen ist die Erwartung.

Wenn man so sagen darf, dann sehe ich drei Zeiten, und ich gestehe: Es sind drei. Man kann auch ruhig sagen, es gibt drei Zeiten, Vergangenheit, Gegenwart und Zukunft; weil dieser Missbrauch schon Gewohnheit ist. Man mag es sagen, ich kümmre mich nicht drum, ich widerspreche nicht und tadle es auch nicht, solang man nur versteht, was eigentlich man damit sagt, und wenn man damit nicht behaupten will, die Zukunft sei in Wirklichkeit Gegenwart, die doch noch gar nicht ist, und die Vergangenheit, die nicht mehr ist. Es sind wenige Dinge, die wir genau und eigentlich benennen; meist reden wir uneigentlich und ungenau, doch man versteht ja, was wir sagen wollen ...«

3.4 Kopernikus und Kepler: Sieger für die reale Welt

In der Renaissance lag der Schwerpunkt des intellektuellen Lebens bei den Künsten und der klassischen Philologie. Man war allerdings bestrebt, Idealbilder der Kunst durch geometrische Figuren und Zahlenverhältnisse zu beschreiben, und griff dabei nicht nur auf Aristoteles, sondern wieder auch auf Platon und Pythagoras zurück. Man versuchte überall, selbst in den menschlichen Körper, in Gebäude und sogar in Buchstaben, geometrische oder Zahlenharmonien hineinzubringen. Nahezu jeder Künstler formulierte etwa seinen eigenen Kanon für die als harmonisch anzusehenden Richtmaße für die Proportionen (Größenverhältnisse) der einzelnen Teile unserer Körper. Daneben begann auch eine Hinwendung zu minutiösen Beschreibungen von Naturphänomenen, die immer mehr – selbst nach der heutigen Sicht – als wissenschaftlich zu qualifizieren ist.

Die idealistischen Philosophen des Altertums waren von der Idee der Harmonie ausgegangen. Sie waren zwar bestrebt gewesen, die von unseren Sinnesorganen wahrgenommene Welt mit einzubeziehen, nahmen aber Abweichungen nicht allzu tragisch. Die beobachtbare materielle

Welt spiegelte für sie ja ohnehin nur grob die Welt der vollkommenen Ideen wider. Es war für sie dasselbe wie die Tatsache, dass niemand ein exaktes Dreieck zeichnen kann.

In der Neuzeit war die Dominanz der Zahlenmystik zunächst ebenso übermächtig, den beobachteten Fakten, den »Tatsachen«, wurde aber immer mehr Bedeutung zuerkannt. Kepler maß den in der Zwischenzeit festgestellten kleinen Abweichungen der beobachteten Planetenbahnen dann erstmals eine derartige Bedeutung bei, dass er die zu seiner Zeit geltenden Vorstellungen völlig verwarf und nach neuen Harmonien suchte, obwohl er noch an einen im platonischen Sinne idealen Aufbau unseres Universums glaubte.

Der Zahlenmystiker Kopernikus (deutscher Astronom; 1473–1543) suchte einen Weg, um der platonischen Forderung wieder zu ihrem Recht zu verhelfen, dass sich die Planeten in ihrer Vollkommenheit nur auf vollkommenen Bahnen, also auf Kreisbahnen, mit gleichmäßiger Geschwindigkeit bewegen könnten. Dazu war ihm jedes Mittel recht, selbst eine für die damalige Vorstellungs- und Denkwelt unerhört revolutionäre Theorie: In seinem Buch *De revolutionibus orbium coelestium* (Über die Umdrehungen der Himmelsbahnen), das aber erst in seinem Sterbejahr 1543 herauskam, zeigte er endgültig und schlüssig, dass die Planetenbahnen dann mithilfe der platonischen Kreisbewegungen beschrieben werden können, wenn nicht mehr die Erde als Mittelpunkt des Weltalls angesehen wird, sondern die Sonne!

Kopernikus war nicht der Erfinder dieses heliozentrischen Weltbildes. Aristarchos von Samos hatte bereits im dritten vorchristlichen Jahrhundert gelehrt, dass die Sonne der Mittelpunkt des Weltalls sei und die Erde nur ein Planet wie Merkur, Venus, Mars, Jupiter und Saturn, die sich allesamt in einer Kreisbahn um die Sonne bewegen würden. Kopernikus hatte während seiner Studienzeit in Italien aller Wahrscheinlichkeit nach von diesen lange Zeit vergessenen Ansichten des Aristarchos gehört, die ihn offensichtlich dann nicht mehr losgelassen haben und mit deren Hilfe er zeigen konnte, wie man die Himmelsbahnen ohne die ptolemäischen Anschauungen wesentlich einfacher und in Übereinstimmung mit Platons Bewegungsidealen beschreiben kann.

Im Mittelpunkt des kopernikanischen Universums stand nun die Sonne. Um sie drehten sich die Planeten – allerdings ebenfalls auf kristallenen Sphären wie bei Aristoteles. Die Zeit war noch nicht reif, um etwas so Abstraktes wie die Schwerkraft als Bewegungsursache auch nur ansatzweise zu postulieren. Der Weg dahin war noch weit. Allerdings begannen die Entfernungen der Planeten zur Sonne wichtig zu werden.

Im Gegensatz zu den ptolemäischen »Kreisen auf den Kreisen auf den Kreisen« kann man beim kopernikanischen Planetensystem, das auch das »heliozentrische« (»*helios*« [griech.]: Sonne) genannt wird, die Entfernungen der einzelnen Planeten mithilfe von geometrischen Überlegungen recht gut bestimmen. Ein für die damalige Zeit ebenfalls unerhörter Wissenschaftssprung: weg von nebulosen, rein qualitativen Beschreibungsformen hin zu quantitativen Entfernungsangaben, die auch aus heutiger Sicht schon erstaunlich präzise waren.

Die Beobachtungsdaten des dänischen Astronomen Tycho Brahe (1546–1601) zeigten Kepler dann, dass die Positionsdaten des Planeten Mars um acht Bogenminuten von der kopernikanischen kreisförmigen Bahn abwichen. Diese unscheinbaren acht Bogenminuten veranlassten Kepler jedoch, die fast 2000 Jahre lang gültige Auffassung von kreisförmigen Bahnen fallen zu lassen! Wie Bild 6 zeigt, führte Kepler die Ellipsen als Planetenbahnen ein und brach damit endgültig und unwiederbringlich mit der griechischen Überlieferung. Mehr noch: Er hat die Planetenbewegung mit einer wirkenden Kraft in Verbindung gebracht und damit als Erster versucht, die Astronomie physikalisch zu formulieren.

Die Preisgabe der Kreise zugunsten der viel weniger eindrucksvollen Ellipsen, in deren einem Brennpunkt die Sonne zu stehen hatte, war für Keplers Harmoniewunsch ein beinahe unverdauliches Ansinnen. Er akzeptierte jedoch die mathematischen Erfordernisse und veröffentlichte 1609 in seiner Arbeit *Astronomia nova* die beiden ersten der drei nach ihm benannten berühmten Gesetze. Im Jahre 1619 wurden dann seine Zahlenmystik und sein Harmoniestreben überreiflich belohnt, denn in seinem Buch *Harmonices mundi* kann Kepler sein drittes Gesetz voll innerster Begeisterung mitteilen: »Die Quadrate der Umlaufszeiten aller

Planeten verhalten sich wie die dritten Potenzen (Kuben) der mittleren Sonnenentfernungen.«

Die Weltharmonie war damit zwar völlig anders als in der Antike, aber wieder vollständig. Keplers Zahlenmystik inspirierte ihn auch, den von ihm festgestellten Zahlenverhältnissen im Sonnensystem Harmonien der Töne in der Musik zuzuordnen: Er dividierte die Winkelgeschwindigkeiten im sonnennächsten Bahnpunkt (»Perihel«) durch jene im sonnenfernsten Punkt (»Aphel«) und erhielt für diesen Quotienten bei der Erde einen großen Halbton (16/15), beim Mars die Quinte (3/2) und beim Saturn eine Terz (5/4). Kepler war von der Existenz einer »Sphärenmusik« so überzeugt, dass er den Planeten sogar musikalische Motive zuordnete.

Für Kepler war es noch unmöglich, sich völlig von dem Gedanken zu lösen, dass im Kosmos die göttlichen Entsprechungen aufgefunden werden müssten. Und zwar zwischen den damals noch als unbeweglich geglaubten kosmischen Objekten und der Heiligen Dreifaltigkeit: Die Sonne sollte dem Leben spendenden und schöpfenden Gottvater entsprechen, die Fixsterne Gottsohn und der interstellare Raum dem Heiligen Geist. Diese von ihm gedachten Beziehungen zwischen der Trinität und dem unbewegten Kosmos bestärkten ihn in seiner Vorstellung, dass die Planetenbahnen an einer göttlichen Harmonie teilhaben müssten.

4.

AUFSTIEG UND FALL DER MECHANISTISCHEN WELT

Zu jeder Zeit wird die übliche Deutung der Welt der Dinge
durch ein System von Annahmen bestimmt, die fraglos
und unverdächtig sind.

A. N. Whitehead

Die in den Jahrzehnten nach Kepler immer erfolgreicher gewordene Anwendung der physikalischen Bewegungslehre zur Beschreibung der Himmelsbewegungen anstelle der Bemühung höherer Gewalten mündete schlussendlich in der Überzeugung, dass das Universum rein mechanisch aufgebaut wäre. Die Geburt des mechanistischen Weltbildes wurde also eingeleitet von der Degradierung der Erde weg vom Mittelpunkt des Kosmos hin zu einem einfachen Planeten, der um unsere Sonne kreist. Da dieser Vorstellungswandel im Wesentlichen durch die astronomischen Gesetze des Kopernikus ausgelöst worden ist, wird er oft als »kopernikanische Wende« bezeichnet.

Die beginnende Loslösung von der aristotelischen Naturlehre war aber umso schwieriger, als diese das Leitbild für die Natursicht des katholischen Glaubens bildete. Salopp ausgedrückt rächte sich hier nach vielen Jahrhunderten, dass die katholische Kirche seit den ersten Jahrhunderten Christi Botschaft nicht allein aus sich heraus wirken lassen wollte, sondern Vorstellungen griechischer Philosophen in das inkorporierte, was als »katholischer Glaube« bezeichnet wird.

4.1 Eine Welt formiert sich

René Descartes hatte Mitte des 17. Jahrhunderts in seinen *Principia Philosophiae* versucht, das kopernikanisch-keplersche System wieder zu einem vollständigen Bild der Welt zu ergänzen. Descartes' Weltall war nach aristotelischer Art mit Äther erfüllt, der bei ihm allerdings keine Kristallkugeln bildete. Sein kosmischer Äther war vielmehr flüssig und bewegte sich in großen Wirbeln um die Planeten. Die Erde und die anderen Planeten bewegten sich gemäß den Keplerschen Gesetzen um die Sonne, doch ruhten die Planeten zugleich inmitten dieser Wirbel.

Dadurch umging Descartes elegant Schwierigkeiten mit der damaligen wörtlichen Bibelauslegung. Auch sollte die Schwerkraft durch Druck im kosmischen Äther von Körper zu Körper übertragen werden. Letzteres war eine frühe Lösungsspekulation für die Notwendigkeit, die Gravitation nicht nur zwischen zwei Körpern wirken zu lassen, sondern auch einen Mechanismus zu finden, mithilfe dessen die Kraftübertragung vollzogen werden konnte.

Descartes' Deutung des Weltgeschehens war fantasievoll, doch nicht mathematisch ausgearbeitet. Dies gelang erst Newton, dessen *Philosophiae Naturalis Principia Mathematica* in vieler Beziehung eine Antwort auf Descartes' Werk *Principia Philosophiae* ist. Newton führte hier bekanntlich die Schwerkraft als gemeinsame Ursache der Planetenbewegung und der irdischen Fallgesetze ein. Damit gelang es ihm, alle Beobachtungen durch eine Kraft zu erklären, die mit dem Quadrat der Entfernung zweier Körper abnimmt. Newton konnte und wollte nicht erklären, auf welche Weise zwei Körper wie Erde und Sonne Kräfte aufeinander ausüben können. Er glaubte weder, dass reibende Kristallsphären noch Ätherwirbel für die Übertragung der Gravitation sorgen könnten. »Ich mache keine Hypothesen«, war alles, was Newton dazu äußerte.

Mit dem Fortschritt der Naturwissenschaft wurde die Natur immer mehr als eine zwecklose raum-zeitliche Welt ausgedehnter Körper betrachtet, die universalgültigen Gesetzen gehorchten. Die Natur ist in dieser Denkrichtung zum bloßen Material geworden, das mehr oder weniger erfolgreich manipuliert werden durfte. Dementsprechend wurde die Naturwissenschaft immer stärker als bloßes Werkzeug für die Naturbeherrschung angesehen.

Aufgabe der Philosophie war es danach, das Verhältnis zwischen der zwecklosen Natur und einem zwecksetzenden Bewusstsein zu finden. Letzteres hatte dementsprechend »frei« zu sein und wurde göttlich oder menschlich gedacht. Der Dualismus von Descartes, der Monismus des englischen Mathematikers und Philosophen Thomas Hobbes (1588–1679) und der Idealismus von George Berkeley (irischer Theologe und Philosoph; 1685–1753) sind drei klassisch gewordene Antwortversuche, die jedoch zeigen, wie willkürlich die Ergebnisse reiner Spekulationen wirken, wenn sie nebeneinander gestellt werden.

Descartes unterschied zwischen ausgedehnter Natur und nicht-ausgedehntem Bewusstsein, Hobbes und die französischen Materialisten bestimmten das Bewusstsein als eine Art materielle Natur und Berkeley leugnete in seinem Idealismus jede selbstständige Natur. Kant folgte dann dem Descartes'schen Dualismus bis auf die für ihn zu dogmatische Ansicht, dass der Natur eine selbstständige Existenz zukomme. Kant propagierte deshalb, die Natur als »Inbegriff aller Gegenstände der Erfahrung« anzusehen.

4.2 Newton schafft das Werkzeug

Newton wurde von seinen Mitmenschen und der Nachwelt so hoch gefeiert wie kaum ein anderer Naturforscher. Ihm wurde allerdings massiv Unrecht getan, denn sein Denkgebäude wurde arg verfälscht: Er wurde zum Schöpfer der rein mechanistisch determinierten und funktionierenden Welt der »klassischen Physik« gemacht. Das war er nicht und wollte es auch gar nicht sein. Newton verfasste eine Unmenge von Schriften über Themen aus Chemie und Alchimie, über die Rekonstruktion der Schriften der Offenbarung ebenso wie über die Chronologie der alttestamentarischen Königreiche sowie über die Kabbala (»Überlieferung« – jüdische Geheimlehre und Mystik).

Newton betrachtete die Natur auf doppelte Weise: einerseits als systematische, nach strengen Gesetzen wohlgeordnete Natur und parallel dazu als hilfsbedürftige, schwächliche Natur in der Hand eines allumfassenden »Pantokrators«, wie er Gott gerne nannte. Die Naturwissenschaft hatte sich seiner Auffassung nach nur mit Ersterer zu beschäftigen, von der er sagte: »Nature will be very conformable to her self and very simple.«

Bei seinen physikalischen Studien an der Natur interessierte Newton einzig und allein das »Wie« im Ablauf der Naturereignisse, die Beschreibungsmöglichkeit und damit die Vorhersagekraft, aber nicht die Fragen nach dem philosophischen »Warum«: Keine philosophischen Argumente und keine Sinn- oder Zweckfragen, sondern nur die Funktionsstrukturen. In diesem Sinn ist sein schon früher zitiertes Wort zu verstehen, dass er keine Hypothesen mache. Religiöse und metaphysische Themen trennte er streng von den naturwissenschaftlichen, da er Erstere als Fragen ansah, die nicht durch experimentelle Befragung der Natur beantworten werden konnten.

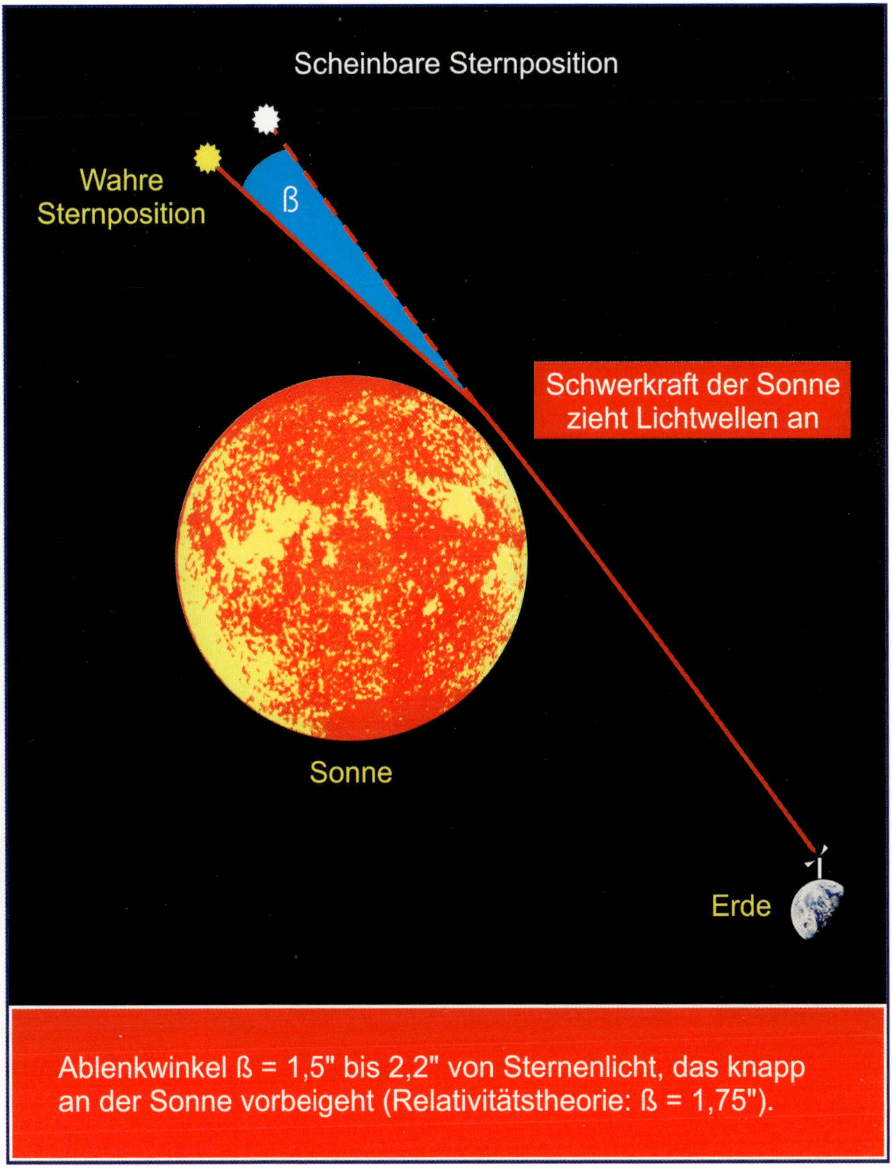

Bild 1: Schwerkraftwirkung am Sternenlicht,
das knapp an der Sonne vorbeigeht.

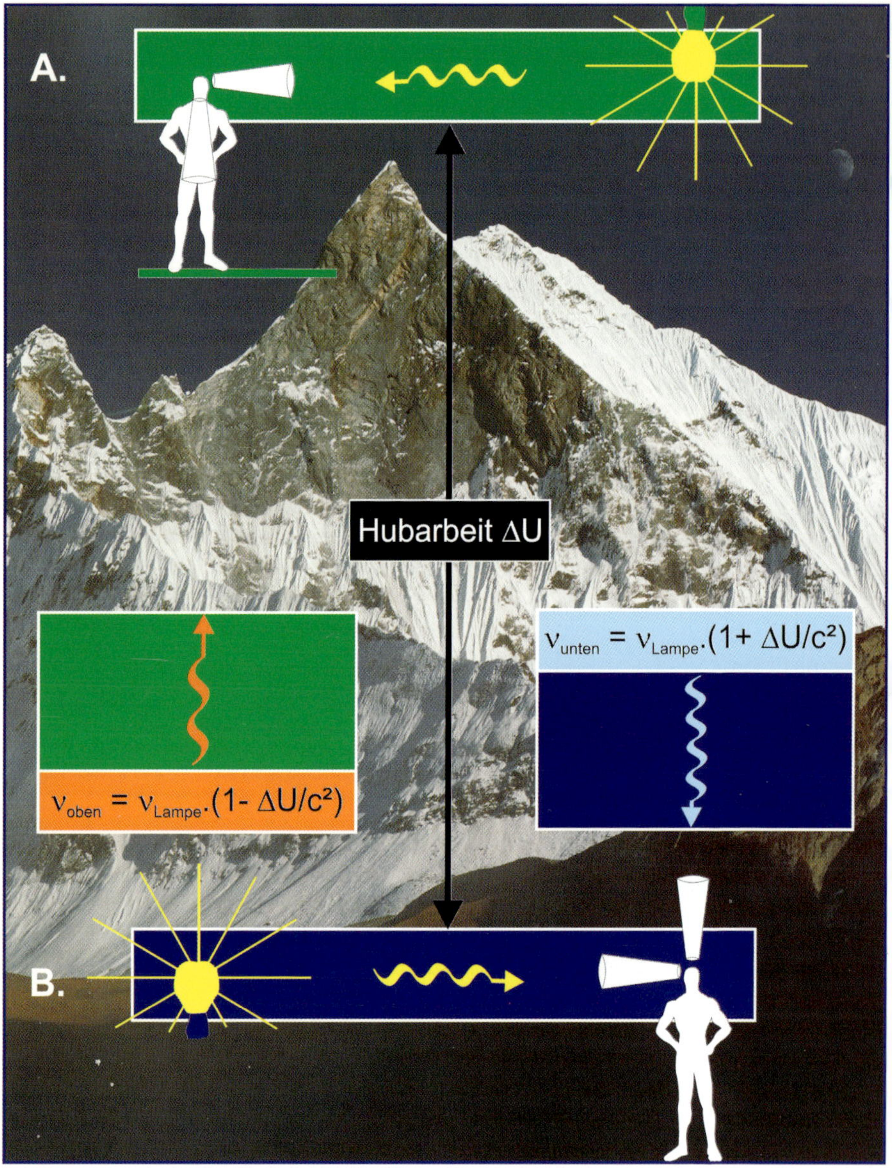

Bild 2: Die Lichtfarbenverschiebung im Schwerefeld.
A. Der obere (grüne) Beobachter sieht das untere Lampenlicht rötlicher, weil es beim Aufsteigen Hubarbeit ΔU verrichten muss (ν Lichtfrequenz).
B. Der untere (blaue) Beobachter sieht das obere Lampenlicht bläulicher, weil es beim Fallen Energie ($-\Delta U$) gewinnt.

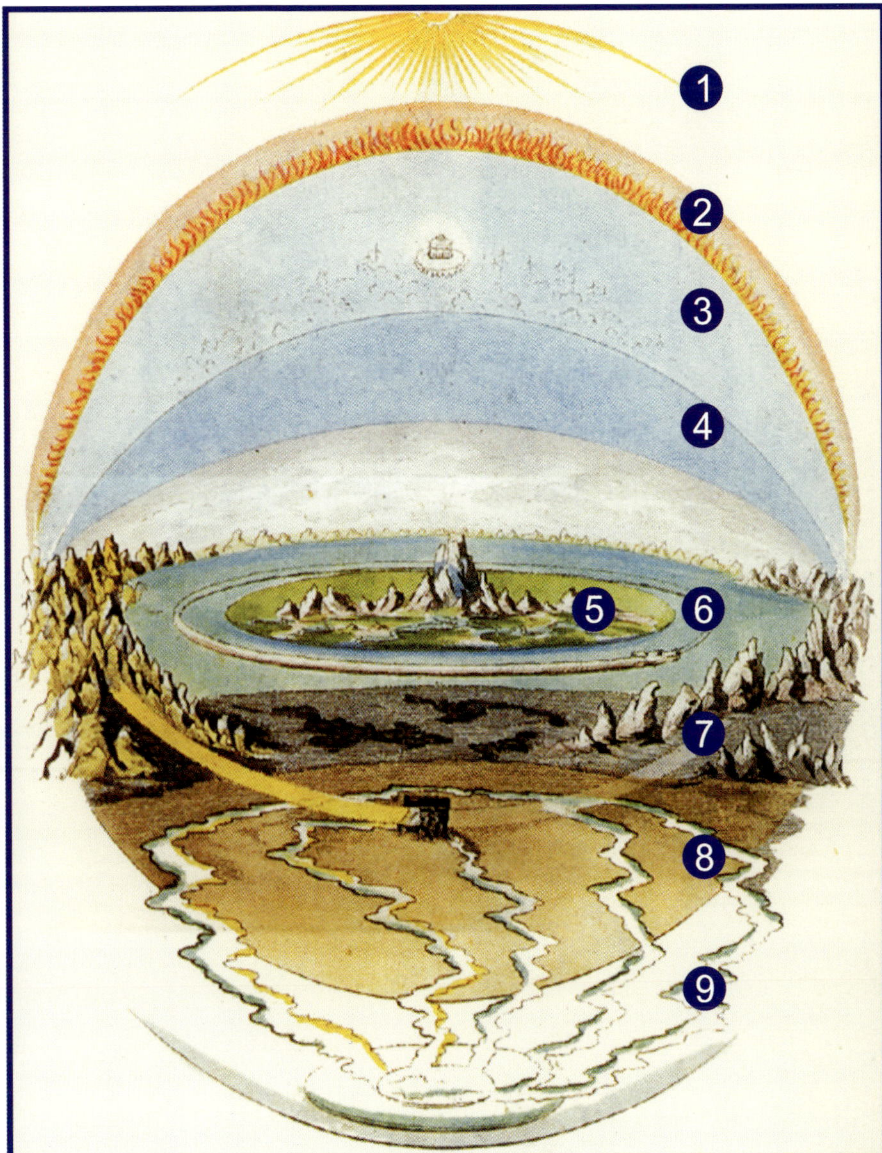

Bild 3: Die neun Welten der Snorra Edda.
1 – Alfheim (Welt der Lichtalben und Gimle); 2 – Muspell (Feuerreich); 3 – Asgard und Walhalla; 4 – Wanaheim (Welt der Wanen); 5 – Mannheim (Menschenwelt); 6 – Jötunheim (Welt der Riesen); 7 – Welt der Schwarzalben; 8 – Hel (Unterwelt); 9 – Niflheim (Nebelwelt).

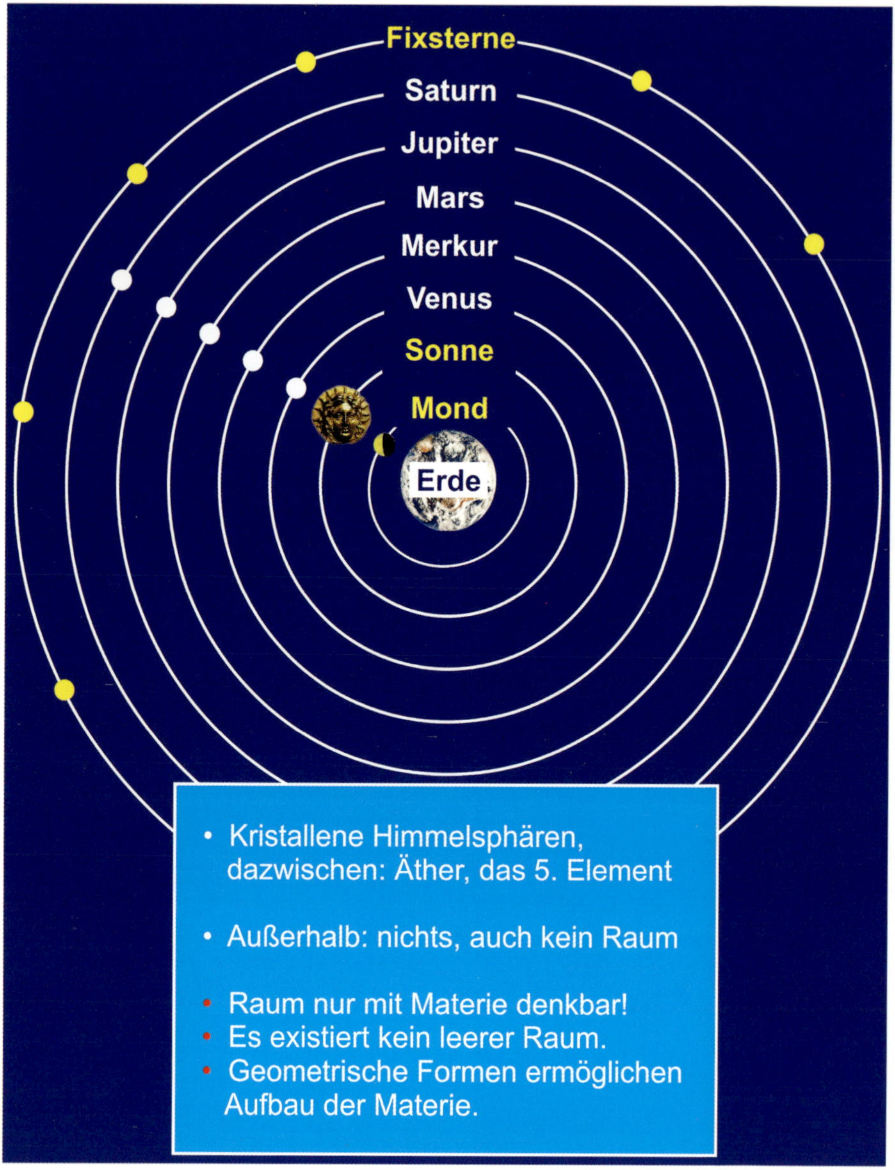

Bild 4: Das Universum nach Aristoteles (384–322 v. Chr.).

Bild 5: Die Welt des Ptolemäus (100–160 n. Chr.).

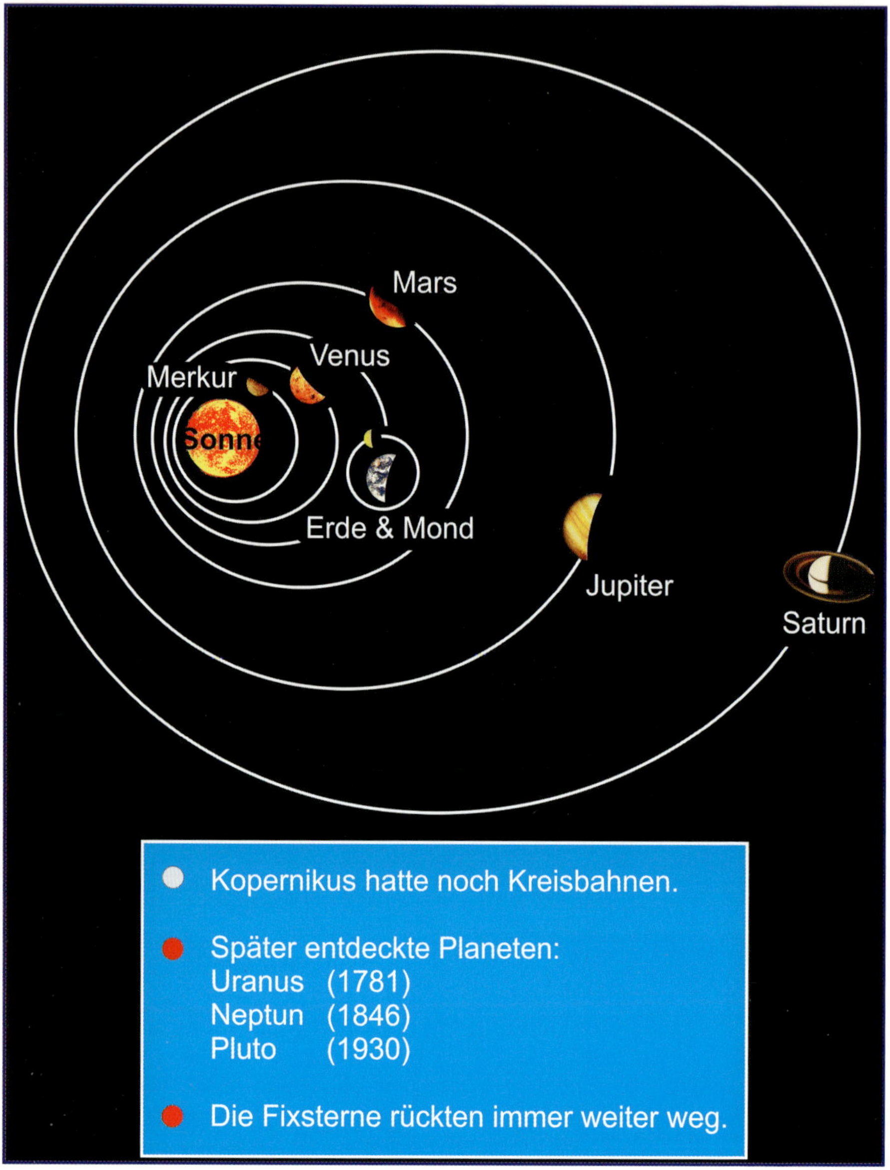

Bild 6: Das heliozentrische Weltsystem (nach Kepler und Kopernikus).

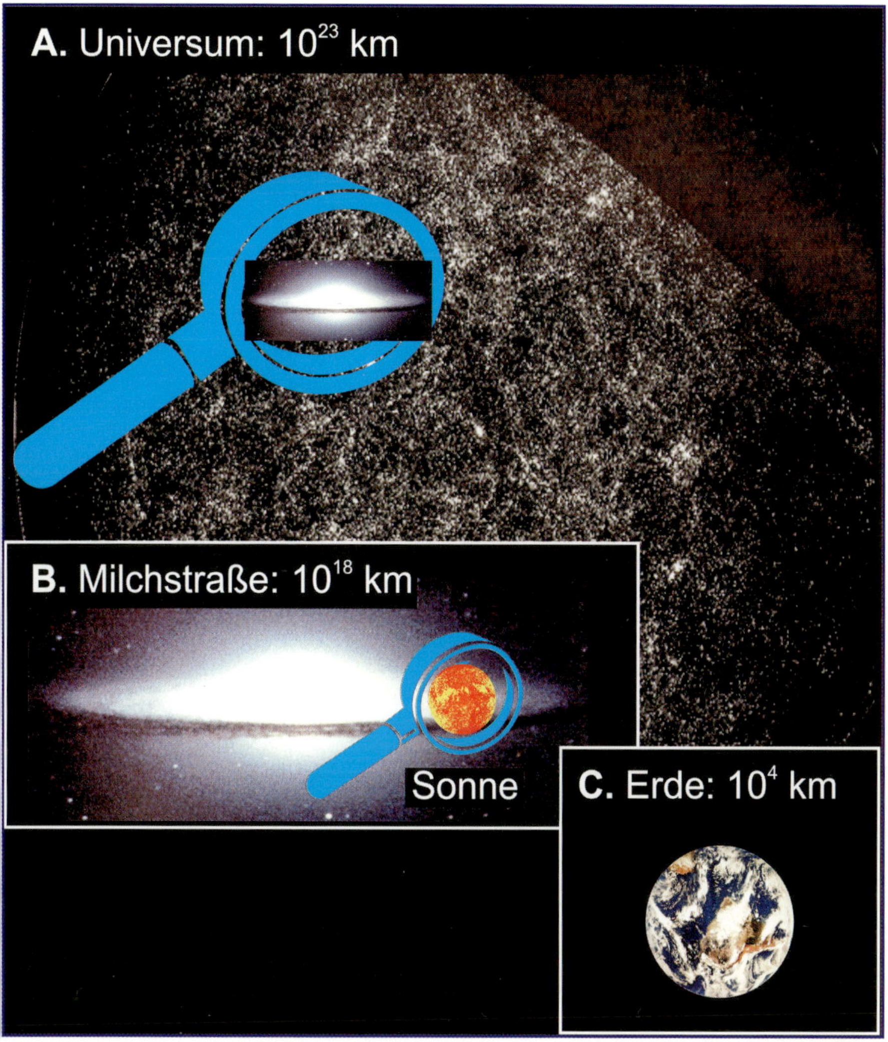

Bild 7: Das heutige Weltall.
A. Jeder Punkt ist eine Galaxis. Es gibt Milliarden von Galaxien.
B. Unsere Milchstraße von der Kante aus gesehen. Das Licht braucht zur Querung knapp 100 000 Jahre. Jeder Punkt ist eine Sonne.
C. Unsere Erde. Sie ist 150 Millionen km von der Sonne entfernt. Das Sonnenlicht braucht 8,3 Minuten zu uns.

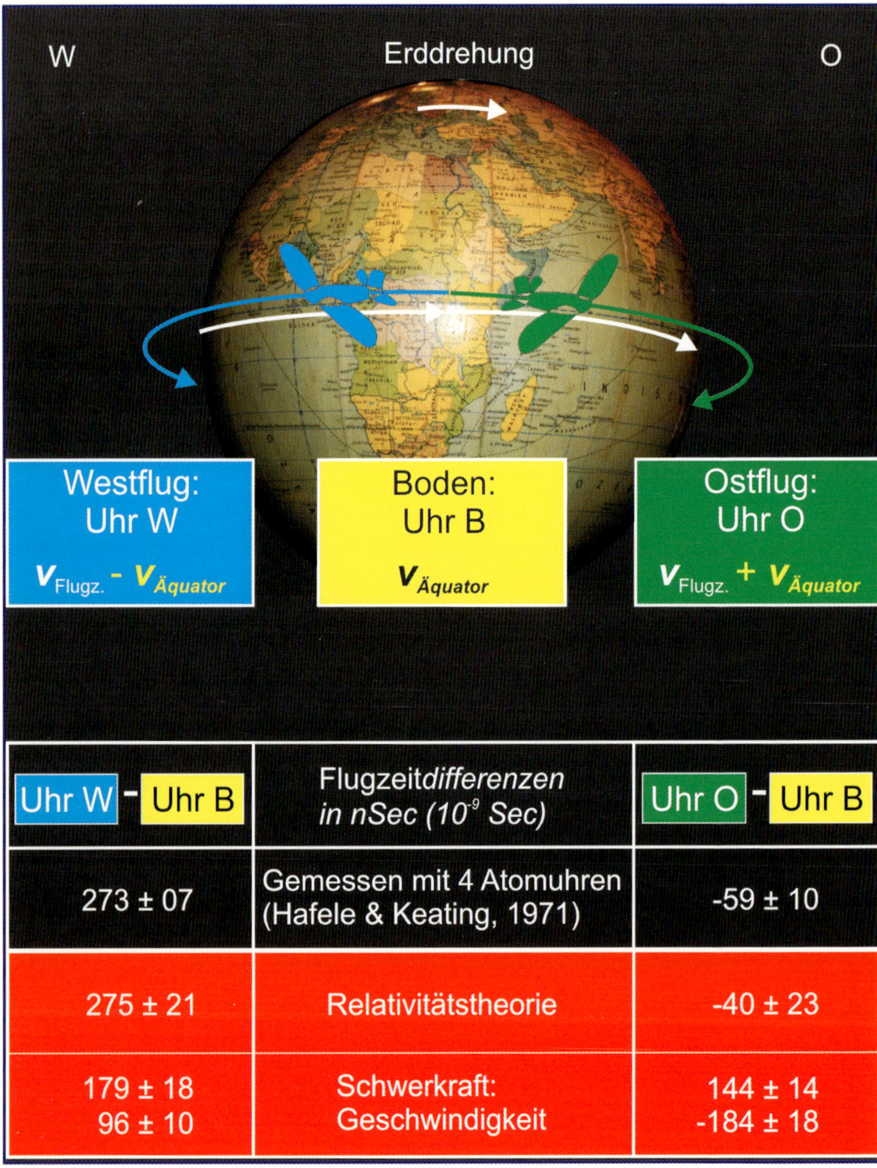

Uhr W - Uhr B	Flugzeit*differenzen in nSec* (10^{-9} *Sec*)	Uhr O - Uhr B
273 ± 07	Gemessen mit 4 Atomuhren (Hafele & Keating, 1971)	-59 ± 10
275 ± 21	Relativitätstheorie	-40 ± 23
179 ± 18 96 ± 10	Schwerkraft: Geschwindigkeit	144 ± 14 -184 ± 18

Bild 8: Die Abhängigkeit der Ereignisdauer (»Zeit«) von Schwerkraft und Schnelligkeit.
$\boldsymbol{v}_{Flugz.}$ Geschwindigkeit des Flugzeuges; $\boldsymbol{v}_{Äquator}$ Geschwindigkeit der Erdoberfläche am Äquator.

Newton engte damit zwar die Aufgaben der Naturphilosophie beträchtlich ein, konnte aber gerade dadurch die Aufmerksamkeit auf den Bereich von lösbaren Problemen richten. Durch diese Konzentration auf experimentell untersuchbare Phänomene meinte er vollständig darauf verzichtet zu haben, was seit der Antike Hauptwerkzeug der Naturbetrachtung war: die Spekulation, von ihm als »Aufstellen von Hypothesen« bezeichnet.

Aus dieser Trennung heraus wurde die Aufmerksamkeit auf die Überlegenheit der neuen, deduktiven Arbeitsmethode fokussiert, was eine Fixierung auf die mechanisch beschreibbaren Elemente unserer Natur mit sich brachte. Die zweite Seite der Newton'schen Naturauffassung geriet dabei in Vergessenheit. Newton wurde damit zur Symbolfigur für etwas stilisiert, was er nie im Sinne hatte: ein rein mechanistisch begründetes und aufgebautes Universum. Er wollte nur die beobachtbaren Zusammenhänge mathematisch formulieren, damit sie eindeutig und exakt würden.

Er konnte als Erster die Funktionsprinzipien des Kräftespiels zwischen den Massen von Körpern mithilfe der Schwerkraft beschreiben. Er vermochte über seine Bewegungsgesetze zu zeigen, dass sämtliche damals zu beobachtenden Bewegungen von Körpern mithilfe seiner Kraftgesetze beschrieben werden konnten, wenn man nur Reibungs- und Widerstandskräfte sowie elastische Kräfte akzeptierte. Newton hat einzig das Kräftespiel zwischen den Körpermassen in der Natur mathematisch gefasst und damit zu dem gemacht, was er begründet hat: zur »klassischen Mechanik«.

Niemals aber deutete Newton die Natur selber mechanistisch oder sah gar die Materie als deren Ursache an. Dies tat erst seine Nachwelt, teils unter völlig falscher Berufung auf ihn: geblendet von der Überlegenheit einer erstmals gelungenen mathematischen Beschreibung einer Reihe von Naturereignissen, welche die Planetenbewegungen ebenso einschloss wie die Bahnen von Billardkugeln oder das Herunterfallen eines Apfels.

Überzeugt von der Unzerstörbarkeit der Masse, die als Grundeigenschaft der Materie angesehen wurde, konnte einerseits die Masse vielen Denkern als Äquivalent oder Synonym für Materie gelten und andererseits dazu führen, dass Newtons Gedankengänge deutlich verändert, »vereinfacht« wurden. Dies hatte zur Folge, dass die daraus resultierenden Mechanikformulierungen zu unlösbaren Problemen bei der Beschreibung von Vorgängen mit Geschwindigkeiten nahe der Lichtgeschwindigkeit führten.

Keplers Wunsch, im Universum Entsprechungen Gottes zu finden, war Newton denkfremd, er propagierte eine strenge Trennung zwischen Naturwissenschaft und Spekulation. Newton war denn auch vollständig überzeugt, diese Trennung in seiner Arbeit rigoros durchgeführt zu haben. Aber: Grundannahmen wie die gegenseitige Unabhängigkeit von Raum, Zeit und Masse sowie ein unendlich weit ausgedehnter, linearer Raum sind sehr wohl nur Spekulation, da sie gänzlich unbeobachtbare und unbeweisbare Hypothesen sind.

Sie waren für die Messgenauigkeit in Newtons Ära völlig einsichtig und daher vernünftig, vielleicht sogar zwingend. In der Zwischenzeit ergaben unsere seit damals unglaublich stark verfeinerten Messmethoden jedoch, dass diese Grundpfeiler der mechanistischen Weltsicht ganz sicher nicht richtig sein können. Ob wir darüber glücklich sind oder nicht, steht nicht zur Debatte, denn Kernkraftwerke und Wasserstoffbomben, Mikroelektronik und astronomische Präzisionsgeräte allerhöchster Empfindlichkeit sind Realität und beweisen allesamt, dass wir die Natur anders zu erklären haben, als die klassische Physik es lehrt.

Die Naturwissenschaft machte solch gewaltige Fortschritte, dass man im 19. Jahrhundert größenwahnsinnig wurde: Geblendet durch die Geschlossenheit der allgemein anwendbaren »klassischen Mechanik«, vermeinten die meisten Forscher, die Natur nunmehr »erklären« zu können und zu wissen, wie das Weltall ist. An den philosophischen Auswirkungen haben wir noch heute zu leiden, führten sie doch zum Materialismus, der uns in seiner dialektischen Form jahrzehntelang Anlass zu Koexistenzängsten gab.

4.3 Die Welt als Uhrwerk

Infolge zahlreicher Schiffskatastrophen auf den immer stärker befahrenen Seewegen des 17. Jahrhunderts wurde der Bedarf an besseren Schiffsuhren immer dringender, denn für eine zuverlässige nautische Ortsbestimmung mithilfe der Sterne ist eine genaue Zeitbestimmung Voraussetzung. 1709 kamen bei einem Zusammenstoß von vier Schiffen sogar 2000 Mann ums Leben! Das erste Schiffschronometer wurde von John Harrison 1736 vorgestellt und knapp 30 Jahre später gelang ihm die Konstruktion einer Seeuhr, die in einem Monat nur knapp eine Sekunde falsch ging.

Man lernte im Barock nicht nur präzise Uhren zu bauen, sondern es war der Stolz dieser Uhrmacher, immer aufwendigere und großartigere Uhrwerke zu entwickeln. Bald wurden Uhren konstruiert, die astronomische Ereignisse auf Jahrhunderte vorherzuberechnen erlaubten. Wen wundert, dass schon bald die ganze Welt als riesiges Uhrwerk betrachtet wurde, das bei der Schöpfung von Gott in Bewegung gesetzt worden war.

Am radikalsten drückte dies der französische Mathematiker, Physiker und Astronom Pierre-Simon Marquis de Laplace (1749–1827) aus:

> »Wir müssen also den gegenwärtigen Zustand des Weltalls als die Wirkung seines früheren und als die Ursache des folgenden Zustandes betrachten. Eine Intelligenz (*Anm. des Verf.*: sein ›Dämon‹), welche für einen gegebenen Augenblick alle in der Natur wirkenden Kräfte sowie die gegenseitige Lage der sie zusammensetzenden Elemente kennt und überdies umfassend genug wäre, um diese Größen der Analysis zu unterwerfen, würde in derselben Formel die Bewegung der größten Weltkörper wie des leichtesten Atoms umschließen. Nichts würde ihr ungewiss sein, und Zukunft wie Vergangenheit würden ihr offen vor Augen liegen.«

4.4 Faszination und Grenzen der Mechanik

Der Begriff »Mechanik« stammt aus dem Griechischen und bedeutet die Kunst, Maschinen zu bauen, also Geräte zur Änderung der Stärke oder Richtung einer angewandten Kraft. Die Wissenschaft von den Bewegungen der Materiestücke, die durch Einwirkung von äußeren Kräften entstehen, also die Wissenschaft von den Regeln, wie die zeitlichen Veränderungen der gegenseitigen Lage von Körpern oder ihrer Teile vorherbestimmt werden können, diese Wissenschaft heißt Mechanik. Die Regeln der Mechanik gelten seit Newton für alle Materiestücke, unabhängig aus welchen Materialien sie bestehen und welche Form sie aufweisen.

Metalle wie Eisen, Gold oder Kupfer folgen seit Newton denselben Bewegungsgesetzen wie Holz, Daunenfedern oder Schneekristalle. Alle Körper unserer Welt, vom kleinsten Wassertropfen über Felsbrocken bis zu den Sternen am Firmament, gehorchen denselben mechanischen Gesetzen: Der leiseste Windhauch wird mithilfe dieser Regeln ebenso beschrieben wie das Stürzen der Wasserfälle. Ob der Flug einer Mücke, eines Düsenflugzeugs oder einer Pistolenkugel interessiert, ob ein Fahrrad zu bauen ist, ein Rennauto oder ein Schiff, ob schwere Lasten mit Kränen zu heben sind oder der Zucker für eine Sachertorte abzuwiegen ist – immer finden die Gesetze derselben Mechanik ihre Anwendung.

Hier spüren wir wieder etwas von der großen Faszination, die von der Newton'schen Mechanik ausging. Es ist aber auch der Grund, warum wir bei der Betrachtung der Sterne und ihrer Bewegung von der »Himmelsmechanik« sprechen und beim Fließen von Wasser oder anderer Flüssigkeiten von »Hydromechanik«.

Jahrhundertelang war Physik fast ausschließlich Mechanik, und es kann uns daher nicht wundernehmen, dass sie immer dann besonders gefördert worden war, wenn in Kriegszeiten Techniken verlangt wurden, die jenen des Gegners überlegen zu sein hatten. Aus der überragenden Bedeutung der mechanischen Gesetze in Alltag, Krieg und Wissenschaft ist die zeitweilig maßlose Überschätzung der mechanischen Betrachtungsweise verständlich, wie sie sich auch bei Laplace ausgedrückt hat.

Bei Quantenteilchen hat der »Laplace'sche Dämon« keine Chance.

Der Glaube an einen vollkommenen mechanistischen Determinismus muss vor der Quantenwirklichkeit kapitulieren, denn der strenge Determinismus ist, im submikroskopisch Kleinen nachweisbar, nicht existent. Seither überlegen wir, wie die Geschehnisse unserer Welt tatsächlich aufeinander abgestimmt sind.

Aber schon vorher hätte bemerkt werden können, dass der strenge Determinismus so nicht existieren konnte. Spätestens seit Amadeo Avogadro (italienischer Physiker und Chemiker; 1776–1856) war die Unmöglichkeit eigentlich gegeben: Ein Wasserstoffatom ist ein winziges Teilchen von etwa einem Zehnmillionstel Millimeter Durchmesser, dessen Kern aus einem einzigen Proton besteht. Avogadro fand heraus, dass in jedem Kinderfingerhut (1 cm^3) bei normalem Luftdruck fast dreißig (genau: 26,87) Millionen Billionen solcher Wasserstoffteilchen (und aller anderen Gasteilchen) Platz finden!

Wir geben große Zahlen gerne schnell und kurz so an, dass wir rechts oberhalb einer 10 notieren, wie viele Nullen hinter dem Einser stehen: 1 Million = 1,000.000 = 10^6; 1 Billion = 1 Million x 1 Million = 10^{12} (vgl. Tabelle 1). Die genaue Avogadro'sche Zahl schreiben wir daher so: 2,687 x 10^{19}. Jedes dieser Gasteilchen bewegt sich auf komplizierte Weise und wirkt auf alle anderen Teilchen ein, denn das Newton'sche Massenanziehungsgesetz gilt ja auch für unsere Gasteilchen.

Wir wollen gar nicht fragen, wie viele Fingerhüte wir mit der Lufthülle unserer Erde zu füllen imstande wären, nicht darauf hinweisen, dass die Erde selbst, die Sonne und all die Myriaden von Sternen in unserem Universum aus unvorstellbar vielen Fingerhutmengen an Atomen bestehen. Wir schätzen heute, dass unser Kosmos aus etwa 10^{80} Teilchen besteht, also aus mehr als 1 Billion Billionen Billionen Billionen Billionen des Teilcheninhalts unseres Kinderfingerhutes. Die Newton'sche Schwerkraft reicht nach den Vorstellungen der Mechanisten unendlich weit und soll ohne Zeitverzögerung unendlich schnell wirken! Bei jeder Bewegung einer Kaffeeschale, bei jeder anderen Masseverschiebung hat demnach sofort das gesamte Weltall zu reagieren – und zwar gemäß den Regeln der Newton'schen Mechanik.

Jeder Mathematiker kann uns deutlich machen, dass kein Gleichungssystem mit so vielen Unbekannten aufgelöst werden kann, selbst wenn die Bewegungen ganz primitiv vonstatten gingen. Wir benötigen diese großen Teilchenmengen aber gar nicht, denn die Newton'sche Mechanik schlägt sich schon von selbst bei nur drei Teilchen! Sie selbst hat nämlich bewiesen, dass wir zwar die gegenseitige Beeinflussung von zwei Teilchen exakt berechnen können, nicht mehr jedoch, wenn ein drittes Teilchen ins Spiel kommt. Ein vollständiger Determinismus in unserer Welt kann nicht auf der Newton'schen Mechanik begründet werden. Ein solcher Glaube beruht daher auf einem Denkfehler und nicht auf exakten wissenschaftlichen Erkenntnissen!

4.5 Der Todesstoß

Um 1900 kam durch die den Forschern eigene Pedanterie eine derart kalte Dusche, dass deren Schock die Physiker zu den bescheidensten Wissenschaftlern machte: Eine ungeklärte Kleinigkeit in der Elektrizitätslehre und eine andere in der Thermodynamik brachten die radikalste Wende, die je eine Wissenschaft mitvollziehen musste. Zur Erklärung dieser beiden »Kleinigkeiten« wurde es nämlich notwendig, alle Auffassungen der Physik vollständig zu ändern: Relativitätstheorie und Quantenmechanik wurden entwickelt. Dieses Fiasko wäre aber nicht notwendig gewesen, hätte man nur immer daran gedacht, dass wir keine Definition für Masse, Länge und Zeit haben, sondern nur ihre Einheiten angeben können und die Vorschrift, wie sie gemessen werden müssen.

Mit der Relativitätstheorie wurde eine neue Auffassung von Raum und Zeit eingeführt sowie die Frage der Kausalität neu aufgeworfen. Und die Quantenmechanik führte zu einer Diskussion über die Grenzen des Determinismus. Das Problem, wie die Ergebnisse der moderneren Physik zu interpretieren seien, blieb allerdings bis dato in einer Diskussion zwischen Vertretern einer realistischen, metaphysischen Deutung und den Anhängern einer idealistischen, methodologischen Interpretation stecken.

Die für uns erkennbare Welt hat sich in der Zwischenzeit nochmals gewaltig verändert: Myriaden von Sternen kamen dazu, der Kosmos weitete sich zu unvorstellbaren Dimensionen, unser Sonnensystem rückte – wie Bild 7 andeutet – an den Rand des Sternenverbandes (Galaxis) »Milchstraße«, zu dessen Querung selbst das Licht etwa einhunderttausend Jahre braucht. Dasselbe Licht, das in einer Sekunde unsere Erde siebeneinhalb Mal umrunden kann und für die 150 Millionen Kilometer von unserer Sonne zu uns bloß knappe achteinhalb Minuten benötigt!

Und wir meinen derzeit, Milliarden von Galaxien zu kennen! Wir konnten nachweisen, dass auch Energie der Beschleunigungs- und Schwerkraft unterliegt, infolgedessen sich nicht einmal das Licht über weite Distanzen geradlinig ausbreiten kann, da es in der Nähe hoher Massen – wie die Sonnen sie darstellen – abgelenkt wird. Wie in Punkt 4.8 beschrieben, konnten wir in den Siebzigerjahren des 20. Jahrhunderts den eindeutigen Beweis erbringen, dass es im Kosmos keine allgemein verbindliche Zeit geben kann, da die Zeitmessung von der Geschwindigkeit der Uhr und von der auf die Uhr wirkenden Schwerkraft abhängig ist.

Heute wissen wir somit ganz genau, dass unser Kosmos beinahe alles leichter erfüllen kann als den Wunsch, wie ein mechanisches Uhrwerk abzulaufen. Die Sterngeburten, das Entstehen der Galaxien und Galaxienverbände, die Entwicklung von organischem Leben mit seinen ungeheuer komplexen Makromolekülen, die Vorgänge im Innern unserer Atome lassen sich allesamt nicht nach mechanischen Vorstellungen erklären. Keiner konnte in der mechanistischen Welt auch nur ansatzweise schlüssig darlegen, woher die Sonne die Energie nimmt, die sie Jahr und Tag in den Weltraum strahlt und die für uns auf der Erde Voraussetzung für unser Leben ist.

4.6 Der mechanistische »*Deus ex machina*«

Das Wort »unendlich« ist uns natürlich und vertraut: »Sofort« und »augenblicklich« gelten uns als Synonyme für »unendlich schnell«. Im Alltag sind wir »unendlich« froh, »unendlich« dankbar und »unendlich« enttäuscht. Ein mathematischer Punkt ist »unendlich klein«, eine Gerade besitzt »unendlich« viele Punkte. Manchmal denken wir zwar daran, dass »unendlich« eigentlich alle unsere Vorstellungsmöglichkeiten übersteigen sollte, dennoch benützen wir diesen Ausdruck oft und gerne und wir leben mit ihm im Alltag genauso vertraut wie mit den Begriffen »Länge«, »Zeit« und »Masse«.

Die idealisierte Natur des mechanistischen Weltbildes war vor allem auch ein Produkt der strikten Anwendung des Werkzeugs »unendlich«. Dieses fungierte gleichsam als ein allgegenwärtiger und überall anwendbarer »*Deus ex machina*«, mit dessen Hilfe unsere reale Welt in Platons Paradigma von der Immaterialität der wahren Gesetze hineingepresst werden konnte: »Ideale« Gase bestehen aus »unendlich kleinen« Teilchen, also aus mathematischen Punkten, und »ideale« Festkörper sind so »starr«, dass sie jeden eintreffenden Schlag »unendlich schnell« weiterleiten.

Entsprechend wurde dogmatisch festgelegt, dass sich sowohl die Schwerkraft als auch die elektromagnetischen Kräfte »unendlich schnell« ausbreiten würden und wir »unendlich schnell« schauen könnten. Für die Wiedergabe der Bewegungsabläufe unserer Massekörper wird ihre Masse in einem »Schwerpunkt« konzentriert gedacht, also in einem »unendlich kleinen« Gebilde. Diese mathematischen Schwerpunkte beschreiben dann »unendlich dünne« – da geometrische – Bahnkurven. Der gesamte reale Massekörper wird dabei einzig und allein nur durch unsere Gedanken an diesen mathematischen Punkt angehängt.

Was bedeutet »unendlich« aber tatsächlich? Ursprünglich kommt dieser Begriff gar nicht aus der Mathematik, sondern aus der Philosophie, wo »unendlich« als das ohne Grenzen Dastehende gilt, das daher nicht bestimmt werden kann. »Bestimmen« bedeutet ja »eingrenzen«: Die Länge von Körpern hört dort auf, wo diese Körper enden; die Zeitdauer eines Filmes wird durch Beginn und Ende begrenzt. In der Naturwissenschaft wird »unendlich« hingegen wie in der Mathematik als reiner Größenbegriff verstanden: etwa als Ausdrucksmittel dafür, dass wir zur Zahl eins beliebig oft die Zahl eins addieren können, ohne jemals eine größtmögliche Zahl zu erreichen. Auf zwei folgt drei, dann vier, fünf usw. – bis ins Unendliche eben.

Tabelle 1: Das Konzept »unendlich«

10^0	1	1 Teilchen
10^{12}	1 000 000 000 000	1 Billion
10^{19}	1 000 000 000 000 000 000 0	$^1/_3$ Kinderfingerhut
10^{51}	1 000 000 000 000 000 000 000 000 000 000 000 000 000 000 000 000 000	$^1/_3$ Erde
10^{57}	1 000 000 000 000 000 000 000 000 000 000 000 000 000 000 000 000 000 000 000	Sonne: 330 000 Erden
10^{80}	1 000 000 000 000 000 000 000 000 000 000 000 000 000 000 000 000 000 000 000 000 000 000 000 000 000 000 00	Universum
10^{∞}	1 000 000 000 000 000 000 000 000 000 000 000 000 000 000 000 000 000 000 000 000 000 000 000 000 000 000 000 000 000 000 000 ... unendlich lange Reihe von Nullen	unendlich (∞)

Einen zaghaften Eindruck von »unendlich« erhalten wir durch einige Vergleiche: Unser Kinderfingerhut voll Wasserstoff (30 Millionen Billionen = 3 x 10^{19}) genügt, um entlang des riesigen Durchmessers der Milchstraße (100.000 Lichtjahre) in Schritten von 33 m eines dieser Wasserstoffteilchen zu platzieren. Unsere Erde ist deutlich größer als ein Kinderfingerhut, sie besteht aus etwa 120 Millionen Billionen Billionen solcher Fingerhüte, was einer Zahl entspricht, die 32 Nullen mehr besitzt (3,6 x 10^{51} Teilchen). Wollten wir sie auf unseren Milchstraßendurchmesser verteilen, dann käme bereits auf jeden Millimeter der Inhalt von 127 Kubikmetern!

Aber auch alle anderen Zahlenwerte unseres Universums sind weder schreibtechnisch noch mathematisch ein nennenswerter Aufwand (vgl. Tabelle 1): Wir schätzen die Masse der Milchstraße derzeit auf etwa eine Billion Sonnenmassen und vermuten, dass das Weltall aus etwa ein bis zehn Billionen Galaxien besteht. Die Gesamtzahl aller Teilchen im uns bekannten Universum beziffern wir daher mit einem Einser, gefolgt von achtzig Nullen – hingeschrieben in einer knappen Minute!

In einer Stunde schreiben wir daher etwa zehntausend Nullen. Machen wir diese Arbeit täglich zehn Stunden lang, dann haben wir nach zehn Tagen ein 400 Seiten dickes Buch geschrieben, in dem eine Eins gefolgt von einer Million Nullen steht ($10^{1\text{ Million}}$). Schon für diese Zahl gibt es kein wie immer geartetes Illustrationsmodell mehr, geschweige denn für unser »Unendlich«: Das steht nämlich für eine Eins mit unendlich vielen Nullen, also mit einer Million Nullen mal einer Million mal einer Million – und das unendlich lange fortgesetzt (vgl. Tabelle 1)!

Diese Wucht des »Unendlich« wird verwendet, wenn wir »unendlich« froh, traurig, glücklich oder dankbar sind. Daran ist noch nichts Schlimmes, denn wir kennen oft viele Modewörter. Aber: Durch die unreflektierte Benützung dieses Begriffes werden wir leider völlig unsensibel bei Erzählungen, dass unser Weltall so unendlich groß sein soll, wir so unendlich schauen können sollen, dass es so unendlich viele Welten geben soll usf.

Denn: Können wir solch einen unendlich großen Raum und eine so unendlich lange Zeit tatsächlich für realistisch halten? Wie sollen Kräfte so »unendlich« schnell wirken können? Und wie führen wir unsere Messungen »unendlich« schnell durch? Ein mathematischer Punkt ist tatsächlich immer »unendlich« klein, aber wie hat er die Chance, glaubhaft ein Atom oder gar den Schwerpunkt eines aus unzähligen Atomen aufgebauten Festkörpers zu vertreten?

Wir wissen jetzt, warum im modernen Naturbild kein Platz mehr für Unendliches ist, warum die Relativitäts- und Quantentheorien darauf achten, dass alles seine Grenzen bekommt. In der Tat liegt die Wurzel der Unverträglichkeiten vieler experimenteller Tatsachen mit dem mechanistischen Weltbild darin, dass das Idealisierungswerkzeug »unendlich« viel zu unreflektiert benützt worden ist und daher zu schlimmen Denkfehlern geführt hat.

4.7 Zeit und Ewigkeit

»*Zit*«, das althochdeutsche Wort für »Abgeteiltes«, steht Pate für unsere »Zeit«. Es muss somit etwas da sein, das unterteilt werden kann, ein Werden und Vergehen eben, Veränderungen, etwas Vergängliches, Prozesshaftes. »Zeit« stand immer im Gegensatz zum Statischen, dem Unveränderlichen, Immerwährenden, demjenigen, das »ewig« genannt worden war. Die antiken Griechen unterschieden zwischen »*chronos*« und »*aion*«, das Lateinische nennt unsere Zeit »*tempus*«, die Ewigkeit hingegen »*aeternitas*« und das Englische bezeichnet die beiden als »*time*« und »*eternity*«.

Ewigkeit wurde dabei immer als die Aufhebung der Zeit, als Zeitlosigkeit, als die Zeitenthobenheit verstanden: nicht als bloße Zeitverneinung, sondern als ein der Zeit überlegener Begriff, denn sie war dem Bereich des Seins zugehörig, welches meist noch dazu als »göttlich« verstanden war. Die Ewigkeit bildete somit das Bett, in dem die Zeit – und damit alles Zeitliche, alles Werden und Vergehen, alle Vergänglichkeit – fundiert war.

Erst mit der Loslösung der Naturwissenschaften von der Philosophie begann die Bedeutung der Zeit jene der Ewigkeit zu übertreffen, bis schließlich Newton mit seiner Dekretierung einer absoluten Zeit dieselbe zur mathematischen Größe abstrahierte und zu einer der drei »Fundamentalgrößen« der klassischen Physik machte: »Die absolute, wahre und mathematische Zeit fließt vermöge ihrer Natur ohne Beziehung auf einen anderen Vorgang gleichförmig ab.«

Damit blieb für die Ewigkeit nur noch Sinn als Ausdruck der Unendlichkeit der Zeit, als bloß unendlich lange Zeit, als Zeit ohne Anfang und Ende. Die Naturvorgänge laufen damit für die Newton'sche Welt in einem überaus idealisierten Rahmen ab, denn neben dieser von jeder Beobachtung enthobenen absoluten Existenz einer Zeit war von ihm auch der absolute Raum ähnlich enthoben dekretiert worden: »Der absolute Raum ist unvergänglich und bleibt vermöge seiner Natur und ohne Beziehung auf einen anderen Gegenstand stets gleich und unbeweglich.«

Für einen Mann, der »nicht spekulierte«, zwei sehr kühne Feststellungen, denn aus welchen Beobachtungen heraus konnte Newton diese Extremforderungen stellen? Es war fundiertes Wunschdenken seiner Zeit, passend für die beschränkten Beobachtungen und Räume, die damals bekannt waren. Und in sich schlüssig, denn ohne Krafteinwirkung fliegen die Körper aufgrund ihrer Trägheit unendlich weit. Das können sie aber selbst in einem unendlich ausgedehnten Raum nur dann, wenn ihnen für ihre Flugbahnen genügend Zeit zur Verfügung steht. Und wie lange fliegt ein ungebremster Körper in einem unendlich großen Raum? Unendlich lange. Die Zeit muss somit ebenfalls unendlich sein.

Aber das physikalische Gespür, das er bei so vielen anderen Gelegenheiten bewiesen hat, ließ ihn hier im Stich. Zeit und Raum sind Größen, welche die Naturforschung nicht definieren kann – woher also das Wissen um die absolute Zeit, den absoluten Raum? Er brauchte sie für seine ideale »Laborwelt«, in der die Formelwelt seiner Mechanik absolute Gültigkeit besitzen kann.

Seien wir mit einem der ganz Großen unseres Geisteslebens nicht zu streng; doch nehmen wir umgekehrt auch nicht alles für bare Münze, für unumstößliche, immerwährende Wahrheit, was er oder seine Schüler und Nachfolger über das Aussehen und den Ablauf unserer Welt dekretiert haben. Ansonsten müssten ja schon die Neandertaler, die etwa 70.000 bis 40.000 v. Chr. gelebt haben, ihre Spuren lange vor der Schöpfung unserer Welt hinterlassen haben, denn für Newton waren 10.000 Jahre der Inbegriff für ein unmöglich hohes Alter unseres Universums!

Wir alle sind mit der Subjektivität unseres Zeitempfindens vertraut. Wir vermeinen, das Kommen der Zukunft zu verspüren, wir bemerken, wie Gegenwärtiges zur Vergangenheit wird, aber wir haben kein verlässliches Gefühl dafür, wie schnell »die Zeit« verstreicht. Viel zu vielschichtig ist dazu unser Zeiterlebnis. Daher sind Forschungen über Zeiterlebnisse so schwierig und wurden dementsprechend selten unternommen. Wir verspüren kein homogenes Zeitkontinuum, sondern nur merkliche oder unmerkliche Zeitphasen. Selbst das Wachsen unserer Haare erfolgt unregelmäßig, periodisch.

Obwohl wir nicht einmal den geringsten Hinweis darauf haben, glauben wir fast alle felsenfest daran, dass es hinter unseren subjektiven Zeiterfahrungen eine eigenständig existierende, wahre Zeit gibt, die trotz aller gegenteiliger Erfahrung dennoch das gesamte Universum in eine absolute und einheitliche Struktur von Zukunft und Vergangenheit presst. Und auch daran, dass diese Zeit objektiver Messung zugänglich wäre. Vermutlich halten wir deshalb daran fest, weil wir es seit unserer Kleinkindheit (fast) ausschließlich so gehört haben. Von alters her gab es aber immer wieder auch Menschen, die sich darüber weit weniger sicher waren.

Heraklit sah zwar im zeitlichen Ablauf der Dinge, der durch ständige Veränderung dokumentiert wird, sogar die grundlegende Eigenschaft der Natur, die meisten anderen der antiken griechischen Philosophen aber leugneten die eigenständige Existenz der Zeit. Besonders bekannt sind hierbei Parmenides (ca. 540–475 v. Chr) und sein Lieblingsschüler Schüler Zenon von Elea (490–430 v. Chr.), die mit scharfsinnig ausgeklügelten Gedankenexperimenten aufzuzeigen versuchten, dass die Annahme der Wirklichkeit der Zeit unweigerlich zu Paradoxien mit dem Unendlichen führt.

Der Wettlauf des Achill mit der Schildkröte, die er nie einholen konnte, ist wohl das berühmteste der Zenon'schen Paradoxien: Achill könne die Schildkröte deshalb nicht einholen, denn während er den ursprünglichen Vorsprung der Schildkröte halbiert hat, kroch diese – zugegeben nur wenig, aber doch – weiter. Wie oft auch Achill seinen Abstand zur Schildkröte halbiert, seine Distanz zu ihr würde dennoch immer wieder verlängert, sodass eben ein Einholen unmöglich wäre.

Dieser Sachverhalt steht im eklatanten Widerspruch zu unseren Erfahrungen und zum »Hausverstand«. Er zeigt uns aber besonders deutlich, wie naiv die Antike in vielen Bereichen gedacht und vielfach rein räumlich argumentiert hat. Die Lösung der Zenon'schen Paradoxien wird sofort evident, wenn wir die damals gewohnten Denkbahnen verlassen und die Zeit mitberücksichtigen: Die Zeitdauer, die Achill für jede neuerliche Halbierung seines Abstandes zur Schildkröte benötigt, wird immer kürzer, sodass er sie selbstverständlich einholen kann, wenngleich erst nach genügend langer Zeit.

Aber auch große Denker der Neuzeit bezweifelten eine eigenständige Existenz der Zeit: Der deutsche Philosoph und Mathematiker Gottfried Wilhelm Freiherr von Leibniz (1646–1716), der unabhängig von Newton ebenfalls die Prinzipien der Differenzialrechnung entdeckt hat, von jenem mathematischen Werkzeug also, das heute unabdingbar zu den Arbeitsmitteln der Physik zählt, war im Gegensatz zu Newton überzeugt, dass die »Zeit« nicht an sich existiere, sondern bloß Sinn habe im Verhältnis von Ereignissen hinsichtlich ihres Nacheinanders im Geschehen.

Für Kant ist die Zeit ebenso wie der Raum eine menschliche Anschauungsform a priori. Das ist so zu verstehen, dass wir sämtliche sinnlichen Erfahrungen mit den Formen »zugleich« und »nacheinander« klassifizieren. Für Kant ist wesentlich, dass wir diese beiden zeitlichen Formen selbst nicht aus unserer Erfahrung ableiten können, sondern sie vielmehr eine der Gestaltungsformen darstellen, mit der unser Bewusstsein die Sinneseindrücke aus unserer Umwelt prägt. Vermutlich meinte Augustinus Ähnliches, als er davon sprach, dass nur in der Seele die drei Zeiten Vergangenheit, Gegenwart und Zukunft wären und er sie nirgendwo anders sehen könne.

Die Frage, ob unser Zeitempfinden empirisch, also auf Erfahrung beruht oder vor jeglicher Erfahrung – a priori – in den Verarbeitungsmechanismus unseres Bewusstseins gleichsam »eingeprägt« ist, diese Frage berührt ganz wesentlich das Problem, wie viel wir Menschen von unserer Welt zu erkennen vermögen: A-priori-Erkenntnisse verbleiben ja zwangsläufig immer abhängig von unserem Bewusstsein. Sie verraten uns nichts über die »Dinge an sich«, also nichts über die »Wirklichkeit«, sondern nur darüber, wie sich die Welt uns Menschen zeigt.

4.8 Die absolute Zeit: eine Fiktion

Im Jahre 1970 wurde die letzte Bastion der klassischen, Newton'schen Welt zertrümmert: Der Schweizer Physiker J. C. Hafele versetzte zusammen mit seinem amerikanischen Kollegen R. Keating die gesamte Forscherwelt in Erstaunen, weil ihnen gelungen war, was noch als ferne Zukunftsmusik gegolten hatte: zu zeigen, dass es keine absolute Zeit geben könne.

Solange der Fixsternhimmel für uns Menschen noch etwas Entrücktes war (vgl. Bilder 4–6), eigneten sich die wenigen damals bekannten markanten Himmelsereignisse vorzüglich als »objektive« Uhren, mit deren Hilfe die »wahren« Zeitabläufe in unserer Welt unbestechlich und von uns unbeeinflussbar bestimmt werden konnten. Denn diese »Himmelsuhren« schienen ja tatsächlich den Zeitablauf des damals bekannten (für unser heutiges Wissen unsagbar winzigen) Kosmos zu bestimmen: Tag und Nacht, die Jahreszeiten, den Lauf des Mondes und die Bahnen der Himmelskörper, die wir heute als Planeten bezeichnen.

Seit der Entdeckung, dass unser Weltall unvorstellbar riesig ist (vgl. Bild 7) und einen über alle Maßen komplexen Aufbau aufweist, können wir jedoch nicht mehr ernsthaft behaupten, dass der Lauf des Erdmondes oder unsere Jahreszeiten jene Uhr darstellen, die für alle kosmischen Ereignisse gültig sein soll. Warum sollten diese Bewegungen unsere absolut gültige »Referenzuhr« sein, welche die unverfälschte, »absolut und objektiv dahinfließende Zeit« dokumentiert?

Es gibt doch Myriaden von Sternen in unserem Kosmos, die alle ihre Bahnen ziehen. Es gibt deutlich imposantere Sterne als unsere Sonne, wir kennen Galaxien, die viel mächtiger sind als unsere Milchstraße. Es ist Faktum, dass wir nach bestem heutigem Wissen keinen Bezugspunkt im Universum kennen, der die Bestimmung eines universell gültigen Zeitmaßes erlauben würde. Daher müssen wir selbst dafür sorgen, eine ordentliche »Referenzuhr« (auch: »Normuhr«, »Uruhr«) zu erhalten.

Diese »Referenzuhr« muss aber real existieren, sie muss mit Materiekörpern gebaut sein. Eine bloß »gedachte« Uhr ist dafür ebenso unbrauchbar wie etwa ein »gedachtes« Kilogramm-Gewicht einer »gedachten« Waage für die verlässliche Bestimmung des Gewichts einer Stange Wurst. Wir benötigen zudem eine real vorhandene und anwendbare Technik, um den Gang aller anderen Uhren mit dem unserer Uruhr vergleichen zu können.

Der Kern jeder Uhr ist ein spezielles »immer wiederkehrendes Erlebnis«, also ein periodischer Vorgang, der uns den »Zeittakt« gibt, den wir für die Zeitmessung benötigen. Die Anzahl der Wiederholungen dieses Zeittaktes gilt uns als Zeitdauer der Geschehnisse. Dieser Zeittakt ist das einzige Maß für die Zeit, das wir haben. Vergleichen wir zwei Uhren und merken, dass sie ungleich schnell laufen, dann sagen wir, die eine Uhr ginge »schneller« oder die andere » langsamer«.

Unsere heutigen Referenzuhren heißen »Atomuhren« und sind das mit Abstand präziseste Messwerk, das Uhrenbauer im Laufe der Menschheitsgeschichte hervorgebracht haben. Ihr Zeittakt ist die Lichtfrequenz einer exakt bestimmten Abstrahlung ausgewählter Atomenarten. Sie überbieten die Genauigkeit von allem, was wir bisher in unserem Kosmos an Uhrentauglichem gefunden haben, um ein Vielfaches: Die Erdumlaufbahn hatte schon Papst Gregor als völlig ungeeignet für genauere Kalender entlarvt und die Rotation der Erde um ihre eigene Achse schwankt bis zu einer Zweitausendstelsekunde!

Wie uns Bild 8 veranschaulicht, umflogen Hafele und Keating die Erde in normalen Verkehrsflugzeugen und vergleichbaren Flughöhen sowohl in westlicher als auch in östlicher Richtung. Um Zufälligkeiten auszuschließen, wurden bei den Flügen jeweils vier Atomuhren mitgenommen, um die gemessenen Flugzeiten zu mitteln. Vom Boden aus wurden die Flugzeiten ebenfalls gemessen, und zwar mithilfe der in Washington aufgestellten Atomuhr. Damit hatten die beiden Physiker alles, was sie brauchten, um zu dokumentieren, dass in unserer Welt keine absolut dahinfließende Zeit existiert: einen genügend großen Höhenunterschied von etwa 10 km zwischen den fliegenden Uhren und der »Bodenuhr B« sowie deutlich unterschiedlich schnell bewegte Uhren.

Wir sehen die Sonne am Morgen zuerst im Osten, am Abend zuletzt im Westen, die Erde dreht sich daher von Westen nach Osten, und zwar einmal in 24 Stunden um ihre eigene Achse. Daraus ergibt sich unmittelbar die Umlaufgeschwindigkeit eines jeden Punktes der Erdoberfläche: der Umfang des jeweiligen Breitenkreises durch 24 Stunden geteilt! Die »Bodenuhr B« in Washington bewegt sich demnach mit ungefähr 1300 km/h um die Erdachse. Bei den »Uhren O«, die bei der Umrundung der Erde im Ostflug mitgenommen wurden, addiert sich die Erdrotation zu den Flugzeuggeschwindigkeiten und umgekehrt müssen wir bei den Flügen in die Westrichtung für die »Uhren W« die Flugzeuggeschwindigkeiten von der Erddrehung abziehen.

Bei einer absolut dahinfließenden Zeit darf das augenblickliche

Schicksal einer Uhr keinen wie immer gearteten Einfluss auf die Zeitmessung nehmen. Wie Bild 8 zeigt, wurden bei dem Experiment von Hafele und Keating für die beiden Erdumkreisungen mit der Bodenuhr B aber Flugzeiten gemessen, die deutlich unterschiedlich waren zu den Anzeigen der jeweiligen Borduhren! Bei der westwärts durchgeführten Erdumkreisung war nach den Borduhren die Flugzeit um 273 Milliardstel Sekunden (oder: »Nanosekunden«) länger als von der Bodenuhr angezeigt. Dafür erzielten die Borduhren für den Ostflug eine um 59 Nanosekunden kürzere Flugzeit als die Bodenuhr!

Es liegt in der Natur der Sache, dass die Borduhren bei der westwärts durchgeführten Erdumkreisung eine Flugzeitverlängerung signalisierten, während sie für die Ostumkreisung sogar eine kürzere Flugdauer als die Bodenuhr B auswiesen: Beim Westflug beschleunigt sowohl der Geschwindigkeitseffekt als auch die verringerte Schwerkraft den Gang der Borduhren W gegenüber der Bodenuhr B. Wohingegen beim Ostflug die beiden Effekte gegeneinander arbeiten: Die verringerte Schwerkraft beschleunigt wieder den Uhrgang der Borduhren, der Geschwindigkeitseffekt aber verlangsamt ihn hier gleichzeitig.

Der Geschwindigkeitseffekt verlangt, dass sich der Uhrgang bei rascher bewegten Uhren verlangsamt und damit kürzere Zeiten für den Ablauf von Ereignissen angezeigt werden. Die Zeiteinheit wird bei langsamerem Uhrgang quasi »gedehnt«. Am raschesten flogen die Borduhren O während des Ostfluges, am langsamsten die Borduhren W des Westfluges. Die Bodenuhr B bewegte sich mit einer dazwischen liegenden Geschwindigkeit.

Bei der Ostumkreisung führt der Geschwindigkeitseffekt also dazu, dass die Borduhren O eine Flugdauer angeben, die um 184 Nanosekunden (1 Nanosekunde [nSec] = 1 Milliardstel Sekunden) kürzer ist als die mithilfe der Bodenuhr B gemessene Flugzeit. Umgekehrt ist es bei der Westumkreisung, während der ja die Borduhren W gegenüber der Bodenuhr langsamer bewegt werden. Dementsprechend ist hier der Uhrtakt der Bodenuhr B rascher als jener der Borduhren W. Mit den Borduhren W muss daher eine um 96 Nanosekunden längere Flugzeit gemessen werden als mit der Bodenuhr B.

Der Schwerkrafteffekt beschleunigt die Borduhren während beider Erdumkreisungen verschieden stark, da die Borduhren während der Ostumkreisung weniger lang der geringeren Schwerkraft ausgesetzt sind als während der Westumkreisung. In 10 km Flughöhe ist die Schwerkraft unserer Erde merklich geringer als auf dem Erdboden. (Wir messen noch viel kleinere Schwerkraftunterschiede und nutzen sie sogar industriell: Von unseren Satelliten aus suchen wir so nach großen Lagerstätten von Metallerzen, denn diese sind schwerer als die übrigen Erdmaterialien und bewirken so lokale Erhöhungen der Schwerkraft.) Eine sorgfältige Analyse der Flugdaten ergab, dass die Borduhren bei der ostwärts durchgeführten Erdumkreisung eine um 144 Nanosekunden längere Flugzeit anzeigen müssen als die Bodenuhr B, während die Verlängerung bei der Westumkreisung sogar 179 Nanosekunden beträgt (vgl. Tabelle in Bild 8).

Insgesamt verlangt die moderne Physik, dass beim Westflug die mitfliegenden Borduhren W eine um 275 Nanosekunden längere Flugdauer zeigen als die Bodenuhr B. Damit ist die Übereinstimmung zu den tatsächlich gemessenen 273 nSec unüberbietbar, die Abweichung beträgt weniger als ein Prozent. Für den Ostflug ist die Übereinstimmung weniger gut, die prognostizierten 40 Nanosekunden weichen deutlicher von den gemessenen 59 nSec ab, der kleine Gesamteffekt liegt aber bereits am Rande unserer Messmöglichkeiten.

Vier Jahre später wurde das Experiment von einem Forscherteam der Universität Maryland mit ungleich größerem technischen und finanziellen Aufwand wiederholt. Die Ergebnisse blieben dieselben: Die an einer Uhr abgelesene Zeit hängt unzweifelhaft und unreparierbar davon ab, in welchem Bewegungszustand sich die Uhr befindet und welcher Schwerkraft die Uhr ausgesetzt ist. Der Einfluss der Schwerkraft auf den Uhrengang wurde dann im Juni 1976 von der NASA mit gigantischem Aufwand vermessen und die Vorhersage der Einstein'schen Theorien mit einer Genauigkeit von einem fünftel Promille verifiziert!

5.

UNSER ERKENNTNIS- UND VORSTELLUNGSVERMÖGEN

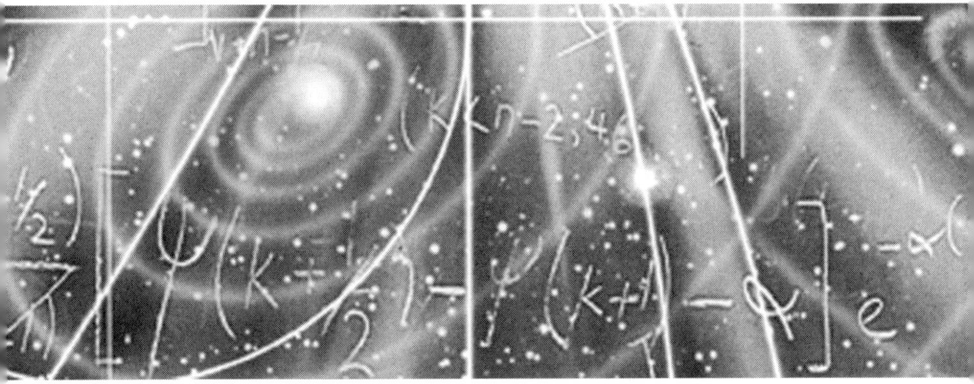

Da streiten sich die Leut' herum,
oft um den Wert des Glücks.
Der eine heißt den andern dumm,
am End' weiß keiner nix!

J. Nestroy, Hobellied

5.1 Wissenschaft

Erstaunlicherweise können wir im doch so ausgezeichneten *Philosophielexikon* von Rowohlt zwar nicht nachlesen, was allgemein unter »Wissenschaft« zu verstehen sei, finden aber die Definition der »Naturwissenschaft«: »Bezeichnung für die empirischen Wissenschaften, die die Natur und deren Bewegungsgesetze erforschen. Zu den Naturwissenschaften zählen u. a. Astronomie, Physik, Chemie, Biologie ... Die sogenannten exakten Naturwissenschaften bedienen sich mathematischer Methoden und eines mathematischen Begriffsapparats in der Entwicklung und Formulierung von Theorien und Gesetzmäßigkeiten.«

Jetzt müssen wir nur noch klären, was wir unter »Natur«, »Wissenschaft«, »Bewegungsgesetze«, »erforschen« etc. zu verstehen haben. Das *Konversationslexikon* von Brockhaus gibt uns Auskunft, dass »Wissenschaft der Inbegriff des durch Forschung, Lehre und überlieferte Literatur gebildeten, geordneten und begründeten, für gesichert erachteten Wissens einer Zeit ist; auch die für seinen Erwerb typische methodisch-systematische Forschungs- und Erkenntnisarbeit sowie ihr organisatorisch-institutioneller Rahmen«. Unter »Forschung« haben wir dabei »die Gesamtheit der methodisch-systematischen, schöpferisch-geistigen Bemühungen im Rahmen der Wissenschaft zu verstehen, die zur Gewinnung neuer, allgemein nachprüfbarer Erkenntnisse unternommen werden«.

Wenngleich diese Formulierungen ein wenig nach Zirkeldefinitionen klingen, ist doch die Forderung nach allgemeiner Nachprüfbarkeit deutlich akzentuiert. Damit wird das, was wir unter »Wissenschaft« verstehen, grundsätzlich von der Spekulation unterschieden, obwohl jede »Wissenschaft« zu jeder Zeit auch Ordnungsprinzipien braucht, die aus gewohnten Denkmustern und/oder Wunschvorstellungen stammen und daher Glaubensangelegenheiten darstellen.

5.2 Die Physik

In der Physik beschäftigen wir uns mit dem Aufbau und Werden unserer Welt. Aber anders als in Philosophie und Religion versuchen wir in der Naturwissenschaft, Erklärungen für die Ereignisse und Erlebnisse zu finden, ohne auf Geister, Dämonen oder Götter zurückgreifen zu müssen. Dabei bleibt die Frage absichtlich und vorsätzlich ausgeklammert, ob es solche »höhere« Mächte gibt oder geben könnte. Die Wissenschaft der Physik interessiert sich einzig dafür, inwieweit wir Menschen Zusammenhänge zwischen den verschiedenen Eindrücken, die wir in unserer Welt erleben, herstellen können – und zwar ausschließlich aufgrund von weltlichen Gesetzmäßigkeiten.

Von Philosophie und Religion wurde die Physik dadurch abgekoppelt, dass wir Begriffe wie Geister, Gott und Seele absichtlich und ausnahmslos aus ihrem Wortschatz ausgeschlossen haben. Das bedeutet keineswegs, dass die Menschen, die sich berufsmäßig mit Naturwissenschaft beschäftigen, weder philosophische Vorlieben haben, noch religiös sein dürfen. Im Gegenteil! Die Geschichte unserer Naturwissenschaft zeigt, dass sich die überwältigende Mehrheit auch der erfolgreichsten Physiker immer sehr stark mit philosophischen Fragen beschäftigte und eine Reihe von ihnen religiös waren und sind.

Die Einschränkung bedeutet nur, dass wir in der Physik für Erklärungen, warum Erscheinungen in der Natur so und nicht anders beobachtet werden, sämtliche Begründungen der Art »Das ist Gottes Wille« oder »Das ist die Macht der Geister« ausschließen. Die grundlegenden Fragen nach der Herkunft der physikalischen Gesetzmäßigkeiten und dem »Warum« der Existenz der Natur als Ganzes werden damit ebenfalls aus dem Arbeitsgebiet der Naturwissenschaft ausgeschlossen. Diese Fragen gehören nach dem Arbeitsverständnis der Physik zu den Gebieten der Philosophie und Religion.

Alle, die den Urgrund unserer Welt im Willen eines Gottes sehen, stehen somit genauso im Einklang mit der Naturwissenschaft wie jene, die ihn mithilfe einer »Ursubstanz« und immerwährend existierenden »Naturgesetzen« (oder der Logik) erklären möchten. Konsequenterweise wäre bei Ersteren auch jedes Fallen eines Steines und jeder Sonnenstrahl von diesem Gott gewollt. Aber nicht im Sinne eines aktiven Eingreifens für den konkreten Fall, sondern aufgrund der Funktionsprinzipien der Natur. Und von diesen möglichst viele herauszufinden ist eben Gegenstand der Physik – sonst nichts.

Die Physik hat in unserem Kulturleben die Aufgabe übernommen, alle *messend* erfassbaren und formal beschreibbaren Erscheinungen und Vorgänge in der Natur wissenschaftlich zu erforschen. Insbesondere erforscht sie die Erscheinungs- und Zustandsformen der Materie sowie alle dafür verantwortlichen Wechselwirkungen und Kräfte. Wir erarbeiten dazu jederzeit nachvollziehbare Abbilder unserer Welt, die unabhängig vom individuellen Betrachter sind. Der Wert dieser Abbilder – »Modelle« oder »Theorien« genannt – steigt für uns mit dem Umfang der Naturvorgänge, die mit ihrer Hilfe gut beschrieben werden können.

»Naturvorgang«, »Geschehnis« oder »Phänomen« (*»phainomai«* [griech.]: leuchten, erscheinen) nennen wir dabei jede von uns mit unseren Sinnesorganen wahrgenommene Veränderung unserer Außenwelt. In der Physik wollen wir möglichst viele dieser Naturbeobachtungen nicht nur dokumentieren, sondern auch verstehen. Wobei der Begriff »verstehen« für sehr unterschiedliche Ansprüche steht: Dem einen genügen dafür rein empirische Regeln der tatsächlichen oder vermeintlichen Zusammenhänge von verschiedenen Phänomenen. Andere wieder verlangen, dass für unser »Verständnis« eines Naturereignisses dieses aus der Wirkungsweise allgemein gültiger Prinzipien ableitbar sein muss. In der Praxis haben wir es immer mit einer Mischung aus verschiedenen Verständnisebenen zu tun.

Jede dieser Regeln nennen wir ein »Naturgesetz« und die zu ihrer Formulierung relevanten Begriffe – quasi die »Wörter« der Physik – heißen »Naturqualitäten«, »Naturgrößen« oder »physikalische« Größen (auch: »Variablen«). Jede dieser Naturgrößen muss von uns mithilfe von Messgeräten in ihrem Wirken erfasst werden können – entweder unmittelbar oder indirekt über eindeutige Zusammenhänge zu anderen, direkt bestimmbaren Größen. Mit dieser rigiden Forderung grenzen wir die Physik gegen reine Spekulationen ab.

Die einzelnen Naturgrößen haben wir überwiegend der Alltagserfahrung und der Metaphysik entnommen. Ihre Bedeutung wurde aber immer wieder unseren jeweiligen physikalischen Erkenntnissen angepasst, sodass heute bei vielen von ihnen nur noch das Wortbild übrig geblieben ist, die damit assoziierten Begriffe aber völlig anders verstanden werden. »Energie«, »Impuls«, »Masse« und »Raum« mögen uns als diesbezügliche Beispiele dienen.

Wir unterscheiden seit Langem zwischen der *Experimentellen* und der *Theoretischen* Physik. Aufgabe der *Experimentalphysik* ist es, durch möglichst exakte Beobachtung des Naturgeschehens Kenntnis über die qualitativen und quantitativen Zusammenhänge der verwendeten Naturgrößen (auch: »Messgrößen«) zu gewinnen. Unser Werkzeug dafür sind die »physikalischen Experimente«: Das sind planmäßig, unter kontrollierbaren und übersichtlichen Bedingungen ausgeführte wiederholbare Beobachtungen an vereinfachten Naturvorgängen mitsamt den dabei angestellten Messungen. Die erhaltenen Ergebnisse bilden das »experimentelle Material«.

In der *Theoretischen Physik* bemühen wir uns dann, aus diesem experimentellen Material sinnvolle Beziehungen zwischen den untersuchten Größen herauszufinden. Die mithilfe von Modellvorstellungen, der Logik und Mathematik erhaltenen Zusammenhänge nennen wir »physikalische Gesetzmäßigkeiten«. In der modernen Physik legen wir viel weniger Wert auf semantische Unterschiede als früher, wir unterscheiden etwa nicht mehr zwischen Gesetzen und Theorien.

Die heute anerkannten physikalischen Gesetzmäßigkeiten behielten seit dem Ende des 19. Jahrhunderts meist den ihnen anfänglich gegebenen Namen bei. So heißen die seit vielen Jahren zum bestgesicherten Wissen der Physik zählenden Kenntnisse über die mikroskopische Welt noch immer Quanten-»Theorie« und jene über die Welt der hohen Geschwindigkeiten und dem Spiel der Schwerkraft Relativitäts-»Theorien«.

Das Aufgabengebiet der Physik hat eine abwechslungsreiche Geschichte hinter sich. Sogar heute noch sind die deutschen Begriffe »Physik«, »Naturwissenschaft« und »Philosophie« nicht notwendig deckungsgleich mit ihren angelsächsischen Äquivalenten »*physics*«, »*science*« und »*philosophy*«. Das Wort »*science*« kommt aus dem Lateinischen »*scientia*« und wurde jahrhundertelang als das gesamte Wissen (»*knowledge*«) betrachtet. Im Deutschen sprechen wir daher im Zusammenhang mit der Physik lieber von »Naturwissenschaft«, also von unserem Wissen um das, was wir Natur nennen.

Nicht so im Englischen: Hier wurde der Begriff »*science*« allmählich immer stärker auf jenes Wissen um das Universum eingeengt, das wir aus Beobachtungen und experimentellen Untersuchungen erhalten können. Aber noch im 19. Jahrhundert war »*science*« wesentlich weiter gefasst, sodass die meisten angelsächsischen Physiker lieber den Begriff »*natural philosophy*« oder einfach »*philosophy*« benützten.

Physiker des 17. Jahrhunderts, der Zeit von Newton und Boyle, verstanden unter »*philosophy*« das, was heute als »*science*« bezeichnet wird. Ein Blick in die frühen Bände der wissenschaftlichen Zeitschrift *Philosophical Transaction* etwa zeigt, dass dazu Physik, Chemie, Geologie, Biologie und Astronomie zählten. Einige alte angelsächsische Universitäten haben heute noch Lehrstühle für »*natural* (oder: ›*experimental*‹) *philosophy*«, worunter nichts anderes als Physik (»*physics*«) verstanden wird.

5.3 Physik und Philosophie

Die weite Spanne der Begriffe »Philosophie« und »Physik« sowie ihre oft synonyme Verwendung irritiert uns besonders im mitteleuropäischen Bildungsraum. Nicht ganz verständlich, beschäftigten sich doch sämtliche Philosophen vor Sokrates (ca. 470–399 v. Chr.) hauptsächlich mit der »*physis*«, dem Gegenstand also, den wir heute nach dem lateinischen Wort »*natura*« die »Natur« nennen. Sie räsonierten und reflektierten somit über das Forschungsgebiet unserer heutigen Naturwissenschaften. Erst Sokrates missachtete dann die Wissenschaft von der »*physis*« und brachte die Idee der Wissenschaft vom Menschen. Hier beginnt die Teilung unserer Geisteswelt in Natur- und Geisteswissenschaft.

Sokrates forderte, dass der Mensch im Mittelpunkt des Denkens stehen müsse, und zwar der Mensch, für den es Wahrheiten und Werte gibt. Sein berühmtester Schüler, Platon, jedoch beschäftigte sich wieder sehr ausführlich mit der »*physis*«. Die Lehrgegenstände in Platons Akademie waren denn auch Philosophie, Mathematik und Astronomie, vielleicht auch Botanik und Zoologie. Platons Gedanken sowie die Vorstellungen der von uns heute »Atomisten« genannten Philosophen ermöglichten dann Aristoteles, die griechische Naturvorstellung zu einem vollendeten Universum zusammenzufügen. Die aristotelische Welt hatte allerdings denselben »winzig kleinen« Fehler wie später auch die mechanistische Welterklärung: Beide stimmen überhaupt nicht mit den tatsächlichen Gegebenheiten in unserem Kosmos überein.

Die Bedeutung der »*physis*« sank erst während des Neuplatonismus völlig herab und wurde als eine im Grunde nichtige Wirklichkeit angesehen. Und diese Geringschätzung erhielt sich großen Teilen unserer Bildungswelt bis heute. Die Einzelwissenschaften sind ursprünglich von der Philosophie ins Leben gerufen worden, um bessere Antworten auf alle Fragen erhalten zu können, die zu kompliziert geworden waren, um durch allgemeines Räsonieren gelöst zu werden. Man hatte gehofft, mit den entsprechenden Erkenntnissen bessere Weltanschauungen entwickeln zu können.

Für Descartes war es beispielsweise noch völlig selbstverständlich, seine neuen Naturerkenntnisse unter dem Titel *Principia Philosophiae* zu veröffentlichen. Selbst zur Zeit Immanuel Kants bestand noch keine prinzipielle Spaltung zwischen Philosophie und Naturwissenschaft. Hermann von Helmholtz (1821–1894), einer der großen Physiker des 19. Jahrhunderts, findet in seinen *Philosophischen Vorträgen und Aufsätzen*, dass Kant in Bezug auf die Naturwissenschaften genauso gedacht habe wie die Naturforscher selbst.

Erst nach dem Tod Kants brach der Zwist voll aus. Hegel beherrschte zu dieser Zeit die Wissenschaft des nördlichen und Friedrich Wilhelm Joseph Schelling (deutscher Philosoph; 1775–1854) jene des südlichen Deutschlands. Die Philosophie war unzufrieden geworden mit der Rolle, die ihr Kant zugewiesen hatte, und meinte, neue Wege entdeckt zu haben, wie man Resultate, zu denen die Erfahrungswissenschaften schließlich gelangen müssten, im Voraus auch ohne Erfahrung durch reines Denken finden könne.

Strenge semantische Trennungen wurden gezogen, die aus unserer heutigen Sicht bedauerliche Terrainabgrenzungen schufen, wie etwa, dass die Wissenschaftstheorie der reinen Philosophie zugeschlagen wurde. Mit der Konsequenz, dass gerade das Gebiet, welches sich mit den prinzipiellen Möglichkeiten der menschlichen Erkenntnis beschäftigt – also dem Wesentlichen jeder experimentellen Tätigkeit –, damals aus der Naturwissenschaft ausgeklammert wurde.

Mit der nach Kants Tod begonnenen Verselbstständigung der Philosophie zur Selbstgenügsamkeit hörte sie auf, neueres Wissen – insbesondere das der Naturforschung – in ihre Gedankengebäude einzuarbeiten. Die Naturwissenschaftler wurden und werden von den Philosophen der Borniertheit geziehen und diese von jenen der Sinnlosigkeit. Die Naturwissenschaft legte immer mehr Wert darauf, dass ihre Arbeit frei von jedem philosophischen Einfluss gehalten wird.

Daraus ist zu erklären, dass in der Naturwissenschaft die Philosophie vielfach als unnütz, ja sogar als schädliche Spekulation angesehen wurde. Leider wurden daher mit den ungerechtfertigten Ansprüchen der Identitätsphilosophie auf Unterordnung der übrigen Wissenschaften auch berechtigte Ansprüche der Philosophie über Bord geworfen. Besonders nachteilig wirkte sich dabei aus, dass zunehmend vergessen wurde, Kritik an den Erkenntnisquellen auszuüben und die Maßstäbe der geistigen Arbeit festzustellen.

Die klassische Naturwissenschaft hatte so viel geistige Autorität erworben, dass die alte Streitfrage der Philosophen, wie es um die Wirklichkeit unserer Welt stünde, als entschieden gilt. Kant hat sich im Wesentlichen mit seiner Auffassung durchgesetzt, dass wir zwar das »Ding an sich«, also eine bewusstseinsunabhängige Außenwelt, nicht beweisen können, es aber äußerst sinnvoll ist, sie anzuerkennen. Allerdings bedeutet das bereits für Kant nicht, dass unsere Welt so existiert, wie wir sie sehen.

Im Gegenteil: Alle von außen kommenden Empfindungen werden nach Kant durch unsere Anschauungsformen Raum und Zeit sowie durch unsere Denkformen (d. s. seine zwölf Kategorien) so geprägt und durchformt, dass die beiden Bestandteile unserer Erfahrung, Materie und Form, eine für uns unauflösbare Einheit bilden. Nach Kant können wir daher nicht mehr von diesen Formen abstrahieren und damit trotz des von außen auf uns einwirkenden Empfindungsmaterials nichts über die bewusstseinsunabhängige Wirklichkeit aussagen, ja nicht einmal, dass sie existiert.

5.4 Grenzen und Wissen der Physik

Einerlei, ob wir akzeptieren, nicht wissen zu können, was tatsächlich »wirklich« ist, oder ob wir mit Hegel überzeugt sind: »Was vernünftig ist, das ist wirklich; und was wirklich ist, das ist vernünftig«, die Folgerung bleibt dieselbe: Wir können niemals sicher sein, die wirkliche, wahre Natur zu kennen! In beiden Fällen können wir niemals wissen, ob die derzeitige Anschauung die wahre Wirklichkeit der Natur wiedergibt. Im ersteren Fall ist es evident, bei letzterer Überzeugung musste sich in der Vergangenheit die »Wirklichkeit« mit jeder Veränderung der Ansicht, was »vernünftig« sei, mit verändern – und wir können niemals sicher sein, dass nicht in Zukunft eine andere Denkposition als die unsrige als vernünftig gelten wird müssen und damit »wirklich« werden wird.

Unsere wissenschaftlichen Ansichten, Erklärungen und Theorien darüber, wie wir uns unsere Umwelt vorzustellen haben, waren und sind im Laufe der Geschichte in allen Bereichen unserer Neugier oft sogar dramatischen Veränderungen unterworfen. Geprägt sind die Ordnungsprinzipien unserer Wissenschaft ja wesentlich von unseren Ansichten über unsere Wahrnehmungsfähigkeit.

Wenn wir etwa fest daran glauben, dass wir mit unseren Augen und Ohren alles Wichtige sehen und hören können, muss unsere Naturbeschreibung anders aussehen, als wenn wir wissen, dass es von unseren Sinnen nicht bemerkbare Strahlen und Geräusche gibt, mit deren Hilfe wir neue, unseren Sinnesorganen entzogene Facetten der Umwelt entdecken können: die Welt des Ultraschalls, die Radioastronomie, die nur in Mikroskopen bemerkbaren Kleinorganismen und Feinstrukturen der Materialien, die durch Fernrohre und Tiefseeforschung erschlossenen Welten sowie den molekularen Aufbau unserer Stoffe. Radio und Fernsehen, Röntgenbilder, viele moderne Werkstoffe wie metallische Gläser oder Kunststoffe wären in der alten, naiven Weltsicht ebenso unmöglich wie die allermeisten technischen Apparaturen, insbesondere den in der heutigen Medizin eingesetzten wie Laser und Computeroperationstechnik.

Wir erleben als »Bewusstsein« eine dichte Fülle von Empfindungen, die teils aus unserem Innern kommen und teils von außen auf uns einwirken. Letztere nennen wir Wahrnehmungen und dafür sind unsere Sinnesorgane verantwortlich: Mit unseren Ohren hören wir Geräusche, mit unseren Augen bemerken wir Licht und mit unserem Tastsinn verspüren wir Härte und Druck. Wir riechen und schmecken verschiedenste Dinge, wir verspüren Wärme und Kälte und beobachten Veränderungen. Diese Wahrnehmungen sind für uns völlig selbstverständlich – und dennoch ist vieles an unserer Wahrnehmungstechnik noch völlig ungeklärt. Je tiefer wir in die Probleme menschlicher Wahrnehmung eindringen, desto Erstaunlicheres offenbart sich in dieser so scheinbar »problemlosen Selbstverständlichkeit«.

Bei genauerer Analyse können wir von keinem einzigen unserer Sinnesorgane eine objektiv haltbare Aussage über Form und Qualität unserer bewusstseinsunabhängigen Umwelt erfahren! Augen und Ohren, der Tastsinn, Geruch und Geschmack, sämtliche unserer Einrichtungen für Sinneswahrnehmungen sind subjektiv auf die biologischen Erfordernisse von uns Menschen abgestimmt. Sie dienen vor allem dazu, dass wir uns in unserer Umwelt möglichst schadensfrei bewegen können. Sie sind so wie unser Raum- und Zeitempfinden primär Schutz- und Hilfsmechanismen für unser biologisches Überleben.

Daneben weisen unsere Sinnesorgane allerdings auch emotionale Funktionen auf: Streicheln etwa gilt uns als Ausdruck von sozialem Kontakt und die Welt der Geräusche wird zum Sprachkontakt benützt. Insbesondere im Zusammenwirken mit unseren Gefühlen haben wir mithilfe der Sinnesorgane das aufgebaut, was wir künstlerischen Umgang nennen. Weltbilder nennen wir die Ergebnisse unserer vornehmlich verstandesmäßigen Ordnungen in der Welt unserer Sinneswahrnehmungen.

Die Beschränkung unserer körperlichen Wahrnehmungsfähigkeit durch die Sinnesorgane auf jene Aspekte der Umwelt, die für unsere unmittelbaren biologischen Lebensnotwendigkeiten wichtig sind, ist für die Erstellung unserer Weltbilder gleichzeitig extrem hinderlich wie hilfreich: Einerseits wird unsere Vorstellungskraft durch sie in unkalkulierbarer Weise limitiert, andererseits ist gerade dieser Selektionsmechanismus für die Entwicklung unserer Weltsichten essenziell. Indem wir immer nur mit Teilaspekten unserer Umwelt konfrontiert werden, konnten wir unsere Eindrücke geistig verarbeiten, unser Denken, unsere Fantasie und Gefühlswelt langsam an immer komplexer werdende Weltsichten gewöhnen.

Zu Beginn genügten uns die einfachsten Vorstellungen für eine geistig sichere Lebenswelt, in der wir zwar auch Angst, Sorge und Unsicherheiten verspürten, aber doch überschaubare Rahmen vorfanden. Verantwortlich für die uns damals unerklärlichen Vorkommnisse waren die dafür zuständigen Dämonen, Götter und Geister. Die vermutlich zaghaft eingesetzt habenden Säkularisierungen der Erklärungen von Naturereignissen beschäftigten sich offenkundig mit dem unmittelbar Erlebten. Die antike Philosophie betrachtete unsere Umwelt aus heutiger Sicht jedoch sehr naiv und hinterfragte nur weniges.

5.5 Die »Nützlichkeit« ersetzt die »Wahrheit«

Auch wenn wir mit den heutigen Theorien sowohl mit der antiken Naturbeschreibung als auch mit der mechanistischen Vorstellungswelt der klassischen Physik radikal gebrochen haben, wissen wir dennoch nicht, wie treffend wir derzeit das Bild unserer Natur zeichnen. Wir können nicht einmal berechtigte vorstellbare Modellvermutungen anstellen, denn Größe, Kraft und Komplexität des Universums übersteigen das menschliche Erkenntnis- und Vorstellungsvermögen bei Weitem!

Bis dato haben wir in unserem Universum noch keine Tafel gefunden, auf welcher der authentische Aufbau unseres Universums angegeben ist – und es darf mit gutem Grund vermutet werden, dass wir sie auch in Zukunft nicht finden werden. Nirgendwo steht, nach welchen Gesetzmäßigkeiten die Naturvorgänge tatsächlich ablaufen und wie sie in das Wesen des Universums verwoben sind. Daher sind sämtliche unserer Weltbilder rein menschliche Gedankengebäude, die aus gewissen Naturbeobachtungen und den Wunschvorstellungen ihrer Schöpfer bestehen.

Die Naturwissenschaft hat aus diesem Faktum schon früh die einzig mögliche Konsequenz gezogen, denn bereits der englische Philosoph, Staatsmann und Naturwissenschaftler Francis Bacon (1561–1626) ersetzte die spekulative Suche nach Wahrheit durch die Empirie: Er schlug vor, nicht länger die offensichtlich von uns letztlich niemals zu eruierende »Wahrheit« als Kriterium für die Akzeptanz von Naturerklärungen zu benützen, sondern die Nützlichkeit, die Brauchbarkeit in der Anwendung, die »*techne*« (griech.: Fähigkeit, Kunstfertigkeit, Handwerk) eben.

Seither verzichtet die Physik auf die Suche nach der »wahren Wirklichkeit« und begnügt sich mit der Beschreibung von uns zugänglichen Zusammenhängen. Damit sind alle unsere Naturgrößen, alle physikalischen Begriffe eben, reine Erfindungen des menschlichen Geistes geworden, die dazu dienen, die verwirrende Vielfalt unserer Umwelteindrücke durch verhältnismäßig einfache Regeln überschaubarer zu gestalten.

Zwar wurden diese Erfindungen oft durch den Wunsch induziert, verschiedene Naturereignisse als etwas Zusammenhängendes zu begreifen – und die Experimente machen dies dann noch besonders augenfällig –, aber nichtsdestoweniger bleiben sie Erfindungen, selbst dann, wenn wir sie täglich hören und gebrauchen wie Masse, Raum und Zeit. Auch wenn wir meinen – und durch die Schulen darin bestärkt werden –, dass sie als unumstößliche, absolut objektive Tatsachen feststünden, die einzig nur so, wie wir es gewohnt sind, zu denken und zu behandeln sind, handelt es sich dabei dennoch immer um Erfindungen des menschlichen Geistes, die jederzeit durch bessere Einsichten ersetzt werden können.

Beispielsweise hat Newton seine berühmt gewordene Mechanik völlig ohne den Begriff der Energie formuliert. Er benützte ausschließlich geometrische Argumente, seine Mechanik dient der Erhellung der raum-zeitlichen Abläufe der Ereignisse unserer Welt – sie ist somit weitgehend reine Kinematik. Erst über achtzig Jahre später wurde der Energie-Begriff in unser Weltbild eingebaut: In einem posthum erschienen Beitrag zur französischen Enzyklopädie sprach d'Alembert (Jean-Baptiste le Rond d'Alembert, französischer Mathematiker, Physiker und Philosoph; 1717–1783) 1785 als erster Naturforscher von Energie: »In bewegten Körpern steckt eine Anstrengung oder ›Energie‹, die in ruhenden nicht enthalten ist.«

Im 19. Jahrhundert wurde die Energie immer mächtiger, verblieb aber eine rein mechanische Größe. Erst Einstein machte sie zu einem der drei »*global player*«, die jetzt alle Geschehnisse in unserer Welt mitgestalten. Die beiden anderen sind der Impuls und das Impulsmoment (oft: »Drehimpuls«), dessen richtungsunabhängiger Anteil (auch: »Betrag«) »Wirkung« oder »Wirkungsgröße« heißt und für uns Menschen seit Max Planck nur in ganzen Vielfachen einer Grundmenge (»Planck'sches Wirkungsquant h«) bemerkbar ist.

Es gibt keine einzige streng rationale Beschreibungsmöglichkeit unserer Welt, denn weder Wissenschaft noch Philosophie oder die Religionen kommen ohne Emotionen aus, ohne bloß geglaubte Grundpfeiler: Jede uns bekannte Weltanschauung, jedes Weltbild, jede wissenschaftliche Lehre und/oder Theorie hat eine Reihe von Begriffen in sich eingearbeitet, deren Gültigkeit bloß akzeptiert werden kann, die also nicht denknotwendig sind. Wir glauben beispielsweise (fast) felsenfest daran, dass Naturbeschreibungen möglichst aus einem Guss geformt sein sollen, und fühlen bei jeder notwendig werdenden Zusatzannahme Unbehagen. Selbstverständlich kennt die Physik auch Dogmen, sie heißen bei uns nur anders, nämlich »Hauptsätze«, »Prinzipien« und »Axiome«.

Die Naturwissenschaft trennt sich absichtlich und in voller Schärfe von dem, was wir »Metaphysik« nennen. Notwendigerweise, denn das Wort »Metaphysik« stammt vom Griechischen »*meta ta physika*« und bezeichnet alles, was »hinter dem Physischen« steht: also das, wovon die Naturwissenschaft erkannt hat, dass es außerhalb ihrer Erfahrungsmöglichkeiten liegt und daher per definitionem gar nicht ihr Forschungsgegenstand sein kann.

Die Metaphysik beschäftigt sich mit komplizierten Dingen wie der »Seinsstruktur« der Wirklichkeit. Sie fragt nach den grundlegenden Bedingungen für alles Seiende, also für alles, was »da« ist. Insbesondere versucht sie auch, die »Natur des Seienden« zu erforschen. Nicht verwunderlich, dass sich die metaphysischen Überlegungen so wie jene der modernen Physik auf der höchstmöglichen Abstraktionsebene menschlichen Denkens bewegen und dementsprechend schwer verständlich sind.

In der Physik bemühen wir uns hingegen, jegliche Spekulation möglichst zu vermeiden. Dies gelingt uns aber nur scheinbar: Wir können zwar fast alle unsere Naturqualitäten wie Kraft, Geschwindigkeit, elektrische Ladung usf. als klar definiertes Zusammenspiel von anderen Messgrößen exakt definieren, aber eben nur *fast* alle. Wir benötigen drei dieser Naturgrößen, um mit ihrer Hilfe alle anderen zu definieren.

Diese allen anderen physikalischen Begriffsbildungen zugrunde liegenden Messgrößen werden zwar oft »Basisgrößen« oder »Grundgrößen« genannt, sie erkaufen sich dieses Privileg aber sehr teuer: Sie sind damit die einzigen drei physikalischen Begriffe, die notwendigerweise rein spekulativ verbleiben. Im mechanistischen Weltbild sind dies die uns seit Kindertagen geläufigen Begriffe »Länge« (»Raum«), »Zeit« und »Masse«.

Die Physik hat sich durch einen genialen Schachzug allerdings schon früh von der Metaphysik abgegrenzt: Wir verzichteten ein für allemal darauf, darüber nachzudenken, was wir unter dem »Wesen« dieser drei Fundamentalgrößen verstehen könnten, und begnügten uns, einzig und allein zu definieren, wie wir ihr unterschiedlich starkes Mitmischen bei den einzelnen Geschehnissen in unserer Welt feststellen können.

Wir geben somit nur noch an, mit welchen Messmethoden wir ihr Auftreten feststellen müssen und welche Einheiten für die Stärkevergleiche zu benützen sind. Mithilfe dieser sogenannten »Realdefinitionen« haben wir uns in der Physik zwar ein immanentes Forschungsgebiet geschaffen, unsere Aussagen über diese drei Basisgrößen gelten aber nur noch ausschließlich innerhalb der praktizierten Messgenauigkeit.

Dieser Sachverhalt ist so wichtig für das Verständnis der Grenzen und das Wissen der Physik, dass wir ihn uns kurz anhand der traditionellen Basis der mechanistischen Welt veranschaulichen wollen: Dort wird dekretiert, dass wir weder wissen, was Länge (Raum) ist, noch die Zeit kennen und ebenso wenig eine Ahnung haben, was das Wesen der Masse sein könnte.

Unterschiedliche Längen sind mit Maßstäben zu messen, und zwar dergestalt, dass beide Enden gleichzeitig abgelesen werden müssen. Die Massenvergleiche sind mit »Waagen« anzustellen, die genau definiert sind. Die Vergleichsgrößen sind das »Urmeter« und das »Urkilogramm«, die beide konkrete Körpergebilde sind und in Sèvres bei Paris sorgfältig aufbewahrt werden. Die Zeitdauer von Ereignissen wird mit Uhren gemessen, die Zeiteinheit heißt »Sekunde« und war ursprünglich der 86.400ste Teil eines mittleren Sonnentages. (Heute definieren wir die Sekunde mithilfe einer bestimmten Lichtfarbe eines Cäsiumisotops und das Meter mithilfe dieser Sekunde und der Lichtschnelligkeit.)

5.6 Nicht alles ist vorstellbar

Unserem Wunsch nach konkreter Vorstellbarkeit können wir bei metaphysischen Überlegungen leider ebenso wenig nachkommen wie in der mathematischen Formulierung der Physik. In beiden begegnen wir ja denselben Grundschwierigkeiten: Je umfassender und allgemeiner unsere Überlegungen über unsere Umwelt sind, desto weniger dürfen sie konkrete Vorstellungen benützen, denn kein einziges unserer allgemein gültigen Gestaltungsprinzipien, mit deren Hilfe wir den Ablauf verschiedenartigster Naturgeschehnisse begreiflich machen wollen, kann für uns Menschen sichtbar oder sonst wie bemerkbar sein.

Wir können sie nur als form- und vorstellungslose Phänomene denken, als Steuerungsinstrumente gleichsam, die all den beobachteten Erscheinungen gemeinsam sind. Welche vorstellbaren Eigenschaften könnte etwa die Energie haben, die hauptverantwortlich alle uns bekannten Bewegungsabläufe mitprägt, die Wucht eines fahrenden Autos genauso wie den Ablauf von chemischen Reaktionen? Sie tritt als Wärme auf, ihr Fluss kann an elektrischen Strom, an einen Teilchenfluss gebunden werden oder an die Veränderung von Volumen oder Oberflächen. Sie kann aber auch durch Steinwurf übertragen werden oder mit unserem Licht. Wäre sie blau, dann könnten wir kein Rot sehen. Wäre sie würfelförmig, dann könnte sie nicht unsichtbar abgestrahlt werden wie beim Infrarot oder den Radiowellen. Wäre sie hart, dann könnten wir nirgendwo gehen, denn überall auf der Erde ist sie vorhanden. Würde sie nach Rosen riechen, gäbe es keinen Lavendel- oder Knoblauchgeruch.

Gleiches gilt für Impuls und Impulsmoment (Drehimpuls), für Masse, Raum, Zeit und Materie. Die umfassenden Begriffe für die Gestaltungsverantwortlichkeit in unserer Umwelt können nur höchst unanschauliche, also extrem abstrakte Denkmechanismen sein und keine konkreten Vorstellungen beinhalten. Darin sind sich eigentlich alle Former unserer Geistesgeschichte einig, von den antiken Philosophen bis zu den modernen Physiktheoretikern. Seltsamerweise floss diese Grundtatsache aber nie in unser Schulwissen ein.

Es hätte vermutlich so manchem von uns das Lernen wesentlich vereinfacht, wenn wir gewusst hätten, dass wir uns bei vielen Dingen gar nichts Konkretes vorstellen dürfen, sondern nur die Zusammenhänge geistig formal zu verstehen haben. Und auch, dass viele unserer gewohnten Begriffe bei näherer Reflexion ihrer vermeintlichen Klarheit völlig entkleidet werden. Viele von uns würden dann ganz sicher wesentlich leichter neue Weltmodelle und Gedanken akzeptieren können.

Irgendwann sollten wir in unserem Kulturleben aber doch beginnen, »reinen Tisch« zu machen, d. h. die Denkfehler vergangener Zeiten vergessen und akzeptieren, dass wir vermutlich niemals die »wahre Wirklichkeit« erfahren, sondern immer nur Bilder unserer Welt, wie wir in der Lage sind, sie uns von ihr zu machen. Shakespeare lässt Horatio in seinem *Hamlet* sagen: »Es gibt mehr Ding' im Himmel und auf Erden, als Eure Schulweisheit sich träumt.« Johann Nestroy ergänzt diesen Satz für den Autor sehr treffend mit: »Und die Schulweisheit kennt viele Ding', von denen weder Himmel noch Erden sich träumen wagt.«

Der Autor bittet daher alle, das Wagnis zu unternehmen, sich in die Welt des 21. Jahrhunderts katapultieren zu lassen: zu akzeptieren, dass wir unsere Welt heute völlig anders sehen müssen als vor hundert Jahren, dass unsere »Wissenschaft« zwar extrem erfolgreich ist, aber dennoch immer Menschenwerk bleibt. Vor allem aber, dass diese unsere Welt so gestaltet ist, dass wir ihr Wesen vermutlich wohl niemals erkennen werden können. Sondern immer nur in einem kleinen Teil von ihr eine Bühne aufbauen können, die doch nur eines kann: ein auf uns Menschen zugeschnittenes Bild unseres Universums vermitteln. Wie sonst können wir in unserer Kulturgeschichte, in unserer Suche nach halbwegs brauchbaren Bildern unserer Welt weiterkommen, als dass wir immer wieder bereit sind, neue Erkenntnisse in unsere Weltbilder aufzunehmen?

5.7 Getrennt und doch verwoben

Es ist nicht immer leicht, metaphysische von physikalischen Überlegungen zu trennen: Während es bei den Fragen nach dem Wesen des Seins und jenen nach der Existenz eines »Gottes« verhältnismäßig einfach ist, die Trennungslinien einzuhalten, sind diese beispielsweise bei der Auseinandersetzung mit den grundlegenden Begriffen »Substanz« und »Kausalität« im Laufe der Kulturgeschichte mehrfach verschoben worden. Dies wird uns in der Auffassung der mittelalterlichen Scholastiker über Metaphysik besonders deutlich: Sie verstanden darunter jene grenzüberschreitende Wissenschaft, die den Gelehrten mithilfe der Philosophie den Übergang aus der materiellen Welt in eine Wirklichkeit jenseits der menschlichen Wahrnehmungsfähigkeit ermöglichen kann.

Revolutionierende Neuerungen können nicht in abgesicherten Denkmustern gefunden werden, die Initialzündung muss immer von Intuition, Spekulation, Arbeitshypothesen oder wie auch immer genannten kühnen, weil bis dahin völlig denkfremden Gedanken ausgehen. Manchmal dauerte es sogar Jahrzehnte, bis die physikalische Spekulation einer Theorie verifiziert werden konnte, weil die experimentellen Voraussetzungen nicht früher erfüllt werden konnten. In der Zwischenzeit wären solche Teile der Theorie laut Eigendefinition der Physik nicht Bestandteil ihres Wissensgutes gewesen, was allerdings im praktizierten Wissenschaftsverständnis nicht so streng gehandhabt wurde.

Wenngleich sich die Naturwissenschaft von der Metaphysik klar abgegrenzt hat, bedeutet das noch keineswegs, dass ihre Begriffswelt nicht von dieser massiv mitgestaltet worden ist. Philosophie und Physik wurden jahrhundertelang parallel betrieben, die wichtigsten älteren physikalischen Schriften tragen in ihren Titeln das Wort »Philosophie«.

Die vollständige Trennung erfolgte erst nach Kants Tod. So ist es nicht verwunderlich, sondern im Gegenteil selbstverständlich, dass die wesentlichen physikalischen Begriffe aus dem Wortschatz der Philosophie stammen: Materie, Energie, Dynamik, Wirkung usf. Insbesondere gilt das für die großen Ordnungsprinzipien, für unsere Willenspostulate also, mit deren Hilfe wir entscheiden, was physikalisch erstrebenswert ist und was nicht. Der Wunsch, einfachen Theorien mehr Glauben zu schenken als komplizierten, ist ein solches Beispiel. Die Behauptung also, eine Theorie sei deshalb brauchbarer und damit wahrscheinlicher als eine andere, weil sie mehr Naturphänomene einheitlich zu beschreiben vermag als jene. Dahinter steckt die Überzeugung, also der Glaube, dass die »wahren« Naturgesetze umfassend und einheitlich sind. Daher auch die Suche nach der einheitlichen »Weltformel«. Selbst die Überzeugung, dass es »wahre« Naturgesetze geben müsse, ist philosophisch motiviert. Hier spielt Platon mit seiner »Ideen«-Lehre eine zentrale Rolle.

6.

GOTT

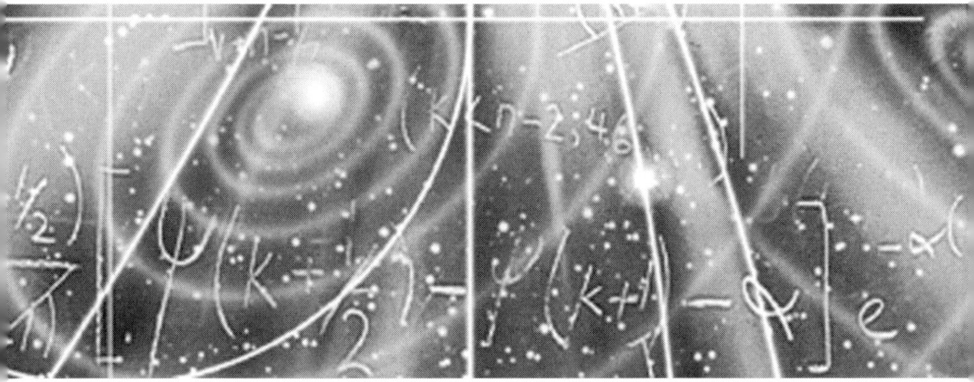

Was ist ein Name? Was uns Rose heißt,
wie es auch hieße, würde lieblich duften.
Shakespeare, *Romeo und Julia*

6.1 Newton, Voltaire und Einstein

Die physikalischen Theorien hatten für Newton dort zu enden, wo ihre Gültigkeit endet, nämlich »in der Überantwortung aller endlichen Weltmodelle an den unendlichen, alles umspannenden Pantokrator«. Darin offenbart die Natur ihre Schwäche, diese zweite Seite von ihr, das Unvermögen, aus eigener Kraft zu bestehen. Die Natur selbst wies für Newton auf eine »erste Ursache« hin, die für ihn nicht aus ihr selbst kommen konnte. Welch ein Unterschied in Newtons eigentlichen Gedanken zu dem, was die Nachwelt und insbesondere die Materialisten daraus gemacht haben!

»Im unbegreiflichen Weltall offenbart sich eine grenzenlose Vernunft«, sagte Albert Einstein und auf die Frage nach Gott antwortete er: »Die gängige Vorstellung, ich sei Atheist, beruht auf einem Irrtum. Wer sie aus meinen wissenschaftlichen Thesen (*Anm. des Verf.*: seinen beiden Relativitätstheorien) herausliest, hat diese kaum verstanden.« Für den Schweizer Mikrobiologen und Genetiker Werner Arber (*1929; Nobelpreis 1978) wiederum »ist Gott der, der sich etwas selbst Organisierendes erschaffen hat. Er war schlau genug, so zu planen, dass er nicht eingreifen muss.«

Voltaire, eigentlich François Marie Arouet (1694–1778), der wohl bekannteste Vertreter der französischen Aufklärung, schrieb über den Glauben an Gott:

> »Wer ist vom wahren Glauben erfüllt? Wer ist ›Deist‹? Derjenige, der zu Gott sagt: Ich bete dich an und diene dir? Derjenige ist es, der zum Türken, zum Chinesen, zum Indianer und zum Russen sagt: Ich liebe dich. Es ist nach dem buchstäblichen Verstande nichts gewisser, als was der Kanzler Francis Bacon gesagt hat, dass nämlich ein wenig Philosophie den Menschen zum Atheisten, viel Philosophie hingegen zur Erkenntnis eines Gottes führe. Solange man mit Epikur glaubte, dass der blinde Zufall regiere, oder mit Aristoteles und verschiedenen alten Gelehrten der Meinung war, dass nur die Fäulnis Neues hervorbringe und die Welt von Materie und Bewegung alleine lebe, so lange konnte man nicht an die

Vorsehung glauben. Allein seit man die Natur beobachtete, um ihren Gesetzen zu folgen, seitdem man wahrgenommen hat, dass alles seinen Keim hat, seitdem man mit Zuverlässigkeit erkannt hat, dass ein Pilz ebenso viel wie jede Welt das Werk einer unendlichen Weisheit ist – seitdem haben die, welche denken, angebetet, wo ihre Vorgänger Gotteslästerungen verbreiteten. Die Naturkünder sind die Herolde der Vorsehung geworden; ein Katechet lehrt Gott den Kindern, ein Newton beweist ihn den Weisen.
Wer in Gott nur ein unendlich mächtiges Wesen und in seinen Geschöpfen bloß wunderbare Maschinen sieht, der hat ebenso wenig Religion wie ein Europäer, der den König von China bewundert, ein Untertan dieses Fürsten ist. Allein derjenige, der glaubt, dass Gott zwischen sich und uns Menschen ein Verhältnis zu setzen für nötig befunden hat, dass er sie frei, zum Guten wie zum Bösen fähig geschaffen und allen die gesunde Vernunft, diesen Naturtrieb des Menschen, worauf das natürliche Gesetz gegründet ist, mitgeteilt hat, wer das glaubt, hat eine Religion. Unsere geoffenbarte Religion selbst ist und kann nichts anderes sein als dieses natürliche Gesetz.«

Eigentlich schade, dass die Schriften dieses Mannes bis in die zweite Hälfte des 20. Jahrhunderts auf dem römisch-katholischen Index der verbotenen Bücher standen und nicht wenigstens Teile daraus Pflichtlektüre für alle wissenschaftlich und philosophisch Interessierten wurden.

6.2 Fimbultyr

»Doch nach der Finsternis kommt die Morgendämmerung. Die Erde taucht erneut aus dem Meer, wieder grün und schön, und Saat wächst aus den Feldern. Und wo zuvor noch Möwen auf den schaukelten Wellen tanzten, wiegen sich nun goldene Ähren im Wind. Die Götter, darunter auch Balder (*Anm. der Verf.*: Der Gott der Trauer, Sohn von Odin und Frigg), erwachen zu neuem Leben. Der allmächtige Fimbultyr erscheint, der Gott der Ewigkeit, der Gott, den der Dichter der Edda nicht zu nennen wagt. Der Gott der Götter kommt zu den Asen und hält Gericht.

Die Guten dürfen für immer in Gimle leben (*Anm. der Verf.*: ein Palast, der schöner als die Sonne und mit Gold bedeckt ist; ihn sollen nach der Edda rechtschaffene Menschen bewohnen, er ist mithin der unzerstörbare ewige Himmel), wo sie mehr Ergötzen finden denn je. Doch die Eidbrüchigen und Mörder schickt er nach Nastrand (*Anm. der Verf.*: Dieser Teil von Hel [Hölle] ist allein den bösesten Bösewichtern vorbehalten. Verräter, Mörder und Eidbrecher finden dort ihre Strafe für das Leben, das sie geführt haben. Nastrands Dach, Wände und Türen sind mit giftigen Schlangen bedeckt, die den Insassen ewige Qualen bereiten.), einem schrecklichen Saal, wo sie gepeinigt werden, bis dass sie von ihren Sünden geläutert sind. Dies ist die Wiedergeburt. – So glaubten die Wikinger, und so ließ Odin die Lehre unter den Menschen verbreiten.« (Snorra-Edda)

Wenngleich mit gutem Grund vermutet werden kann, dass Fimbultyr die germanische Antwort auf das aufkommende Christentum war, so ist es doch erstaunlich, dass mit ihm ein Urgott in der germanischen Weltsicht Platz hat, der als kosmische Urkraft angesehen werden muss. Ein germanischer Demiurg also oder auch die Vorwegnahme des Newton'schen Pantokrators.

Fimbultyr trägt interessanterweise in dieser extrem männerorientierten germanischen Welt beide Geschlechter, sowohl das weibliche als auch das männliche, in sich. Seine unterschiedlichen Formen finden wir in vielen anderen germanischen Göttern wieder. Seine Kraft wirkt in allen Dingen, denn alles wurde aus ihm erschaffen. In diesem Sinne gleicht er sowohl dem christlichen Gott als auch dem jüdischen JHWH.

Platon mag sich mit seinem »Demiurgen« genauso geirrt haben wie mit seiner Welt der Ideen – oder er hat recht wie mit dem ersten Teil seines Höhlengleichnisses, in dem er uns veranschaulicht, dass wir Menschen nie sicher sein können, dass die Dinge, die wir wahrnehmen, auch die tatsächliche Wirklichkeit sind und nicht bloß deren Schattengebilde. »Niemals sollst du mich befragen«, verlangt Lohengrin von seiner Elsa.

Wie sollen wir wissen, ob ein »Demiurg« existiert oder nur »Opium für das Volk ist«? Wir können von all dem kein sicheres Wissen erlangen, mit dem wir weder über unsere Sinnesorgane noch unter Zuhilfenahme technischer Geräte kommunizieren können! Hier müssen wir alle Proponenten von Weltanschauungen in die Pflicht nehmen: Was könnt ihr uns anbieten, welche Vorteile haben eure Ansichten für uns – und welche Nachteile? Vor allem aber: Was wollt ihr uns sagen? Wir wollen und müssen all das verstehen, was ihr uns vermitteln möchtet!

Hilfreich wäre dabei für uns, etwas strenger zwischen »glauben«, »meinen« und »wissen« zu unterscheiden: »Glauben« bedeutet nämlich, dass wir entweder etwas auf die Aussage mindestens eines anderen hin für wahr halten oder ein spontanes Gefühlserlebnis in Bezug auf eine Frage hatten oder haben; »meinen« hingegen bedeutet, dass wir uns auf einen Standpunkt stellen und diesen vertreten, der aus einem unserer Denkprozesse hervorgegangen ist. Das kann aber auch dann der Fall sein, wenn wir einen anderen Denkprozess als richtig erkannt haben und ihn damit akzeptieren. »Wissen« ist das Kennen eines Sachverhaltes, unabhängig von der Qualität desselben. Wir können auch Falschheiten wissen.

6.3 Gott: ein Begriff

Das Wort »Gott« stammt vom althochdeutschen *»got«,* das »anrufen« bedeutet. Englisch heißt es *»god«*, französisch *»dieu«*, lateinisch *»deus«* und griechisch *»theos«*. Damit ist die Eindeutigkeit auch schon zu Ende, denn dem schon mehrmals herangezogenen Rowohlt'schen *Philosophielexikon* zufolge kommen diesem Begriff mehrere Bedeutungen zu:

1. Das höchste »Seiende«, das an sich Seiende, das ewig, unendlich und unbegrenzt ist. Die Bedeutung des »Seienden« ist mit der Definition gegeben, dass das »Sein« als das Gemeinsame dessen bezeichnet wird, was »ist«. Also Dinge, Eigenschaften, Werte, Sachverhalte, Relationen, ideale Größen wie Zahlen und geometrische Objekte usf. Eigentlich wenig hilfreich, denn grammatikalisch ist es doch nur der hauptwörtlich gebrauchte Infinitiv

des Hilfszeitwortes »sein«. Und es hat in unserer Kulturgeschichte ebenso viele Verwendungsarten wie dieses, die aber in unserer Kulturgeschichte doch als zusammengehörig interpretiert werden. Es herrscht in der Philosophie Unklarheit, wie viele Formen des »Seins« eigentlich erdacht worden sind. Wie sollen wir dann aber klar formulieren können, was unter »Gott« zu verstehen sei?

2. Metaphysisch bedeutet »Gott« den letzten Grund, das letzte Erklärungsprinzip und die erste Ursache; somit dasjenige, das selbst ist, das keine Bedingung, keine Ursache braucht, um zu sein, das »absolut« Seiende, das Bedingung für alles andere ist. Dasjenige Seiende also, das mit Notwendigkeit existiert, in dem Wesen und Existenz ineinander zusammenfallen, das daher für alles andere Prinzip ist.
3. In Baruch de Spinozas (niederländischer Philosoph; 1632–1677) Interpretation ist es jene Substanz, die für sich besteht, aus sich heraus verstanden werden kann und von der alles andere Manifestation ist.
4. Jene übermenschliche Macht, die in einer Gemeinschaft Gegenstand der Verehrung ist.
5. Und schließlich in der jüdisch-christlichen Lehre der Schöpfer und Erhalter der Welt, zu dem wir Menschen in einem persönlichen Verhältnis stehen und der sich in der Geschichte offenbart.

Wiederum beschränkt uns das Dilemma, dass wir in Philosophie und Wissenschaft Wörter benützen müssen, die nur mithilfe von anderen unzureichend exakt umrissenen Wörtern definiert sind oder die wir »intuitiv« zu wissen haben. Mithilfe von ungenau definierten Wörtern können wir uns selbstverständlich nur ungenau ausdrücken – das kaschieren wir oft durch extrem komplizierte Ausdrucksweisen –, und bei der Intuition wissen wir nie, ob wir intuitiv das Richtige wissen und ob unser Gesprächspartner dasselbe unter dem von ihm intuitiv verstandenen Begriff meint.

Das sind keine semantischen Spitzfindigkeiten, sondern praktische Probleme, die den gesamten Werdegang unserer Weltbilder massiv beeinflussten. Immer wieder fällt auf uns zurück, dass wir vielfach den

Anschein erwecken, uns mit komplizierten Wortgebilden präziser ausdrücken zu können, als die Sprache es bei näherer Reflexion zulässt. Die metaphysische Definition von Gott etwa bringt nur zum Ausdruck, dass wir etwas brauchen, an dem unser Denken beginnen kann, einen Ausdruck, der beinhaltet, was wir nicht mehr denken können.

Ein Zufriedenstellungsvokabel also, ein verbaler »Deus ex machina«, der unsere fundamentalen Vorstellungs- und Denkprobleme kaschieren soll, damit wir nicht sagen müssen: »Wir wissen es nicht und können es in dieser unserer Welt auch gar nicht erfahren, weil wir in unserer Kommunikation und Erkenntnisfähigkeit beschränkt sind.« Was sagt die Heisenberg'sche Unschärferelation denn anderes aus, als dass wir Menschen keinen Weg finden, beliebig viele Beobachtungen in unserer Welt beliebig genau durchzuführen: Wenn wir gleichzeitig Ort und Impuls oder Zeit und Energie eines submikroskopisch kleinen Teilchens messen wollen, dann werden wir in unsere Schranken verwiesen.

Wir Menschen sind als biologische Lebewesen in unserer Kommunikation mit der Umwelt aber auf Energie- und Impulsaustausche angewiesen und können daher nicht alles beliebig genau erfahren: Wir stören durch unser Hinschauen ja alle Naturvorgänge, bei denen höchstens so große Energiebeträge umgesetzt werden, wie wir sie für ihre Beobachtung hinschicken oder wegnehmen müssen.

Bereits Augustinus erkannte, dass wir über die ersten und letzten Dingen unserer Welt nicht allzu viel fragen sollten, denn auf die Frage, was Gott getan habe, bevor er Himmel und Erde erschuf, antwortete er bloß kurz und bündig: »Er bereitete die Hölle vor für all jene, die solche Fragen stellen.«

6.4 Der Gottesbegriff in den verschiedenen Religionen

Gott wird einerseits als transzendent (übersinnlich) betrachtet, wobei sein Anderssein, seine Unabhängigkeit von der Weltordnung und seine Macht über die Weltordnung betont werden. Andererseits wird er als immanent angesehen, d. h. er ist in der Welt gegenwärtig und greift in das Weltgeschehen ein. Die drei monotheistischen Religionen verehren Gott als den Einen, als das höchste Wesen, das alle Dinge umfasst. Der Polytheismus hingegen geht von einer Vielzahl verschiedener Götter aus.

Da die großen Religionen Asiens zu einem anderen Kulturbereich gehören, ist die Verwendung des Wortes »Gott« nicht zutreffend, weil damit bereits die Vorstellung eines persönlichen Gottes assoziiert wird. Deshalb ist der Ausdruck »göttliches Wesen«, der die Vorstellung vom unpersönlichen oder überpersönlichen Absoluten umfasst, in Bezug auf asiatische Religionen korrekter.

Hinduismus

Im Hinduismus heißt das höchste göttliche Wesen Brahma. Es gilt als die absolute, ewige Wirklichkeit, die alle Existenz umschließt. Die irdische, veränderliche Welt gilt im Hinduismus nur als »*maya*«, als eine äußere, oberflächliche Erscheinung. Die verschiedenen Gottheiten des Volksglaubens sind nur verschiedene Erscheinungsformen von Brahma.

Brahma als Schöpfung, die Bewahrung (*Vishnu*) und sein Gegensatz, die Zerstörung (*Shiva*), bilden zusammen jene drei Grundkräfte, »*Trimurti*« genannt, welche in unserer Welt wirken. Da die Welt als ewig gesehen wird, ist Brahma kein Schöpferwesen im jüdisch-christlichen Sinne. Im wichtigsten Heilsweg des Hinduismus jedoch, in der liebenden Hingabe an Gott, wird »*Iswara*« als persönlicher Gott geglaubt und zeigt Parallelen zum Gott des Juden- und Christentum.

Buddhismus, Taoismus und Konfuzianismus

Die kosmische Ordnung wird im Buddhismus als die absolute, die letzte Wirklichkeit angesehen, vielfach gleichgesetzt dem göttlichen Wesen. Da es weder die Vorstellung eines persönlichen Gottes noch die eines Schöpfers gibt, wird der Buddhismus oft als atheistisch angesehen. Im Mahajana-Buddhismus werden Buddha und die Bodhisattvas (*Anm. des Verf.*: nach höchster Erkenntnis strebende Wesen) jedoch als kosmische Wesen verehrt.

Die griechische Religion des Altertums kannte ebenfalls die Vorstellung, dass das kosmische Schicksal über den höchsten Göttern stünde.

Im Taoismus und der Lehre des Konfuzius verhält es sich ähnlich: Nach Letzterer entspricht das göttliche Wesen dem Sittengesetz, während es im Taoismus als kosmische Ordnung angesprochen wird.

Polytheismus und Animismus

Der Polytheismus war im Altertum die am weitesten verbreitete Form der Religion und insbesondere in Ägypten, Mesopotamien, Griechenland und Rom sowie bei den Germanen verbreitet. Im Polytheismus wird an die Existenz vieler verschiedener Gottheiten geglaubt, wobei eine jede für einen Teilaspekt der Natur oder einen Lebensbereich zuständig ist und/oder spezielle göttliche Eigenschaften aufweist. Seine Wurzeln hat er vermutlich im Animismus, wie der Glaube an eine Vielzahl spiritueller Kräfte, die gutartig oder feindlich sein können, genannt wird.

6.5 Judentum, Christentum und Islam

Das Juden- und das Christentum sowie der Islam basieren auf den Büchern des Alten Testaments, in denen der eine personale und transzendente Gott verkündet wird. Im Christentum vervollständigt dann das Neue Testament, in dem die Botschaft Jesu Christi zusammengefasst wird, die Bibel. Der Islam wird durch den Koran geprägt, der nach dem Glauben der Muslime die wörtliche Offenbarung Gottes an Muhammad enthält, die ihm durch den Erzengel Gabriel vermittelt worden ist.

Der Gott des Judentums

Im Alten Testament ist die Welt nicht die Emanation Gottes (»*emenare*« [lat.]: herausfließen), nicht das Hervorgehen einer Vielfalt aus einem einheitlichen Urgrund als ein zeitloses Geschehen, wie es vor allem die Neuplatoniker betrachtet haben, sondern das Produkt seines Willens. Da Gott nicht erfasst werden kann, ist es verboten, sich ein gegenständliches Bild von ihm zu machen. Obwohl Gott nicht der Welt angehört, trägt er menschliche Züge: Er macht Versprechungen und spricht Drohungen aus, er empfindet Zorn und sogar Eifersucht. Als seine wesentlichen Merkmale werden jedoch Gerechtigkeit, Gnade, Wahrheit und Beständigkeit angesehen, wobei er metaphorisch als König, Richter und Hirte bezeichnet wird. Darüber hinaus ist Jahwe ein lebendiger Gott, dessen Einzigartigkeit in dem Gebot »Du sollst keine anderen Götter haben neben mir!« zum Ausdruck kommt.

Die jüdische Religion kennt viele Namen für Gott: unser Vater, unser König, der Schöpfer, der Richter, der Vergebende, der »Heilige, er sei gesegnet« ...; und vor allem: *»ehjeh ascher ehjeh«* (»Ich bin, was ich bin«). Das Judentum vermeint, dass ein einziger Name nicht ausreicht, um Gottes Größe zu erfassen, dass wir nie wirklich alles über Gott wissen werden. Daher glaubt es, dass wir den wahren Namen Gottes gar nicht aussprechen können. In der hebräischen Bibel stehen für Gott vier Buchstaben, die uns wie »JHWH« klingen, von den Juden aber niemals ausgesprochen werden.

Der christliche Gott

Der Gott, zu dem Jesus betete, war der Gott des Alten Testaments. Zu seinen Lebzeiten wurde Jesus vermutlich als heiliger Mann angesehen, aber bereits im 1. Jahrhundert erhoben ihn die Christen in die göttliche Sphäre. Die Lehre vom »dreieinigen Gott« (auch: »Trinität«, »Dreifaltigkeit«) brauchte deutlich länger, sie wurde bis ins späte 4. Jahrhundert hinein erarbeitet (siehe Punkt 10.5: »Der dreieinige Gott«).

Der Gott des Alten Testaments wurde dabei für die Christen der Vater, während Jesus selbst, der Christus, als der fleischgewordene Sohn bzw. als das fleischgewordene Wort (*»logos«*) gesehen wurde, als die Manifestation Gottes innerhalb der endlichen Ordnung. Der Heilige Geist, der seinen Ursprung der westlichen Kirche zufolge in Vater und Sohn hat, für die Ostkirche jedoch nur im Vater, ist die immanente Präsenz und Tätigkeit Gottes in der Schöpfung.

Die christliche Theologie spricht zwar von den drei »Personen« (»Gott der Vater«, »Gott der Sohn« und »Gott Heiliger Geist«) der Dreieinigkeit, bezeichnet damit jedoch die drei Seinsarten des einen Gottes. Der

Name »Gott der Vater« wird vor allem dann benützt, wenn von Gott als dem Schöpfer der Welt gesprochen wird. Mit »Gott der Sohn« wird im Christentum Jesus Christus angesprochen. Dieser Name wird immer dann verwendet, wenn davon die Rede ist, dass Gott in menschlicher Gestalt auf unsere Erde gekommen ist. Jesus ist dem Christentum zufolge auf unserer Welt sowohl wahrer Mensch als auch wahrer Gott gewesen.

Der Mensch Jesus starb auf unserer Erde, um uns Menschen von unseren Sünden zu erlösen. Sündigen heißt im Christentum, sich von Gott abzuwenden, den Weg zu verlassen, den Gott uns gewiesen hat. Sünde ist hier, Gott oder Menschen (uns selbst inbegriffen) Unrecht zuzufügen. Wenn im Christentum von den Taten Gottes in dieser Welt gesprochen wird, dann wird er »Gott Heiliger Geist« genannt, aber auch dann, wenn wir spüren, dass er uns sehr nahe ist.

Islam

Von den drei auf dem Alten Testament basierenden Religionen ist der Monotheismus im Islam am stärksten ausgeprägt. Wie den Juden so ist es auch den Muslimen verboten, Gott in irgendeiner Form abzubilden. Die zentrale Aussage des Islam lautet: »Es gibt keinen Gott außer Allah, und Mohammed ist sein Prophet.« Allah besitzt sieben elementare Attribute: Leben, Wissen, Macht, Wille, Gehörsinn, Gesichtssinn und Sprache, wobei die letzten drei nicht in anthropomorphem Sinne zu verstehen sind. Sein Wille ist absolut, und alles, was geschieht, ist durch ihn vorherbestimmt.

Der islamische Gott hat neben Allah noch »neunundneunzig Namen«. Damit wird darauf hingewiesen, dass wir uns für ihn jeden beliebigen Namen ausdenken können und uns die Namen niemals ausgehen werden. Denn Allah ist mehr als wir uns je ausdenken können.

7.

TATSACHEN

Tatsachen haben ihre eigene Aussprache –
in jeder Sprache eine andere.
Wiesław Brudziński

Das Fundamentalproblem jeder Weltanschauung ist die Antwort auf die Frage, warum der Kosmos und wir Menschen existieren. In diesem Zusammenhang wurde bekanntlich »Gott« eingeführt, und zwar in den verschiedensten Vorstellungen. Damit gibt es zwei und nur zwei Klassen von Weltanschauungen, nämlich solche, die einen Gott kennen, und solche, die ohne Gott aufgebaut sind. Die Frage, ob »Gott« existiert oder nicht, konnte bisher nicht beantwortet werden. Es gibt keinen einzigen Beweis, der zu dem denknotwendigen Schluss führt, dass Gott existiert – es wurde aber auch noch nie bewiesen, dass Gott nicht existiert. Deshalb muss hier das Gefühl entscheiden.

Nehmen wir einen Gott an, so lösen sich viele Probleme einfacher, indem wir diesem Gott die notwendigen Eigenschaften zuschreiben. Das klingt vielleicht nach einem philosophischen »*Deus ex machina*«, ist es aber gar nicht. Erinnern wir uns doch, dass wir in der Physik eher die einfachen Theorien bevorzugen als komplizierte und mit möglichst wenigen Ad-hoc-Annahmen auskommen wollen, da wir Unbehagen verspüren, wenn wir immer wieder neue Zusatzannahmen zu treffen haben.

Denken wir etwa an die spezielle Relativitätstheorie Einsteins: Viele der von ihr erfassten physikalischen Phänomene sind ohne sie beschreibbar, nur benötigen wir dann eine Fülle von Einzeltheorien – eine jede mit dazu besonders eingeführten Annahmen. Die Relativitätstheorie macht einige wenige Annahmen und beschreibt damit ein breites Spektrum von Phänomenen. Hier war es eben vorteilhafter, weniges, damals noch vollständig Denkfremdes anzunehmen und damit eine einfache Theorie aufzustellen. Die Beschreibung der Welt der atomaren und subatomaren Gebilde durch die Quantentheorie ist ein zweites Beispiel dafür, dass es in der Wissenschaft durchaus üblich ist, Annahmen auszuwählen, mit denen wir einen möglichst breiten Problemkreis in einfacher Weise nachvollziehen können.

Eine Standardtechnik der Physik sollte doch auch bei der Erarbeitung einer Weltanschauung legitim sein, sodass wir durch eine geschickte Auswahl von Grundannahmen einen breiten Problemkreis in einfacher Weise beschreiben können. Unbeantwortet ist bis dato von den atheistischen Denkern, warum es logischer erscheinen soll, dass Materie oder Energie einfach »da« ist, schon immer gewesen ist und es wohl auch immer sein wird. Das ist sehr ähnlich der Behauptung, dass Gott ist, immer schon gewesen ist und immer sein wird.

7.1 Jede Weltanschauung hat eine transzendente Basis

Bei Weglassen emotionaler Positionen sollte uns der metaphysische Gottesbegriff nur marginalen Diskussionsstoff geben, denn alle Ideologien und Philosophien brauchen Wörter zur Bezeichnung der Transzendenzen, die bei der Beschreibung jenes Bereiches unserer Weltsicht unvermeidbar sind, der unsere sinnlich erfassbare Welt übersteigt.

Sowohl die Deisten als auch die Atheisten benötigen ein »Etwas«, das immer existiert. Entweder bleibt dieses Etwas immer identisch dasselbe oder es wandelt sich – dann ist wohl das ursprüngliche Etwas nicht mehr existent, dafür aber dasjenige, in das sich das ursprüngliche gewandelt hat. Eine derartige Wandlung ist für mich bloß eine unnötige dialektische Verkomplizierung, die ich aus eben diesem Grunde für nicht zielführend erachte.

Die Annahme eines solchen »Etwas« ist für uns Menschen notwendig, denn wir brauchen einen Anfang für unsere Denkprozesse. Dieser nicht zeitlich, sondern logisch gemeinte Beginn muss von jedem Denkenden festgelegt werden. Ohne einen solchen konnte bis dato noch kein System aufgebaut werden und es wird meiner Ansicht nach auch künftig keinem Menschen je gelingen. Wohl kann man die Axiome eines Systems derart abstrakt wählen, dass in ihnen alle Begriffe der Naturwissenschaften münden können, man braucht die Axiome aber dennoch.

Das liegt daran, dass wir Menschen in unseren Erkenntnismöglichkeiten beschränkt sind. Was immer wir uns auch für dialektische Finten einfallen lassen, wir werden nie umhinkommen, letzten Endes doch einen logischen Anfangsbegriff (Ausgangsbegriff) für unsere Weltanschauung einsetzen zu müssen. Wir wollen uns dies in der folgenden Skizze noch verdeutlichen: Jede Weltanschauung braucht zum einen ein »hergebendes Etwas«, aus dem das All entstanden ist. Nehmen wir beispielsweise an, dass unsere Materie aus dem »Nichts« entstanden ist, dann war eben das »Nichts« da und hat sich zumindest in Materie verwandelt. Was ist dann aber das »Nichts«?

Ist es »Nicht-Sein«, so existiert es nur als Gegenüber zum »Sein« und ist damit nur gemeinsam mit diesem denkbar. Wir müssen daher einen der beiden Begriffe definieren und das Gesetz angeben, wonach der andere aus dem definierten entsteht – verstehen wir nämlich unter dem einen bloß die Verneinung, das Nichtvorhandensein des anderen, so müssen wir dennoch den Grund zur Wandlung angeben, ansonsten ist es nicht zulässig zu sagen, dass Materie aus dem so verstandenen »Nichts« entstanden sei.

Soll »Nichts« das »reine Nichts« sein, das außer dieser Eigenschaft keine andere hat, dann werden wir uns wohl schwertun, daraus unsere stofflichen Gebilde entstehen zu lassen. Verstehen wir unter »Nichts« das »Noch-nicht-Sein«, so führen wir dadurch einen Zeitbegriff ein und damit die Frage, was eine absolute Zeit ist – denn nur um eine solche kann es sich dabei handeln – und warum diese existiert.

Dass die oben benutzte Zeit eine absolute sein muss – d. h. eine von sich aus bestehende –, ist wohl trivial, denn nur eine solche kann das »Noch-Nicht-Sein« vom »Sein« trennen. Bis dato konnte aber noch niemand eine absolute Zeit definieren, die den Anforderungen der modernen Physik entspricht – es gelang den Philosophen ja bisher nicht einmal, zu sagen, was »Zeit« in unserem bereits wohlvorhandenen Weltall ist. Die Philosophen benutzen die physikalische Realdefinition für Zeit; diese gibt bekanntlich aber nur an, was die Einheit der Zeit ist und wie die Zeit gemessen wird.

Aus der Sicht der modernen Physik erscheint es daher am einfachsten, das »hergebende Etwas« als eine Existenz zu sehen, die wir im heutigen physikalischen Universum als Energie bezeichnen. Diese ist selbst form- und strukturlos, kann weder erzeugt noch vernichtet werden – und sie kann sich unter geeigneten Bedingungen als Materieteilchen manifestieren, wie wir es in unseren großen Teilchenbeschleunigern (etwa beim CERN) fast schon routinemäßig nachvollziehen.

Wir müssen aber auch angeben, wie aus diesem zwar transzendenten, aber als wohlvorhanden vorausgesetzten »hergebenden Etwas« das Weltall so entstehen konnte, wie es sich uns Menschen in unserer Raum-Zeit-Erlebniswelt zeigt. Dazu benötigen wir zwei weitere transzendente Begriffe, die wir als »auslösendes« und »aufnehmendes Etwas« bezeichnen können.

Das »auslösende Etwas« steht dabei für die Ursache, den Grund, warum das Universum überhaupt entstanden ist, und das »aufnehmende Etwas« gibt an, wie es unserem Weltall möglich gemacht wird, sich in seinen inneren Dimensionen zu verändern. Sowohl das »auslösende« als auch das »aufnehmende« Etwas müssen bereits vor der Entstehung unseres Universum existiert haben, denn ansonsten hätten sie ja nicht zu seiner Initiierung beitragen können – sie sind uns also tatsächlich notwendig transzendent.

Die Transzendenz des »auslösenden Etwas« können auch die Anhänger der »Urknall«-Theorie (siehe Punkt 8.5: »Das Baukonzept unserer Welt«) nicht umgehen, die in einer zu großen Massendichte des »Urkerns« die Verursachung unseres Kosmos sehen: In diesem Fall benötigen wir ein pulsierendes All, das wiederum eine absolute Zeit erfordert, die unabhängig von unserem Universum existieren muss. Dann ist das »auslösende Etwas« als Kombination von überkritischer Massendichte und einer transzendenten Zeit ebenfalls wieder unserer Erfahrbarkeit entrückt.

Selbstverständlich könnten wir diese absolute Zeit auch durch das Pulsieren des Weltalls definieren, dann müssen wir allerdings eine immerwährende Existenz der Verhaltensgesetze des Universums voraussetzen, denn eines von ihnen hat ja zu bestimmen, wann die Massendichte überkritisch wird und daher die Urknalle auslöst. In diesem Fall wären eben diese »kosmischen Gesetze«, denen wir im Rahmen der Physik nachspüren, das »auslösende Etwas«. Dass die Gesetze des Universums losgelöst von allem eine Existenz an sich haben, ist zwar eine sehr bequeme Annahme, bietet aber bei genauerer Reflexion keine zufriedenstellende Antwort.

Für die Transzendenz des »aufnehmenden Etwas« gilt Analoges: Die Annahme etwa, dass ein »absoluter Raum«, in den das Universum unschwer hineinwachsen kann, losgelöst von unserer Welt seit je existiert, impliziert nur, dass dieser »absolute Raum« als »aufnehmendes Etwas« uns transzendent verbleibt und wir zudem noch dessen immerwährende Existenz zu begründen haben.

Wir sehen, jede Weltanschauung benötigt tatsächlich zumindest drei transzendente Begriffe für das Zustandekommen des von uns Menschen wahrgenommenen Kosmos. Es bleibt jedem Einzelnen überlassen, sie mit ihm genehmen, speziellen Laut- und Buchstabenbildern zu verknüpfen. Ein intellektuelles Streitgespräch darüber ist müßig und wenig sinnvoll, ob etwa Buchstabengebilde wie »M-A-T-E-R-I-E«, »G-O-T-T«, »H-A-R-A-D-A-D-A«, »D-E-L-Q-A«, »Z-E-X-O« oder noch andere Lautgebilde dazu besser geeignet erscheinen.

Allerdings können diese drei notwendigen Axiome oder logischen Grundbegriffe zwar als voneinander isoliert existent betrachtet werden, sie mussten aber zusammengewirkt haben, um unsere Welt zu realisieren. Infolgedessen gibt es aus dieser Sicht drei verschiedene Klassen von Weltanschauungen: (i) Alle drei Grundannahmen werden streng unabhängig voneinander definiert, und ihr Zusammenwirken wird einzig aus der Tatsache begründet, dass sie eben existieren. (ii) Beliebige zwei dieser Axiome können zu einem übergeordneten Begriff zusammengezogen werden, der die Eigenschaften der beiden dazu benutzten Grundannahmen in sich vereinigt. Und (iii) kann ein einziger Begriff definiert werden, der alle drei Grundannahmen in sich vereinigt.

Welche der drei Klassen wir bevorzugen und wie die drei Grundannahmen gewählt werden, bleibt unserem Gefühl überlassen, weil wir für Grundfragen im transzendenten Bereich keine denknotwendigen Auswahlkriterien haben, die uns zeigen könnten, was zu akzeptieren ist. Dennoch sei eine simple Überlegung angebracht: Welchen weltanschaulichen Vorteil bietet die Annahme, dass es drei rigide voneinander getrennte transzendente Existenzen gibt, wenn diese doch aufs Engste zusammenwirken mussten, um unsere Welt hervorzubringen? Ist denn nicht eine Weltsicht eleganter und einfacher, die nur eine einzige transzendente Existenz kennt, in der sowohl das »hergebende« als auch das »auslösende« und »aufnehmende Etwas« vereinigt sind?

7.2 Persönlicher Gott: eine Glaubenssache

Anders verhält es sich mit der Behauptung eines mit Persönlichkeitsattributen ausgestatteten Gottes, denn hierbei kommt wesentlich mehr ins Spiel als die bloße Abdeckung unserer Denkunmöglichkeiten. Bei einem derartigen Gottesbegriff werden das Anderssein dieses Gottes, seine Unabhängigkeit von der Weltordnung und seine Macht über diese betont. Er wird dabei nicht nur transzendent beschrieben, sondern auch als in der Welt gegenwärtig und meist auch in das Weltgeschehen eingreifend betrachtet. Solch ein Gott kann nur geglaubt, nicht aber aus der Naturbeobachtung deduziert werden.

Quelle solch persönlicher Gottesbegriffe sind Mythen und/oder das, was wir »Offenbarung« nennen. Erzählt und irgendwann später schriftlich festgehalten, enthalten Religionsbücher die Botschaft, dass es nach der betreffenden Religion einen Gott mit bestimmten Eigenschaften gibt und wie dieser zum Werden der Welt in Verbindung steht. Allerdings dürfen solche religiösen Beschreibungen von Naturvorgängen niemals wörtlich genommen werden, denn ihre Intentionen sind religiöse, literarische oder moralisch/ethische Zwecke und nicht die minutiöse Wiedergabe der Entwicklungsmechanismen unseres Weltalls. Wäre etwa die Genesis-Erzählung der Bibel nicht wörtlich, sondern sinngemäß genommen worden, dann wäre beispielsweise der Konflikt zwischen der katholischen Kirche und Galilei nicht notwendig gewesen.

Die Genesis soll Juden, Christen und allen an dieser Lehre Interessierten die Botschaft vermitteln, dass unsere Welt von Gott gewollt geschaffen worden ist, aber nicht als statischer Raum, sondern als eine Welt der Evolution. Eine genaue, wörtlich stimmige Beschreibung des Werdegangs unserer Welt hat in einem Religionsbuch keinen Platz: Hier wird das Verhältnis zwischen dem Gott der betreffenden Religion, den Menschen und unserer wahrgenommenen Umwelt bestimmt, nicht aber, woher die Sonne ihre Energie bezieht, um uns zu wärmen und das Getreide wachsen zu lassen.

Wie überfordert wären die einfachen Hirten und Bauern damals gewesen, wäre ihnen erklärt worden, dass unsere Sonne ihre Energie aus der

Verschmelzung von gigantischen Mengen von Wasserstoff-Atomkernen zu Helium gewinnt! Wie kompliziert und aufwendig müsste die Bibel geschrieben sein, um eine für unser heutiges Wissen halbwegs relevante Darstellung des physikalischen Werdens unseres Kosmos bieten zu können! Und wer weiß, ob die Erkenntnisse der heutigen Naturforschung nicht immer noch unsäglich naive Bilder der Naturvorgänge zeichnen. Vielleicht müssten wir uns mit noch viel komplexeren Erzählungen auseinandersetzen, um zu erfahren, dass unsere Welt von dem in ihr vorgestellten Gott gewollt in einem Evolutionsprozess erschaffen worden ist, der nach dem Prinzip der lokalen Freiheiten abläuft: Alles in unserem Kosmos entsteht und vergeht wieder, alle Gebilde unserer Welt – alle Sonnen und Planeten, die Flora und Fauna unserer Erde –, sie alle entwickeln sich und vergehen wieder, um anderen Gebilden Platz zu machen. Es bedürfte schon eines sehr naiven Naturempfindens, um die Forderung erheben zu können, ein Religionsbuch müsse auch physikalisch wörtlich genommen werden.

7.3 Der Fall Galilei

Der italienische Physiker und Astronom Galileo Galilei (1564–1642) war unzweifelhaft ein großer Naturforscher: Er leitete die Pendelgesetze ab und kam durch reine Gedankenexperimente auch zu den Gesetzen des freien Falls – die berühmten Fallversuche am Schiefen Turm von Pisa haben ja nie stattgefunden, denn die Turmhöhe war für die damalige Präzision der Messuhren viel zu niedrig, um durch praktische Experimente zu den Fallgesetzen zu gelangen. Er entdeckte mithilfe seines Fernrohrs unter anderem die Saturnringe, die Phasen der Venus und dass die Milchstraße aus Einzelsternen besteht. Seine Planetenbeobachtungen machten ihn zum Streiter für das heliozentrische Weltsystem von Kopernikus, was zu den bekannten Auseinandersetzungen mit der römischen Kirche führte.

Er war aber nicht der ideale und reine Wissenschaftler, als der er so oft dargestellt wird, dem nichts als die Suche nach der Wahrheit wichtig gewesen wäre. Galilei war eitel, eingebildet und sehr geschäftstüchtig, um nicht sagen zu müssen skrupellos in der Verwertung von Ideen. So machte er sich ziemlich sicher das in Holland erfundene Fernrohr zu eigen, weshalb wir besser vom »holländischen« als vom »Galilei'schen« Fernrohr sprechen sollten.

In seiner wissenschaftlichen Eitelkeit verweigerte er dem jungen Kepler wissenschaftlichen Verkehr und ignorierte dessen drei Planetengesetze zeit seines Lebens. Während seines gesamten berühmt-berüchtigten Prozesses, der mit seiner Abschwörung und Verurteilung im Jahr 1633 endete, berief er sich niemals auf die Kepler'schen Gesetze, die schon Jahre zuvor veröffentlicht und ihm von Kepler brieflich mitgeteilt worden waren. Er argumentierte im Prozess mit Bibelzitaten und nicht mit physikalischen Gesetzen.

Galilei hatte anfangs besonders unter den Jesuiten große Anhänger. Erst als er mit der Bibel zu argumentieren begann statt mit der damals neuen Naturwissenschaft, erst dann mussten diese sich höheren Befehlen beugen und sich von ihm abwenden. Galilei wurde zwar zu unbefristeter Haft verurteilt, verbrachte diese aber fast gänzlich in Form eines Hausarrestes in seinem Landhaus, wo er 1634 sein wichtigstes Werk, *Discorsi e Dimostrazioni Matematiche intorno a due nuove scienze* (dt.: *Unterredung und mathematische Demonstration über zwei neue Wissenszweige die Mechanik und die Fallgesetze betreffend*) verfasste. 1637 erblindete er.

Inzwischen ist Galilei rehabilitiert worden. Weder die Bibel noch die Offenbarung haben sich in der Zwischenzeit geändert, sehr wohl jedoch die Einsicht mancher Theologen – sie brauchten für ihre Entwicklung allerdings 300 Jahre länger als viele Laien. Es gibt eben Bereiche in unserem Leben, in denen Glaubenslehrer die Wahrheit nicht besser kennen als Laien. Und es gibt Laien, die um so manche Geschehnisse und Strukturen unseres Universums früher und besser Bescheid wissen als Theologen.

Keine Religion sollte daher von Menschen verlangen, unter Verzicht darauf, ihr Denkvermögen zu nutzen, jede vorgegebene Behauptung gehorsam zu akzeptieren. Das gilt auch für rigide Kleider- und Essvorschriften sowie für Unterjochungswünsche Nicht-Gläubigen gegenüber.

7.4 Unser Umgang mit neuen Gegebenheiten

Wissenschaft, Philosophie und Religion werden von Gemeinschaften getragen, die sich rational, aber auch gefühlsmäßig stark mit ihrer Materie beschäftigen, oft in ihr aufgehen und für sie leben. Es gelten für sie dieselben Verhaltensmechanismen wie für alle menschlichen Gesellschaften. Bei näherer Betrachtung der Geschichte sticht insbesondere die Trägheit hervor, mit der die menschlichen Gesellschaften Veränderungsnotwendigkeiten gegenübertreten. Es scheint, als müsse die geistige Gestalt einer Gesellschaft ihrem Wesen nach etwas Statisches sein. Selbst Bewegungen, die aus großen revolutionären Umwälzungen hervorgegangen sind oder bei ihrer Gründung radikal neu waren, streben nach Konsolidierung, nach einer Fixierung des Gedankenguts, das die dauerhafte Grundlage der neuen Gemeinschaft bilden soll.

Die völlige Unsicherheit über alle Maßstäbe – mit Ausnahme einiger weniger Richtungsschienen – scheint selbst für die Führer von Gemeinschaften auf Dauer unerträglich zu sein. Diese statischen Strukturen stehen nun den dynamischen Strukturen gegenüber, welche die ständig sich erweiternden und erneuernden wissenschaftlichen Erfahrungen und Denkweisen bilden. Und natürlich auch deren dynamische Auswirkungen auf die Arbeits-, Verbrauchs- und Ansichtswelt von uns Menschen. Massive Probleme treten immer dann auf, wenn eine dieser statischen Strukturen – ein Weltbild, ein Gesellschaftssystem, eine Staatssicht oder eine Kirchenordnung – von der dynamischen Struktur der Außenbedingungen überholt wird.

An der Wende zur Neuzeit beispielsweise veränderte sich unsere Lebenswelt radikal: Es gelangen große geografische Entdeckungen und unsere Erde wurde als Mittelpunkt des Universums durch die Sonne ersetzt; die Erfindung des Buchdrucks revolutionierte den Informationsaustausch; das Schießpulver sorgte für eine radikale Veränderung der Kriegstechnik; vor allem aber wurde die geistige Einstellung von uns Europäern langsam, aber sicher völlig auf den Kopf gestellt: Es tat sich damals eine zweiter Wirklichkeitsbereich auf.

Neben die bis dahin alleinige Wahrheit der religiösen Offenbarung, jene Wahrheit also, die in der Bibel und in den Schriften der Kirchenväter niedergelegt ist und die das Denken des Mittelalters beherrscht hat, trat zunehmend eine Wirklichkeit der sinnlichen Erfahrung. Letztere konnte sogar von jedem nachgeprüft werden, der nur über seine gesunden fünf Sinne verfügte. Eine Wirklichkeit also, die schließlich bei hinreichender Sorgfalt nicht bezweifelt werden konnte, deren Naiv-Interpretation allerdings auch zum mechanistischen Weltbild der Neuzeit und in dessen Folge zum Dialektischen Materialismus führte, also zu zwei folgenschweren Irrtümern und Fehleinschätzungen unserer Kulturgeschichte.

Wen wundert, dass der Übergang in die Neuzeit durch extrem starke Abwehrkämpfe der die Macht innehabenden Institutionen geprägt war? Staatsgewalt und kirchliche Behörde waren überzeugt, dass mit der neuen Denk- und Lebensweise hohe Werte in Gefahr waren und es ihre Pflicht sei, sie zu verteidigen. Das diesbezügliche Konfliktsymbol schlechthin heißt, wie wir wissen, Galileo Galilei.

Werner Heisenberg vermutete 1973 im Vortrag anlässlich der Verleihung des Romano-Guardini-Preises durch die Katholische Akademie in Bayern an ihn, »dass die Mitglieder des Inquisitionsgerichtes mehrheitlich empfunden und geahnt haben werden, welche Kraft hinter den neuen Ideen, die auch Galilei vertreten hatte, steckte. Aber dass sie das traditionelle christliche Weltbild nicht verändern lassen wollten, das in der Struktur der mittelalterlichen Gesellschaft eine so entscheidende Rolle gespielt hatte und immer noch spielte.«

Die Ausformulierung des mechanistischen Weltbildes, geprägt von der in der heutigen trägen geistigen Struktur unvorstellbaren Strahlkraft der Newton'schen Mechanik, und seine dramatischen Auswirkungen auf Wissenschaftsverständnis, Philosophie (Positivismus) und Politik (Dialektischer »wissenschaftlicher« Materialismus) scheinen der Inquisition im Nachhinein recht zu geben. Aber: Konnte sie mit ihrer gesamten Macht die Entwicklung aufhalten? Oder drängte sie mit ihren reaktionären Wünschen nicht vielmehr die von den neuen Errungenschaften faszinierten Menschen in eine immer stärkere geistige Gegnerschaft? Es ist müßig, zu fragen, weil nicht zu beantworten, aber doch verlockend: Wie wäre die geistige Entwicklung verlaufen, hätte die katholische Kirche damals die Vorteile der neuen Gedankenströme für sich genutzt? Sie wäre vermutlich zum Bannerträger einer zu entwerfenden neuen Gesellschaftsordnung geworden – und nicht zum Bremsklotz.

7.5 Stalin und die Wissenschaft

Der Dialektische Materialismus basiert auf der von Hegel aus der Scholastik entwickelten Dialektik. Diese geht davon aus, dass die Realität aus Widersprüchen besteht, welche zwangsläufig ihre eigene Veränderung sowie die Zukunft erzeugen und bestimmen. Der Geist gerät nach Hegel dadurch mit sich selbst in Widerspruch und generiert so das Werden der »objektiven Wirklichkeit«, von deren Existenz damals alle – einschließlich der Vertreter der Newton'schen Physik – überzeugt waren.

Marx dreht die Hegel'sche Dialektik dann völlig um und behauptet, dass die Welt, die »objektive Wirklichkeit«, aus ihrer materiellen Existenz und deren Entwicklung erklärt werden muss und nicht – wie Hegel lehrte – als Verwirklichung einer göttlichen »absoluten Idee« angesehen werden darf. Für Marx existiert daher notwendigerweise die »objektive Wirklichkeit« völlig außerhalb und unabhängig von unserem menschlichen Bewusstsein. Daher sind die Materialisten überzeugt, unsere Welt exakt so zu erkennen, wie sie »objektiv« ist.

Ein wesentlicher Grundpfeiler des Dialektischen Materialismus ist die Überzeugung, dass die Gesetze in der Natur, wie die Wissenschaft sie festgestellt hat, auch für die menschliche Gesellschaft gelten. Die menschliche Gesellschaft ist somit an die »Naturgesetze« gebunden und die Materialisten sind in diesem Sinne »wissend«. Diese Ideologie vertraute völlig auf die Gültigkeit der Newton'schen Physik, auch wenn sie schon diese nicht ganz verstanden hat.

Der Dialektische Materialismus behauptet beispielsweise, dass eine physikalische Quantität in eine neue Qualität umschlagen könne: »Nach einer Kumulation quantitativer Veränderungen über längere Zeit kommt es zu einer sprunghaften qualitativen Veränderung.« Eines seiner liebsten Beispiele ist, dass durch Erwärmung eines Festkörpers dieser sprunghaft zu einer Flüssigkeit wird. Dieses Faktum ist völlig richtig, bloß ändert sich dabei keine einzige physikalische »Qualität«, sondern nur eine Eigenschaft dieses Stoffes sprunghaft: die Festigkeit. Vielleicht wäre es doch ratsam, ein wenig Physik zu lernen, bevor man versucht, mit ihr gesellschaftliche Ideologien zu untermauern.

In dem Jahrzehnt, das der Russischen Revolution folgte, beschäftigte ein gnadenloser Machtkampf die Politiker zu sehr, als dass sie großes Augenmerk darauf richten konnten, die Wissenschaften mit ihren politischen Ideen in Einklang zu bringen. Dies änderte sich in den 1930er-Jahren in der stalinistischen Sowjetunion dann ziemlich radikal. Massive Gefahr für die Staatslehre sah man zuallererst in der Heisenberg'schen Unschärferelation, die klar aussagte, dass in der submikroskopisch kleinen Welt der Moleküle und Atome kein unbedingter Determinismus möglich ist.

In der Biologie wiederum ging es vor allem um die Mendel'schen Vererbungsgesetze. Nach marxistischer Ideologie konnten im Gegensatz zu diesen auch Eigenschaften weitervererbt werden, die durch Erziehung gewonnen worden waren, und nicht nur die genetischen. Das war aus Sicht der Marxisten unumgänglich notwendig, um die Menschheit durch Erziehung sukzessive verbessern zu können. Ansonsten stünde man ja bei jeder neuen Generation vor denselben Problemen. Mehrere Wissenschaftler wurden verhaftet, weil sie sich weigerten, die Vererbungsgesetze gemäß der Staatsideologie zu vertreten. Unter ihnen war auch der weltberühmte Genetiker Nikolai Wawilow (1887–1943), der 1940 zunächst sogar zum Tode verurteilt, dann aber zu 20 Jahren Haft begnadigt wurde. Drei Jahre später verstarb er im Gefängnis, vermutlich an Hunger.

Die moderne Physik wie auch die Genetik wurden insbesondere während der Stalin-Ära als »gefährlicher Idealismus« und oft sogar als »ekklesiastisch« bezeichnet. Letzteres deshalb, weil sie »der Kirche neue Nahrung gaben, ihr Ziel, die Welt in ›völliges Dunkel‹ zu hüllen, leichter zu erreichen«. Nach dem Zweiten Weltkrieg wurde sogar für einige Jahre jegliche Beschäftigung mit der *Allgemeinen Relativitätstheorie* verboten!

Der Grund lag in Einsteins Ansichten über die Schwerkraft. Im Abschnitt »1.4 Moderne Materievorstellungen« erkannten wir bereits, dass die Energie völlig äquivalent zur Materiemasse ist. Die *Spezielle Relativi-*

tätstheorie korrigiert unsere Sicht auf das mechanische und elektromagnetische Verhalten in sogenannten Trägheitswelten, also in jenen Teilen unserer Natur, auf die keine äußeren Kräfte einwirken, fundamental. Hierbei zeigte Einstein, dass die Energie träge sein muss.

In der *Allgemeinen Relativitätstheorie*, die sich mit den Naturvorgängen unter Einwirkung äußerer Kräfte – insbesondere der Schwere – beschäftigt, beweist Einstein nicht nur, dass die Energie ebenfalls schwer ist, sondern auch, dass es keinen Unterschied zwischen Trägheit und Schwerkraft gibt. Damit reduziert sich die Schwerewirkung auf das Spiel zwischen Systemen, die sich gegeneinander beschleunigt bewegen. Die Wirkung der Schwerkraft kann demnach mithilfe von lokal gegeneinander beschleunigten Räumen rein geometrisch beschrieben werden.

Somit prägen der Impuls und die Energie die Struktur von Raum und Zeit – und nicht die »Materie«. Letztere reduziert sich in der *Allgemeinen Relativitätstheorie* vollends zur Benennung bestimmter Erscheinungsformen im schon vorhandenen Universum und kann somit nicht mehr als Quelle unserer Welt angesehen werden. Es bedurfte eines (genialen) Schachzugs des russischen Physikers Wladimir A. Fock (1898–1974), der sich wie so manche andere auch illegal dennoch mit Einsteins Theorie über die Schwerkraft beschäftigt hat, um diesen Bann aufzuheben.

Die physikalische Diskussion dieses Tricks würde weit über die Intention dieses Buches hinausführen, es sei deshalb nur so viel erwähnt, dass er durch die Einführung sogenannter »harmonischer Koordinaten« eine einfachere Darstellung der Einstein'schen Gleichungen erreichte. Mit viel Fantasie kann daraus herausgelesen werden, dass es eine bevorzugte Beschreibungstechnik für die Schwerewirkung gibt, die mit noch größerer Fantasie mit einer nicht näher zu spezifizierenden »Materie« verbunden werden kann.

Fast dreihundert Jahre nach dem »Fall Galilei« gab es also die Fälle »Genetik« und »moderne Physik« im vorgeblich so wissenschaftlich orientierten Dialektischen Materialismus! Salopp wienerisch ausgedrückt: Wo es um das »Eingemachte« geht, dort kennt kaum eine Macht auch nur den kleinsten Pardon – egal, ob Fakten noch so sehr eine andere Sicht als die eigene erfordern. Im Gegensatz zum »Fall Galilei« sind die Vorkommnisse in der kommunistischen Sowjetunion jedoch nahezu vergessen.

8.

EIN MODERNES WELTBILD

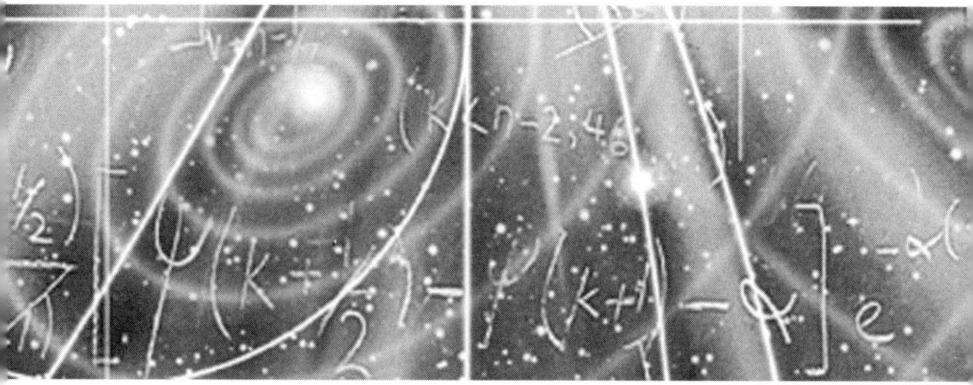

Dreißig Speichen treffen die Nabe/
Die Leere dazwischen macht das Rad.
Lehm formt der Töpfer zu Gefäßen/
Die Leere darinnen macht das Gefäß.
Fenster und Türen bricht man in Mauern/
Die Leere damitten macht die Behausung.
Das Sichtbare bildet die Form eines Werkes.
Das Nicht-Sichtbare macht seinen Wert aus.

Laotse, *Tao Te King*

8.1 Das Prinzip der lokalen Freiheit

Die moderne Physik zeigt uns, dass unsere Erkenntnisfähigkeit prinzipiellen Beschränkungen unterworfen ist: Seitdem wir erkannt haben, dass wir weder unendlich schnell noch unendlich fein beobachten können, müssen wir uns damit abfinden, dass uns Menschen massive Beobachtungsgrenzen gesetzt sind, die wir durch nichts in der Welt umgehen können. Diese Beschränkungen können wir unter keinen Umständen aufheben.

Heisenberg hat diesen Sachverhalt im Wirkungskreis der Quantenmechanik mit seiner berühmten Unschärferelation zum ersten Mal ausgedrückt: Weil wir zu jeder Beobachtung eines Geschehnisses die Übertragung von mindestens einem Planck'schen Wirkungsquant h brauchen, können wir das Zusammenspiel von zwei Naturgrößen, deren Produkt die Wirkungsgröße ergibt, immer nur bis auf ein Wirkungsquant genau ermitteln.

Insbesondere gilt dies für die gleichzeitige Bestimmung von Zeit und Energie sowie von Ort und Impuls. Je präziser wir etwa den Ort eines Atomelektrons vermessen, desto verschwommener verhält sich sein Impuls und vice versa. Messtechnisch wird uns dieser Sachverhalt sofort evident: Licht entsteht oder wird absorbiert durch den Bahnwechsel eines Atomelektrons. Wie sollen wir dann mit Licht etwa seinen Aufenthaltsort vermessen?

Und wenn es uns durch Tricks doch gelingt, dann verändern wir dabei seinen Bewegungszustand – und damit seinen Impuls. Für die Gegenstände unserer Umwelt ist diese Beschränkung ohne Bedeutung, da für sie die Wirkungseinheit viel zu winzig ist und die Auswirkungen der Unschärferelation weit unter jeglicher denkbaren Messgenauigkeit liegen.

Zusammen mit der Unschärferelation von Zeit und Energie ergibt sich daraus, dass wir in unserer Mikrowelt entweder nur ein scharfes kinematisches Bild des raum-zeitlichen Verhaltens der Geschehnisse ermitteln können oder nur die genaue Kenntnis der dazu notwendigen Impuls- und Energiebewegungen, unter Preisgabe des Wunsches, auch über die örtlichen und zeitlichen Abfolgen der Ereignisse Bescheid zu erhalten. Denn: Je schärfer das kinematische (Raum-Zeit) Bild, desto ungenauer das dynamische (Impuls-Energie) Bild und umgekehrt.

Die Heisenberg'sche Unschärferelation erzwingt, dass wir in unserem Universum keine geometrisch scharf gezeichneten Bahnkurven finden können. Die dadurch erzeugten Unsicherheiten sind ein Bauprinzip unseres Universums, das zweischneidige Bedeutung besitzt: Einerseits ermöglicht nur der diese Unschärfen bedingende digitale Charakter der Wirkung einheitliche Baupläne für die Atome unserer Elemente, andererseits lassen sich ihretwegen jedoch die gegenseitigen Wechselwirkungen nicht mehr exakt bestimmen, wodurch ein gewisses Maß an Unbestimmtheiten in unseren Kosmos hineingezwungen wird.

Dabei erhebt sich sofort die Frage, ob ein vollständiger Determinismus in einem so komplexen Gefüge, wie unser Universum es zweifellos darstellt, überhaupt durchführbar wäre. Oder ob nicht gerade in den durch die Unschärferelation bedingten lokalen Freiheiten jenes Prinzip zu finden ist, welches es den Geschehnissen in unserem Kosmos gestattet, sich selbst dynamisch zu regeln. Vielleicht stellen diese lokalen Freiheiten sogar das Werkzeug dar, unser Weltall seine Entwicklung dynamisch selbst finden zu lassen und dabei jederzeit stabil zu bleiben.

Selbststabilisierende Systeme kennen wir aus der Umwelt: Fliehkraftregler, die bei schneller oder langsamer werdender Rotation gegensteuern; stabile Gleichgewichtslagen wie Mulden oder Senken für Kugeln, die bei Auslenkung wieder zurückfallen; die ökologischen Gleichgewichte zwischen Flora und Fauna, Raubtieren und ihrem Futter; die Anpassung von Flora und Fauna an die Witterung und sonstige Umweltgegebenheiten usf.

Ja, auch die Ausformung nicht nur von höherem Leben ist vermutlich ein solcher dynamischer Ausleseprozess, dessen Facetten erst während der Entwicklung fixiert werden – sonst wären die Chancen praktisch null, das für jede Entwicklungsstufe notwendige und passende Umfeld rechtzeitig zur Verfügung zu stellen. Wir brauchen somit gar keine komplizierten philosophischen Spekulationen, um mit der Unsicherheit zu leben, die durch den digitalen Charakter der Wirkung in unser Universum eingeprägt ist. Wir müssen uns nur vom übertriebenen Determinismus-Wunsch des klassischen Weltbildes lösen.

In der klassischen Physik wird so gerne der Laplace'sche Dämon bemüht – warum eigentlich ein Dämon und kein Mensch? Ganz einfach deshalb, weil auch Laplace wusste, dass wir Menschen nie in der Lage sein würden, alle Geschehnisse des Universums konkret zu erfassen. Die Bewegungsgesetze der klassischen Welt geben zwar im Prinzip an, wie wir aus den momentanen Daten für die Orte und Impulse der Teilchen ihr künftiges Schicksal ermitteln können, in der Praxis aber gelingt uns nicht einmal mehr die Bestimmung der exakten Bewegungen von drei Körpern, die sich gegenseitig beeinflussen!

Hier müssen wir bereits mit Näherungen arbeiten, die wir zwar gut beherrschen – wie Marslandungen beweisen –, die aber dennoch Näherungen bleiben. Und die Welt weist beträchtlich mehr als drei Teilchen auf – woher dann der exakte Determinismus? Er war immer nur Wunschdenken, ähnlich dem unendlich feinen Beobachten, dem unendlich schnellen Schauen, den unendlich starren Körpern, den wahren Längen usf.

Fassen wir zusammen: (i) Die Naturwissenschaft sucht nicht die Wahrheit, sondern die Nützlichkeit, die »*techne*«, für den avisierten Zweck. (ii) Unser Gegenstand behandelt die nachprüfbaren Geschehnisse dieser Welt – also müssen wir beobachten. Ansonsten machen wir das, was wir nicht wollen, nämlich Spekulation. (iii) Exakter Determinismus bleibt uns aufgrund der mathematisch-physikalischen Fakten seit je verwehrt, er war immer schon Schimäre – allerdings nie als solche bloßgestellt, sondern »im Prinzip« gedacht. Was hindert uns daran, ihn geistig endgültig so wegzulegen, wie wir es mit dem lieb gewordenen Himmels- oder Lichtäther schon getan und bei dem »absoluten Raum« und der »absoluten Zeit« schon zu unternehmen begonnen haben?

Auch unsere Beobachtungen an der Natur verändern diese nicht merklich. Es stimmt zwar, dass jede Information, jede Beobachtung unsere Welt verändert – aber um wie viel? Merklich verändern sich mit unserer Kommunikation mit der Umwelt ganz sicher unsere individuellen Menschenwelten, unsere Weltbilder, unsere Weltanschauungen. Aber wie viele Beobachtungen an Quantenteilchen können wir Menschen denn schon anstellen? Die gigantische Menge der Teilchen unseres Universums bleibt davor doch verschont. Für sie gilt, dass wir nichts an ihnen verändern können. Es gelingt uns nur, für winzigste Modifikationen zu sorgen, die unser Universum aber nicht einmal irritieren können, denn im Vergleich zu unseren Beobachtungseingriffen ist das Ausschütten eines Trinkglases aus einem fahrenden Ozeanriesen ins Meer ein geradezu gigantischer Eingriff in dessen Fahrtroute!

Erinnern wir uns: Allein in einem Fingerhut sind schon 30 Millionen Billionen Atome. Würden wir auf jedes Einzelne von ihnen einen Blick werfen wollen, dann müsste jeder von uns fünf Milliarden Menschen 190 Jahre lang jede Sekunde ein Teilchen ansehen, ohne Schlaf, ohne Pause. Und wie klein ist so ein Fingerhut im Vergleich zu unserer Erde? Und dann zum Universum?

Es existieren tatsächlich unzählige Welten, denn jeder Mensch lebt in seiner eigenen Erlebniswelt. Manche Dinge, manche Geschehnisse erfahren wir in einer Art, die wir als übereinstimmend konstatieren können, andere nicht. Seien es Geschehnisse, die sich uns gegenüber nahezu mit Lichtgeschwindigkeit bewegen, seien es in unseren Psychen liegende Geschehnisse, wie Paul Watzlawick (österreichischer Psychoanalytiker und Kommunikationswissenschaftler; 1921–2007) in seinem Buch *Wie wirklich ist die Wirklichkeit?* ausführt, indem er »die sogenannte Wirklichkeit als Ergebnis von Kommunikation« interpretiert. Wir müssen uns immer vor Augen halten: Der Kosmos existiert auch ohne uns, sein Wirkungsspiel in Energie, Impuls und Drehimpuls läuft ohne uns ab. Wir bilden nur einen völlig vernachlässigbar winzigen Teil des Universums. Infolgedessen können wir es auch nur marginal beeinflussen.

8.2 Kraftfelder und Massekörper

In der mechanistischen Weltsicht wurde die Schwerkraft als unendlich schnell gedacht, was etwas eigenartige Konsequenzen zur Folge hatte: Fällt auf unserer Erde ein Apfel von einem Baum, dann müssen sämtliche Massekörper des Universums – jede Orange und alle auch noch so weit entfernten Sterne – im selben Moment davon erfahren, damit sie sich sofort auf die neuen Entfernungen des Apfels einstellen können. Sie müssen ihn ja jetzt etwas anders anziehen als vorher, wo er noch am Baum gehangen ist, da die Stärke der gegenseitigen Anziehung zweier Massekörper sich mit dem Quadrat der Distanz zwischen ihnen ändert. Es ist in der Newton'schen Physik auch unbekannt, wer die Massekörper über die momentanen Aufenthaltsorte des Apfels zu informieren hat und woher der fallende Apfel seinen Impuls erhält.

Die Kraft benötigt aber sowohl einen Botendienst zum Informationsaustausch zwischen den Objekten des Universums für die Stärkeregulierung ihrer gegenseitigen Beeinflussung als auch eine Transportlogistik für die Verschiebung der Impuls- und Energiemengen der durch sie bewegten Objekte. Diese Transport- und Informationslogistik heißt heute »Kraftfeld« oder auch »Welle« und in der Quantenmechanik meist »Überträgerteilchen«. Die Begriffe »Welle«, »Überträgerteilchen« und »Kraftfeld« werden von uns somit weitestgehend synonym gebraucht.

In der modernen Physik sind diese Kraftfelder eigenständige physikalische Gebilde, die von keinem Naturgeschehnis erzeugt oder vernichtet, sondern nur in ihren Zuständen verändert werden können. Selbstverständlich sind nicht alle Naturgebilde imstande, den Zustand eines Kraftfeldes zu verändern (»erregen«), sondern nur jene, die das entsprechende Werkzeug dazu besitzen. Einzig die Gravitation wird von allen Gebilden unseres Universums verspürt, weil sie sowohl auf die Massekörper als auch auf die Feldenergien wirkt.

Ungeladene Körper können kein elektrisches Feld in seinem Zustand verändern, denn ihnen fehlt das dazu notwendige Werkzeug der »elektrischen Ladung«. Sie verspüren kein noch so starkes elektrisches Feld und bewegen sich daher darin völlig »frei«. Deshalb bemerken wir mit unseren Körpern nirgendwo die elektromagnetischen Wellen der Funk-, Radio- und TV-Sender. Kraftfelder sind somit selbst dann vorhanden, wenn ihre Existenz für ein Naturgebilde nicht erkennbar ist.

Die Photonen, also das Licht und all die anderen elektromagnetischen Wellen (Radio- und TV-Wellen, Infrarot, UV ...), sind für die Übertragung der elektromagnetischen Kraft verantwortlich. Damit gewinnt die Konstanz der Lichtschnelligkeit im Vakuum eine wesentlich massivere Bedeutung für unser Weltbild: Die durch keine Materie behinderte Kraftausbreitung ist aus allen Blickwinkeln unseres Universums gesehen immer identisch gleich schnell! Seit September 2002 haben wir dank Ed Fomalont vom National Radio Astronomy Observatory (Charlottesville [Virginia]) und Sergei Kopeikin von der University of Missouri (Columbia) einen indirekten, aber dennoch sehr fundierten Beweis, dass sich die Schwere tatsächlich ebenfalls mit der Vakuumslichtschnelligkeit ausbreitet. Sie benützten dazu den sich damals zwischen einen Quasar (aktiver Kern einer Galaxis, der ungeheure Energiemengen abstrahlt) und die Erde zwängenden Jupiter, der daher durch seine Schwerewirkung die Radiosignale des Quasars ebenso ablenkte wie die Sonne das an ihr vorbeistreichende Sternenlicht.

Das Schwerefeld des Jupiters ergibt sich nach der allgemeinen Relativitätstheorie aus seinem Impuls und der Ausbreitungsschnelligkeit der Schwerkraft. Letztere lässt sich somit aus der scheinbaren Verschiebung des Quasars durch die Schwerewirkung des Jupiters ermitteln. Die Messungen ergaben, dass sich die Schwere mit einer Schnelligkeit von $(0{,}95 \pm 0{,}25) \times c$ ausbreitet! In Anbetracht der schwierigen Messungen eine exzellente Stützung der theoretischen Erfordernis, dass sich alle Kraftwirkungen mit derselben Schnelligkeit auszubreiten haben.

Die »Kraft« hat in der modernen Physik jedoch überhaupt nichts mehr mit dem zu tun, was wir in der Schule unter »Kraftpfeiltechnik« gelernt haben. Daher sprechen wir lieber von »Wechselwirkung« als von »Kraft«, denn darin kommt das Wesen der modernen »Kraft« viel besser zum Ausdruck: die Kommunikation und wechselseitige Beeinflussung zwischen Gebilden des Universums.

In Bezug auf die geometrische Formgebung bilden die »Kraftfelder« und »Körper« die beiden extremsten Gegensätze in unserem Weltall: Als Körper bezeichnen wir alle Dinge unserer Welt, die sich in mehr oder weniger klaren geometrischen Gebilden bewegen. Felder dagegen heißen all jene Objekte dieser Welt, deren Bewegungsabläufe nicht einmal ansatzweise durch geometrische Formen gefasst werden können.

Wo im Zimmer befinden sich die Übertragungswellen der Fernsehfilme und der Radiomusik? Wieso können alle TV- und Radiokanäle am selben Platz empfangen werden? Auf welchem genauen geometrischen Weg gelangen sie von der Senderantenne in unser Radio oder TV-Gerät? Wieso können wir – außer im Inneren großer Stahlbetonbauten wegen der dort herrschenden Faraday'schen Abschirmung (»Faraday'scher Käfig«) – fast überall unsere Fernseh- und Radioprogramme empfangen?

Ein Fußball oder eine Pistolenkugel schlägt nur an einem einzigen, geometrisch völlig lokalisierten Platz ein. Überall anders spüren wir nichts davon. Anders bei Licht, den Fernseh- und Radiowellen sowie all den anderen elektromagnetischen Wellen: Bei ihnen ist die Frage, auf welchem geometrischen Wege sie in das Zimmer des Betrachters kommen, genauso sinnlos wie die nach dem genauen Ort, wo sich diese Wellen in einem Zimmer aufhalten: »Unsichtbar und überall« ist dafür eine treffende Antwort. Sie bleiben von uns Menschen unbemerkt, wir können sie nicht einfangen oder sichtbar machen. Schon Radio- und Fernsehwellen entziehen sich unserer räumlichen Vorstellungswelt völlig.

Die »Kraftfelder« müssen auch sonst (fast) das vollständige Gegenteil von den »Körpern« sein, denn ihre Aufgabe ist ja die Kommunikation zwischen den Gebilden des Universums. Jeder Körper lässt sich (zumindest theoretisch, denn bei der Sonne tun wir uns etwas schwer) in unseren eigenen Bewegungszustand hereinholen – er »ruht« dann in unserer Erlebniswelt und kann von uns bequem betrachtet werden. Die Körper zeigen uns also geometrische Form, sie können angefasst und verschoben werden. Die Trägheit, die sie uns dabei zeigen, nennen wir »Ruhmasse« (heute auch: »Ruhenergie«).

Der Preis dafür ist allerdings, dass keiner dieser Körper für uns so schnell werden kann wie die Kraftausbreitung. Wir würden nämlich, wie Einstein uns drastisch klargemacht hat, wegen der uns gezeigten »Ruhmasse« unendlich viel Energie benötigen, um ihn auf Lichtschnelligkeit zu beschleunigen. Alle Gebilde jedoch, die uns gegenüber keine »Ruhmasse« zeigen, können wir nicht in unser Wohnzimmer legen, denn sie müssen ihre gesamte Energie dem Versuch opfern, sie geometrisch zu fassonieren – übrig bliebe dann nichts.

Dieses Faktum ist eine wesentliche Konsequenz der Heisenberg'schen Unschärferelation, die das Zusammenspiel zwischen Energie und Impuls für den Transport aller unserer Gebilde regelt. Die Kraftwelt ist somit von der Welt unserer Massekörper rigide getrennt. Wir können uns nur die körperlichen Gebilde unserer Welt vorstellen, nicht aber die Welt der Kraftausbreitung, weil sich Letztere für uns jeglicher geometrischer Fassonierung entzieht.

Es ist evident, dass sich nur solche Objekte gegenseitig zu beeinflussen vermögen, die rascher miteinander kommunizieren können als sie auseinanderdriften. Selbstverständlich muss die Ausbreitungsschnelligkeit aller vier fundamentalen Wechselwirkungen der Natur gleich sein, ansonsten würde ein Bewegungschaos entstehen. Da das Licht mitsamt all den anderen elektromagnetischen Wellen der Überträger der elektromagnetischen Kraft ist, können wir auch keinen schnelleren Transport in unserem Universum beobachten als die ungehinderte Ausbreitungsschnelligkeit des Lichts (»Vakuumslichtschnelligkeit«). Desgleichen würde ein Kommunikationschaos herrschen, wenn unterschiedliche Gebilde des Universums eine unterschiedlich schnelle Kraftausbreitung konstatierten. Das ist das ganze Geheimnis von der Konstanz der »Vakuumslichtschnelligkeit«.

Einstein zeigte uns, dass in der Welt der Kräfte kein Platz für Raum und Zeit ist. Unser Raum-Zeit-Gefüge tritt erst dann hervor, wenn wir die Kraftwelt verlassen, wenn wir uns langsamer bewegen als die Kraftfelder. Je langsamer wir in Bezug auf die Kraftwelt werden, desto stärker wird unser Zeitgefühl. Wir selbst empfinden uns dabei immer als »ruhend« und konstatieren daher, dass sich die Kraft so schnell wie nichts anderes in dieser unserer menschlichen Wahrnehmungswelt bewegt, nämlich mit knapp 300.000 km pro Sekunde.

Unser Raumgefühl ist dabei jedoch ziemlich trügerisch! Je weiter wir wegschauen, desto stärker blicken wir ja in die Vergangenheit, denn das Licht eines Berggipfels braucht für uns eine Weile, bis es in unser Wohnzimmer taucht. Die Gegenwart ist für jeden von uns nur bei sich selbst, alle anderen Gebilde bemerken wir nur in schon vergangenem Zustand.

Für uns Erdenbürger braucht das Sonnenlicht zur Querung der 150 Millionen km Distanz somit achteinhalb Minuten. Das Sonnenlicht selbst aber konstatiert, dass es im selben Moment auf der Erde angelangt ist, wie es seinen Geburtsort verlassen hat. Allerdings sah es darin kein schwieriges Unterfangen, denn es hatte auch keinerlei Distanz zu queren: »Raum« und »Zeit« sind in der Welt der elektromagnetischen Wellen tatsächlich sinnlose Begriffe! Das ist gar nicht so fremdartig, wie es uns im ersten Moment erscheinen mag, denn für die Geschehnisse in unserem Universum ist die Kraftwirkung doch unzweifelhaft wesentlich wichtiger als die biologische Vorstellungswelt von uns Menschen.

8.3 Die dynamische Basis

Von der mechanistischen Weltsicht her sind wir gewohnt, dass alle Naturgrößen mithilfe von Zeit, Länge und Masse ausgedrückt werden, wie in der ersten Spalte von Tabelle 2 für Energie, Impuls und Impulsmoment (Drehmoment) gezeigt. Die drei Naturgrößen Länge, Zeit und Masse erwecken daher den Anschein, von grundlegenderer Bedeutung zu sein als alle anderen Naturqualitäten, und wurden deshalb »Fundamentalgrößen«, »Basisgrößen« oder »Grundgrößen« genannt.

Tabelle 2: Äquivalente Systeme von Grundgrößen
(Die »Basis« sind jene drei »Grundgrößen«, mit deren Hilfe alle anderen Naturgrößen definiert werden.)

Traditionelle Basis: ***Zeit – Länge – Masse***	Dynamische Basis: **Energie – Impuls – Impulsmoment**
Energie = *Masse x Länge^2 / Zeit^2*	***Zeit*** = Impulsmoment / Energie
Impuls = *Masse x Länge / Zeit*	***Länge*** = Impulsmoment / Impuls
Impulsmoment = *Masse x Länge^2 / Zeit*	***Masse*** = Impuls^2 / Energie

Nicht zuletzt deshalb gilt es in unserer Vorstellungswelt oft als evident, dass das gesamte Universum gleichsam auf einer Megabühne abläuft, die durch die »ewige«, aber voneinander unabhängige Existenz von Masse, absoluter Zeit und absolutem Raum (als dreidimensionales Längengebilde) aufgespannt wird. Diese Ansicht ist aber völlig falsch und führte uns bei der Suche nach den Funktionsprinzipien des Universums arg in die Irre.

Nicht nur, weil sich die »absolute Zeit« und der »absolute Raum« als höchst autistische Gedankengebilde herausgestellt haben, mit denen niemand von uns kommunizieren kann, sondern auch, weil diese drei Größen gar nicht unabhängig voneinander existieren können! Jeder Massekörper benötigt für seine Existenz Raum, und ohne Uhr können wir keine Längen vergleichen, denn Anfang und Ende von zwei Strecken müssen ja *gleichzeitig* vermessen werden. Außerdem gibt es in unserer Welt keine einzige Uhr, die ohne Verwendung von *Längen* auskommt. Und für jede Bestimmung von Zeit- und Raumlängen benötigen wir Gebilde aus Massekörpern – zumindest für die Sensoren und Anzeigen.

Die Auswahl von Zeit, Länge und Masse als Fundamentalgrößen war einzig durch Gewohnheit motiviert, denn schon in der klassischen Physik waren alle Naturgrößen gleichwertig. Da wir biologische Lebewesen sind, deren Umwelteindrücke durch unsere Anschauungsformen »Raum und Zeit« a priori geprägt werden, ist es nicht verwunderlich, dass wir sie als das primär Wichtige angesehen haben.

Es gibt jedoch auch andere physikalische Fundamente, die es uns ermöglichen, alle übrigen Naturgrößen zu definieren. Das zu beweisen ist sehr einfach: Wir brauchen dazu bloß zu zeigen, dass sich die traditionellen Fundamentalgrößen Zeit, Länge und Masse durch die von uns gewählten neuen Basisgrößen ausdrücken lassen. Die zweite Spalte der Tabelle 2 zeigt uns, dass dies mit der dynamischen Troika Energie – Impuls – Impulsmoment möglich ist. Die neuen Definitionen aller anderen Naturgrößen erhalten wir dann durch Einsetzen dieser Ausdrücke in die traditionellen Formeln.

Die moderne Physik geht davon aus, dass die Naturphänomene Energie, Impuls und Impulsmoment an allen Vorgängen in unserer Welt beteiligt sind. Diese drei Naturgrößen können weder von uns Menschen noch von irgendeinem uns bekannten Vorgang im Universum erzeugt oder vernichtet werden, sondern lassen sich nur lokal umverteilen und heißen daher »Erhaltungsgrößen«.

Jede Bewegung, alles, was wir erleben, jede Veränderung in unserem Leben wird durch lokale Neuverteilungen dieser drei Größen mitbewirkt – von den subatomaren Teilchen über die Atome und Moleküle bis hin zum Spiel der komplexen Gebilde wie unseren Körpern, den Planeten, Sonnen und Galaxien. Die Erhaltung dieser drei Größen war schon in der klassischen Mechanik der zweiten Hälfte des 19. Jahrhunderts anerkannt, damals waren sie allerdings ausschließlich als rein mechanische Größen angesehen worden.

Erst die Quanten- und Relativitätstheorien zeigten, dass Energie, Impuls und Impulsmoment auch in der nicht mechanisch-körperlichen Welt auftreten, dass sie ein Triumvirat bilden, das sämtliche Geschehnisse in unserer Welt bestimmt. Die moderne Physik befreite uns von dem Zwang, Masse, Zeit und Raum wichtiger nehmen zu müssen als etwa Energie, Impuls und Impulsmoment.

8.4 Die »gekrümmte« RaumZeit

Wir verstehen das Funktionsprinzip des Universums wesentlich besser, wenn wir unseren Standpunkt ändern: Nicht unsere Alltagswelt mit ihren geringen Bewegungsgeschwindigkeiten ist das prägende Element des Kosmos, sondern das Kraftspiel zwischen den Sonnen und Planeten, den Galaxien und Galaxienverbänden. Und dieses Kraftspiel findet nicht nur mit der ungeheuer hohen (Vakuums)Lichtschnelligkeit statt, sondern es zeigt sich völlig unabhängig vom Bewegungszustand der einzelnen Beobachter. Die ruhmasselosen Kraftüberträger breiten sich so wie das Licht immer und überall hin gleich schnell aus. Ihre Ausbreitungsgeschwindigkeit wird in jeder Trägheitswelt als identisch gleich ermittelt.

Unser Begriff »Raum« ist nur mit der Körperwelt untrennbar verbunden: Die Massekörper in ihrer geometrischen Formgebung verlangen nach einem geeigneten Aufenthaltsraum. Für alle anderen Naturphänomene jedoch, die keine Körperstruktur aufweisen, gilt das nicht: Energie und Impuls etwa lassen sich in keine geometrische Gestalt pressen, sie weisen kein Volumen auf und kennen keine Bahnkurven. Einzig bei der

Wechselwirkung mit Körpern ist bei ihnen von einer geometrischen Orientierung sinnvoll Gebrauch zu machen.

Seitdem wir wissen, dass sich weder das Licht und die anderen elektromagnetischen Wellen noch die Schwerkraft unendlich schnell ausbreiten, müssen wir bekanntlich immer zwischen den visuellen und geometrischen Bildern unseres Universums unterscheiden. Da wir Letztere lediglich durch nachträgliche Korrekturen unserer visuellen Beobachtungen erhalten können, hat der »Raum« seine ihm in der mechanistischen Weltsicht zugedachte Rolle als geometrisch ordnende Struktur der Gegenwart verloren: Die »geometrischen Abstände« zwischen den einzelnen Objekten können wir ja nur unter Zuhilfenahme der relevanten physikalischen Gesetze aus unseren visuellen Beobachtungen berechnen.

Diese geometrische Struktur ist aber kein real existierendes Gebilde, sondern ein mathematisches Orientierungsnetz, das daher weder Platz für Massekörper noch für die Kraftausbreitung zu bieten vermag. Die moderne Physik unterscheidet deshalb zwischen diesem mathematischen Raum und dem »Raum« als eigenständigem Naturgebilde, in dem sich unsere Naturgeschehnisse abspielen.

In unserem Universum gibt es nirgendwo einen exakt leeren »Raum«, sondern nur (fast) materielose Gebiete, in denen wir jedoch eine Ansammlung von Kraftfeldern wie Gravitation, elektromagnetische Wellen usf. vorfinden. Wir wissen bereits, dass sich diese Kraftfelder mitnichten erzeugen oder zerstören lassen, sondern nur in ihrem Zustand, den sie uns gegenüber zur Schau stellen, verändert werden können. Wo immer ein Kraftfeld für uns unbemerkbar ist, sagen wir, es zeigt uns seinen »Grundzustand«, also den Zustand mit seiner kleinstmöglichen Energie. Der Weltenraum ist daher für uns überall dort »leer«, wo wir außerstande sind, auch nur eine einzige Kraftwirkung zu konstatieren, weil sich sämtliche Kraftfelder uns gegenüber in ihren »Grundzuständen« präsentieren.

Seit Newton wissen wir, dass die Kraft nichts anderes ist als ein Impulsstrom (für Interessierte: Kraft = Impuls / Zeit). Die Trägheit eines jeden Naturgebildes ist somit jene »innere« Kraft, die durch den sie begleitenden Impuls produziert wird. Da jede Kraft für ihre Wirkung einen Überträger braucht, der »Kraftfeld« genannt wird, benötigt auch die Trägheitskraft einen solchen Überträger – und dieser heißt selbstverständlich »Trägheitsfeld«.

Diese Trägheit ist ein sehr hinterhältiges Naturphänomen, denn kein einziges Naturgebilde verspürt an sich selbst irgendwelche Trägheit. Wir bemerken sie nur an allen Gebilden, die sich anders bewegen als wir selbst, die also nicht unseren eigenen »Ruh«- oder »Trägheits«-Zustand teilen. Trägheit ist somit jene Kraft, welche einzig von anderen an uns konstatiert wird, niemals aber von uns selbst.

Wegen der Äquivalenz zwischen der trägen Masse und der Energie hat dieses »Trägheitsfeld« ebenso wie die Gravitation die Eigenschaft, mit allen transportfähigen Objekten unseres Universums in Wechselwirkung zu treten. Damit sind diese beiden Felder auf das Engste miteinander verknüpft. Die Äquivalenz der trägen und schweren Masse erzwingt sogar eine Identität des Schwerefelds mit dem Trägheitsfeld: Trägheit und Schwere sind demnach bloß als unterschiedliche Zustände eines einzigen, universellen Kraftfeldes anzusehen. Wir nennen dieses universelle Kraftfeld »Trägheitsfeld«, weil Trägheit selbst dort auftritt, wo wir keine Schwere konstatieren.

Der »leere« Raum ist für uns daher der Grundzustand dieses universellen Trägheitsfeldes! Wo immer wir im Weltenraum Energiekonzentrationen konstatieren, dort ist der Raum für uns nicht mehr leer. Überall dort wird das universelle Trägheitsfeld für uns bemerkbar, denn wir beobachten dort jene Effekte, die wir den Beschleunigungskräften zuschreiben.

Von Beschleunigungen sprechen wir immer dann, wenn wir mit unseren Uhren feststellen, dass ein Naturgebilde unsere regelmäßig gesetzten Landmarken in immer kürzeren Zeitabständen quert. Diese regelmäßig gesetzten Landmarken sind nichts anderes als unser Orientierungsnetz, das wir den »mathematischen Raum« nennen. Wollen wir mit seiner Hilfe die Transporte von Naturgebilden nachvollziehen, dann benötigen wir dazu ein reales Instrumentarium: Maßstäbe, die wir real verlegen können, ein Überwachungsorgan, das sicherstellt, dass sie nicht verschoben werden, und Uhren, die gewährleisten, dass wir »gleichzeitig« beide Enden von Strecken vermessen.

Der Unterschied zum mechanistischen Weltbild wird uns nun klar: Wir dürfen nicht mehr denken, dass es prinzipiell möglich wäre, sondern wir müssen beinharte Strategien zu realer Machbarkeit anbieten. Alles, was zwar »prinzipiell denkbar«, aber nicht real durchführbar ist, gehört in das Reich der Spekulation und nicht in das Arbeitsgebiet der modernen Physik.

Die Welt, die wir sehen, ist eine rein »menschliche« Welt mit unseren menschlichen Sinnesorganen und Orientierungshilfen. Dieses Weltbild hat absolut nichts mehr mit einem etwaig »objektiven« Aussehen unseres Universums zu tun. Ein solches ist ohnehin Schimäre, denn Katzen, Stubenfliegen, Fledermäuse und Delfine leben in derselben Welt wie wir und erfahren dennoch völlig unterschiedliche Bilder von ihr: völlig andere geometrische Strukturen, Farben, Geräusche, Gerüche …

Konkret geht es bei Beschleunigungen um die Frage, wie stark Massekörper aus unserer Sicht in jedem Augenblick aus ihren jeweiligen Trägheitsbewegungen herausgerissen werden, also wie stark ihre Schnelligkeit und Flugrichtung für uns verändert erscheinen. Bei Licht und den anderen elektromagnetischen Wellen konstatieren wir die Einwirkung von äußerer Kraft anders: Da sie als Kraftüberträger für jeden Beobachter in jedem Punkt der masselosen (»leeren«) Raumgebiete immer dieselbe Schnelligkeit haben müssen, können sie zwar in ihrer Ausbreitung abgelenkt, nicht aber in ihrer Schnelligkeit verändert werden. Wie wir aus Bild 2 kennen, verändert sie hier nur die »Farbe«, also die Schwingungsfrequenz (1 / Schwingungszeit), was gleichbedeutend ist mit der entsprechenden Veränderung der Wellenlänge (für Interessierte: Lichtschnelligkeit = Wellenlänge x Schwingungsfrequenz). Die Begründung dafür benötigt ein wenig mehr aus der Quantenmechanik als es der Umfangsrahmen unseres Buches zulässt.

Es steht heute zweifelsfrei fest, dass wir Menschen als biologische Wesen uns nur unser eigenes, menschliches Bild von dieser Welt machen können, ein Bild also, das durch unsere Sinnesorgane und unsere Denkformen a priori geprägt wird. Wir Menschen sind zwar großartige, dennoch aber in unserer Erkenntnis *beschränkte* Individuen. Wir können die Natur ausschließlich mit unseren Messgeräten beobachten und tragen dann die so ermittelten Messdaten in ein geeignetes mathematisches Netzwerk ein. Die solcherart erhaltenen mathematischen Bilder von unseren realen Naturbeobachtungen bilden dann die Grundlagen für unsere Interpretation des Naturgeschehens. Es ist evident, dass unsere Naturerklärungen daher massiv von den jeweils benützten mathematischen Orientierungsnetzen geprägt werden.

Jedes dieser Netzwerke heißt »mathematischer Raum« und die Netzstruktur nennen wir »Geometrie«. Der uns aus der Schule her bekannte »euklidische« Raum kennt Geraden und Ebenen (Euklid: griech. Mathematiker; um 365 – um 300 v. Chr.). Parallel nennen wir hier zwei Geraden, die sich im nicht näher erklärten »Unendlichen« schneiden. Die geometrischen Zusammenhänge müssen dabei nicht gezeichnet werden, sie lassen sich auch berechnen: Jeder Kurve entspricht eine bestimmte Gleichung und die Schnittpunkte von zwei Kurven erhalten wir dann durch Auflösung des entsprechenden Gleichungssystems. Die Rechenregeln ersetzen dabei die Zeichenregeln.

Einstein konnte zeigen, dass wir die Effekte der Schwerebeschleunigung rein geometrisch fassen können, wenn wir anstelle unserer gewohnten euklidischen Geometrie ein ganz anderes mathematisches Netzwerk namens »hyperbolische« Geometrie benützen. Die für unsere Kulturgeschichte so wichtig gewordene Geometrie wurde für das Innere eines Drehellipsoids (die Kugel ist ein solches) entworfen.

Merkliche Schwerebeschleunigungen treten nur in der Nähe von extrem großen Energiekonzentrationen auf, also nur im Nahbereich von Himmelskörpern. Dort werden unsere Messgeräte allerdings deutlich beeinflusst: Die Uhren verlangsamen für Außenstehende ihre Gangschnelligkeit, und wir konstatieren, dass das Verhältnis der Längen zu den Durchmessern der Umlaufbahnen dort kleiner ist als in der euklidischen Geometrie!

In der Nähe von großen Massekonzentrationen weicht unser Orientierungsnetz daher vom gewohnten euklidischen Raum ab. Die Schwerewirkungen modifizieren also die innere Struktur unseres physikalischen »Raums« – je höher die Energiefokussierung, desto stärker. Die Beschleunigungseffekte der Schwerewirkung an Naturgebilden werden daher heute durch die Angabe charakterisiert, wie stark die örtlich geltende Geometrie von der des ebenen Raums abweicht, wie stark also der Raum durch sie »gekrümmt« wird.

Das ist das ganze Geheimnis der »gekrümmten« RaumZeit. Von RaumZeit sprechen wir dabei immer dann, wenn wir zu den jeweiligen Aufenthaltsorten der Naturgebilde auch die Zeitpunkte mitnotieren, wann sie sich dort befanden. Unser geometrisches Orientierungsnetz kennt Länge, Breite und Höhe, also drei »Dimensionen« (lat.: Ausmaß, Ausdehnung, Bereich). Nehmen wir die Zeitpunkte der Aufenthalte zu unserer Beschreibung dazu, dann benötigt unser mathematisches Netzwerk eine vierte Dimension – eben die Zeit. Deshalb sagen wir gerne, dass wir uns in einer vierdimensionalen RaumZeit bewegen. Dies galt schon in der klassischen Physik, nur wurde es dort nicht explizit ausgesprochen.

Ein besonders faszinierender Aspekt des hyperbolischen Raumes ist, dass er – anders als der euklidische – nicht unendlich ausgedehnt sein muss! Das ihn begrenzende Drehellipsoid (etwa eine Kugel) kann durchaus einen endlichen Durchmesser aufweisen. Der Raum selbst ist dann zwar nur im Innern dieser Grenzfläche reell, prägt jedoch auch die Außenwelt, denn dort ist er »imaginär«, also für uns a priori *nicht* vorstellbar, aber dennoch existent! Und zwar nur aufgrund des Vorhandenseins der aus dem Innern aufgebauten Grenzfläche und der darin herrschenden Geometrie.

Dehnen wir nun diese Grenzfläche durch Vergrößern ihres Durchmessers aus, dann wird dadurch ein Teil dieses imaginären Bereiches reell. So kann sich der uns physikalisch reale Weltenraum durch Ausdehnung seiner Grenzfläche vergrößern, ohne dass er ein Gebilde benötigt, in das er hineinwachsen kann. Damit haben wir durch die Physik einen Raum bestimmt, der endlich, aber unbegrenzt ist und durch die in ihm herrschenden Gesetze verändert werden kann.

Diese Veränderung des Raumes kann beispielsweise durch die Veränderung der Masseverteilung erfolgen, was auch tatsächlich geschieht. Die Fixsterne streben auseinander – die weit entfernten sogar mit Geschwindigkeiten, die der des Lichts vergleichbar werden – und so wird das All durch die in ihm herrschenden Gesetze immer größer, und zwar bis es nach etwa 28 Milliarden Jahren seine größte Ausdehnung erlangt hat und sich wieder zusammenzuziehen beginnt.

8.5 Das Baukonzept unserer Welt

Die Welt der modernen Naturwissenschaft zeigt sich viel dynamischer und lebendiger als das Newton'sche Universum der starren mechanischen Kugeln, für welches ursprünglich schon 10.000 Jahre die Ewigkeit bedeutet hatten. Heute sehen wir unsere Welt voller Werden und Vergehen, denn nicht nur die Angehörigen der Fauna und Flora unserer Erde, sondern auch die allermeisten Objekte der Quantenwelt und die Myriaden von Sternen werden geboren und sterben wieder.

Viele der Himmelsgiganten leben unvorstellbare 10 bis 15 Milliarden Jahre, einige sogar noch länger, dafür müssen die massereichsten Sterne schon nach wenigen Millionen Jahren sterben. Manche Sterne explodieren, andere erkalten und wieder andere komprimieren ihre Materie auf eine Kugel von wenigen Kilometern Durchmesser. Letztere ziehen sich somit in sich selbst zurück und leben dann quasi als extreme Autisten, denn sie verweigern jegliche Kommunikation mit der Außenwelt – wir nennen sie »Schwarze Löcher«. Die Sternenfriedhöfe sind Geburtsstätte neuer Myriaden von Sternen und immer wieder durchquert ein Sternenreich ein anderes. Meist bemerken die involvierten Galaxien fast nichts von ihrer Durchdringung, hin und wieder kommt es aber zu Kollisionen mit entsprechend gewaltigen kosmischen Spektakeln.

Sämtliche Massekörper unserer Welt stellen Gebilde dar, die wir mitnichten in beliebig kleine Teile zerlegen können, obgleich sie allesamt aus submikroskopisch kleinen Teilchen bestehen, die wir Atome und Moleküle nennen (Bild 9). Alle Sonnen und Planeten wie unsere Erde, alle Lebewesen wie Menschen, Rosen und Elefanten, alle Kristalle und alle Materialien, einerlei ob Marmor, Kaffee oder Gold, alle komplexen Gebilde des Universums – sie alle sind somit bausteinartig aufgebaut (Bild 10).

Mit gutem Recht können wir dabei die kleinste Einheit einer jeden

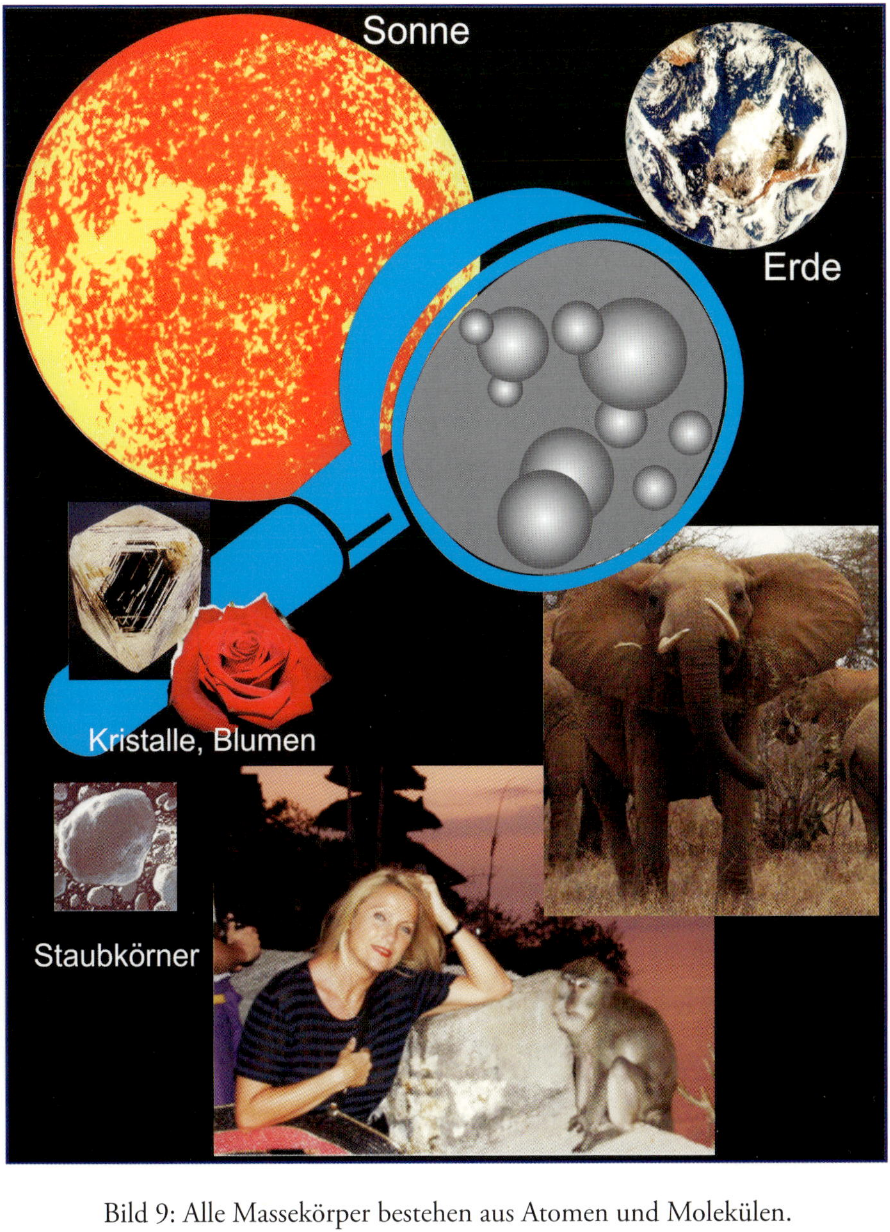

Bild 9: Alle Massekörper bestehen aus Atomen und Molekülen.

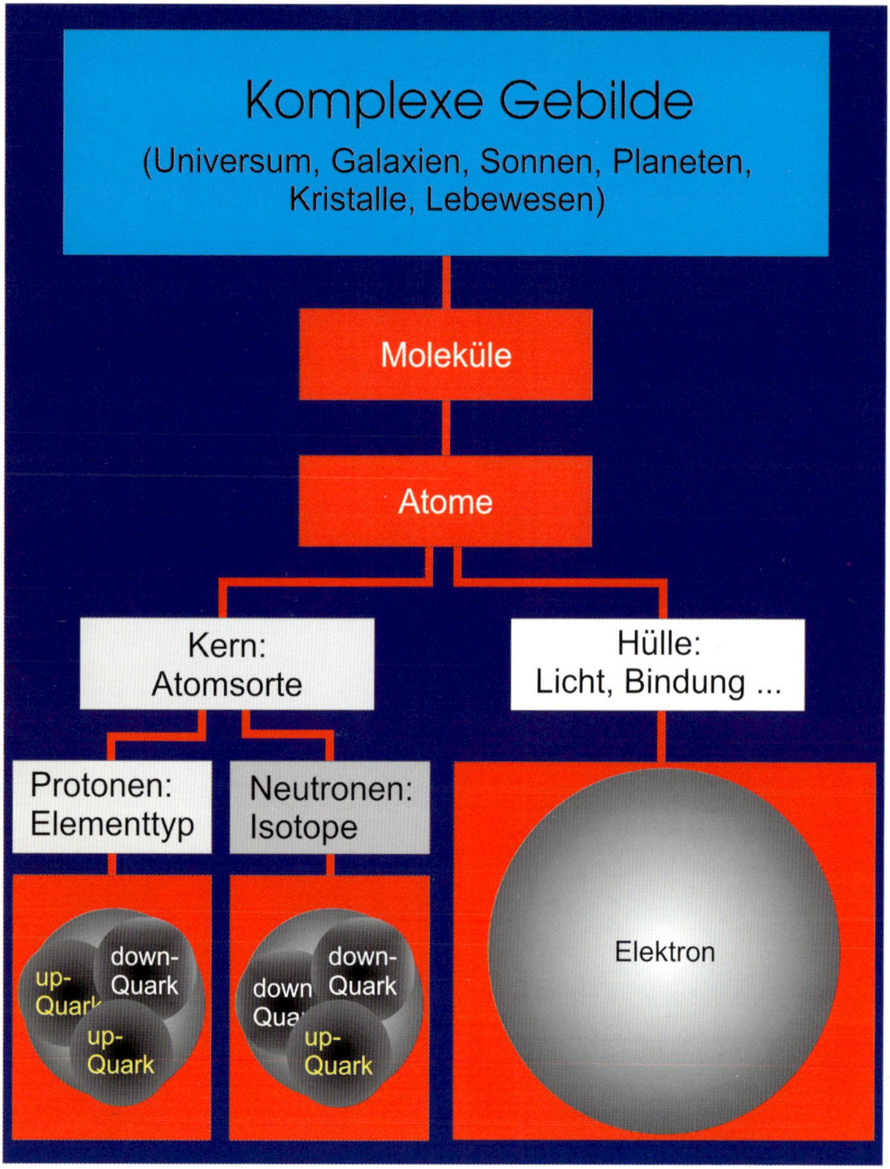

Bild 10: Der Aufbau der Materie.
Zusammenspiel von a) 3 Teilchenarten (up-, down-Quarks und Elektronen) und b) 4 Kräften (starke und schwache Kernkraft, elektromagnetische Kraft und Schwerkraft).

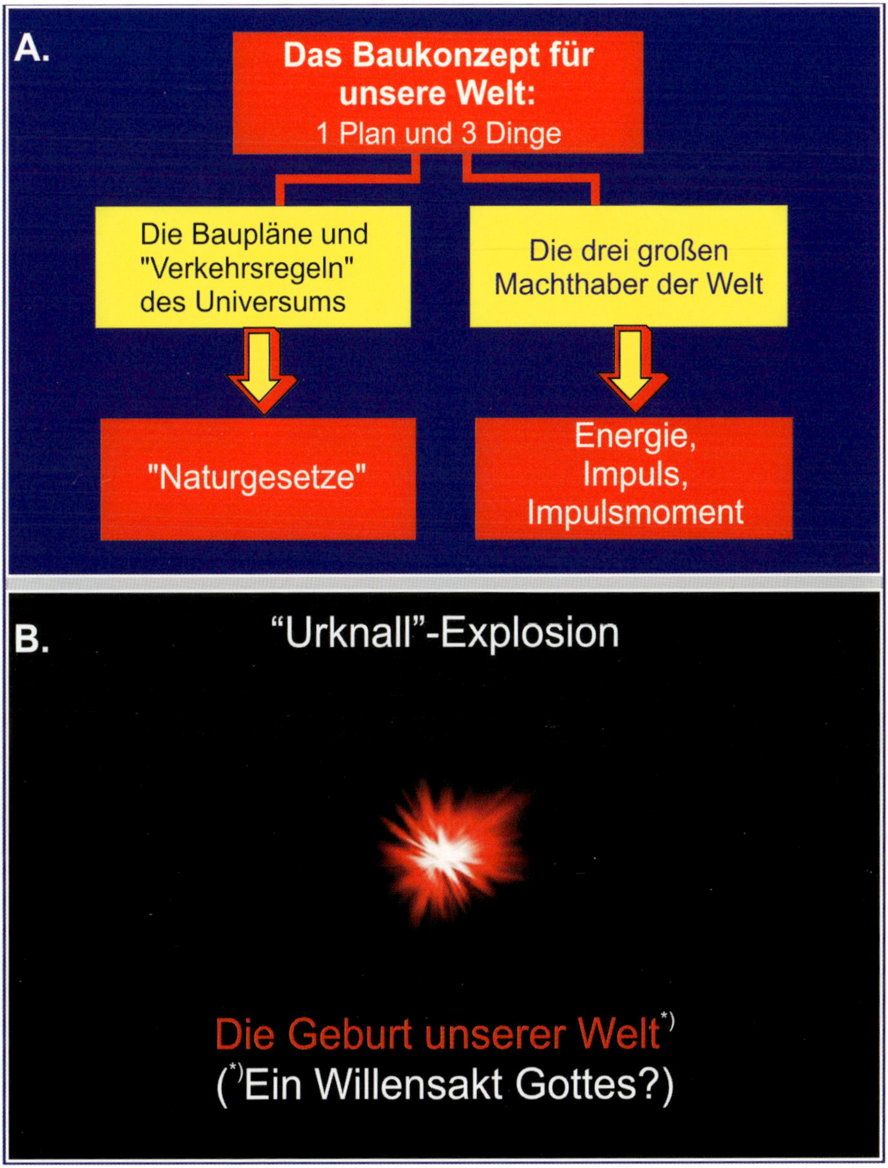

Bild 11: Das Baukonzept unserer Welt I.
A. 1 Plan und 3 Dinge.
B. Die Geburt unserer Welt.

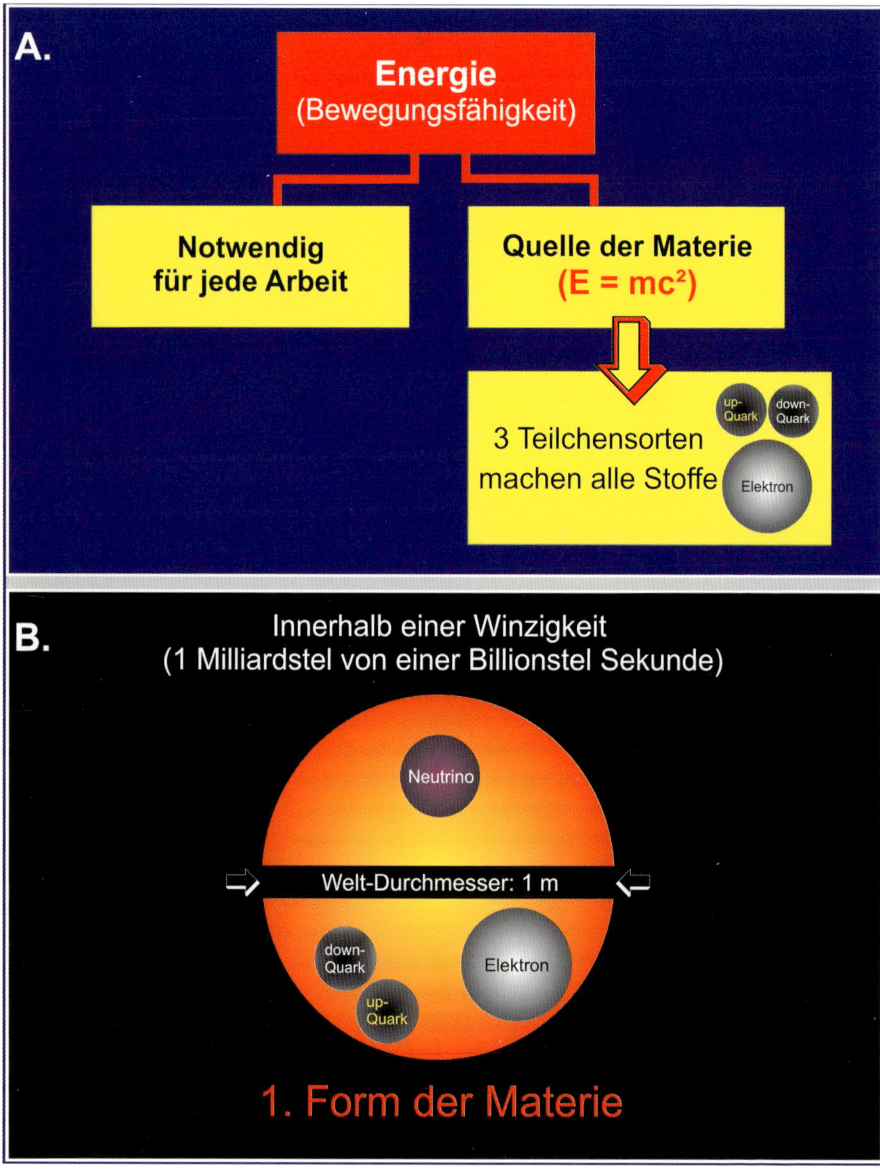

Bild 12: Das Baukonzept unserer Welt II.
A. Die Energie.
B. 1. Form der Materie.

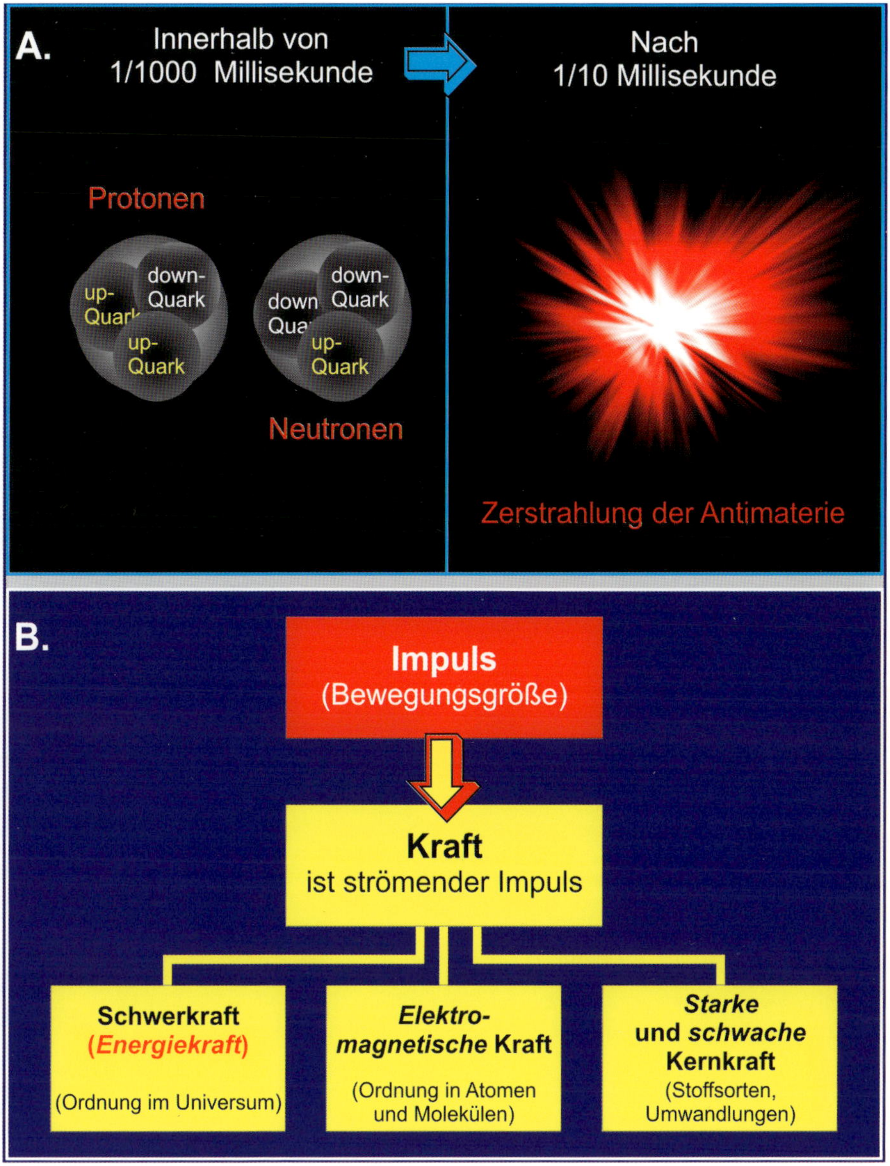

Bild 13: Das Baukonzept unserer Welt III.
A. Die erste Millisekunde.
B. Der Impuls.

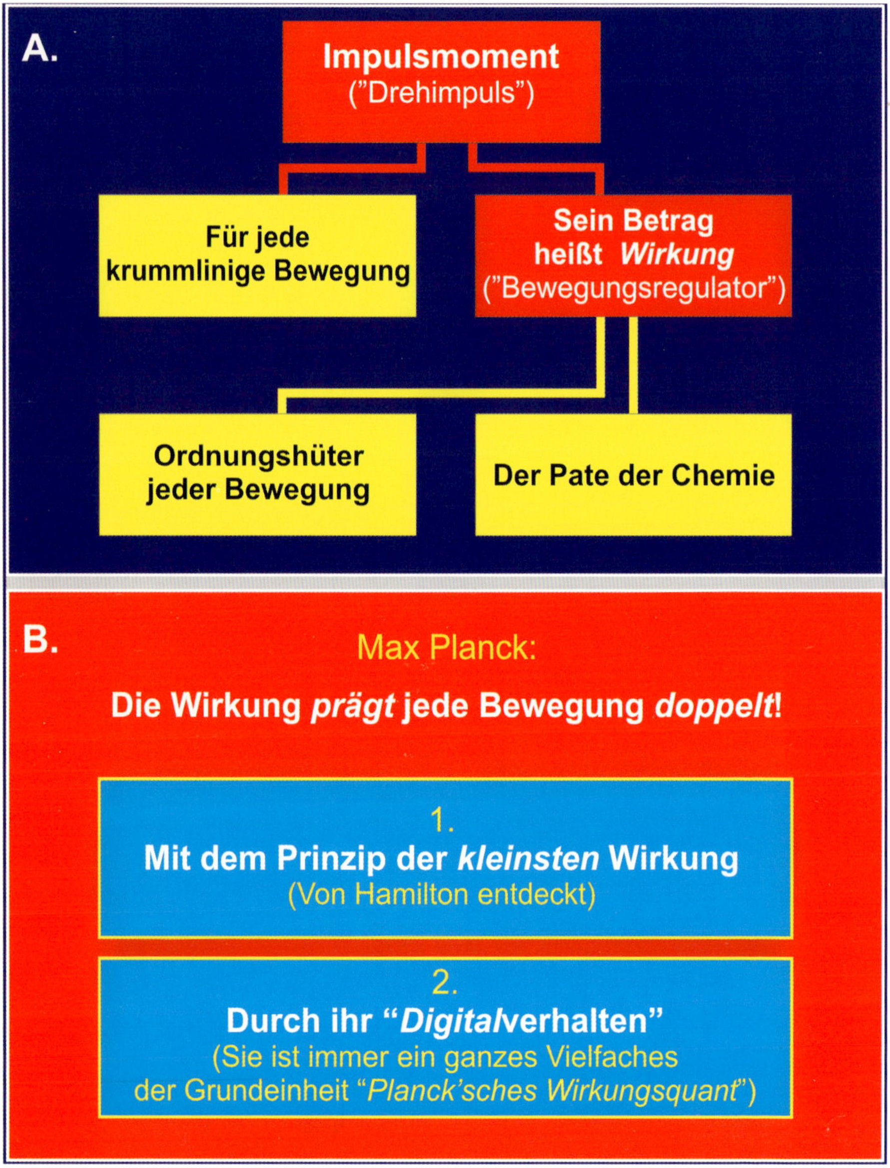

Bild 14: Das Baukonzept unserer Welt IV.
A. Das Impulsmoment.
B. Die Wirkung prägt jede Bewegung doppelt.

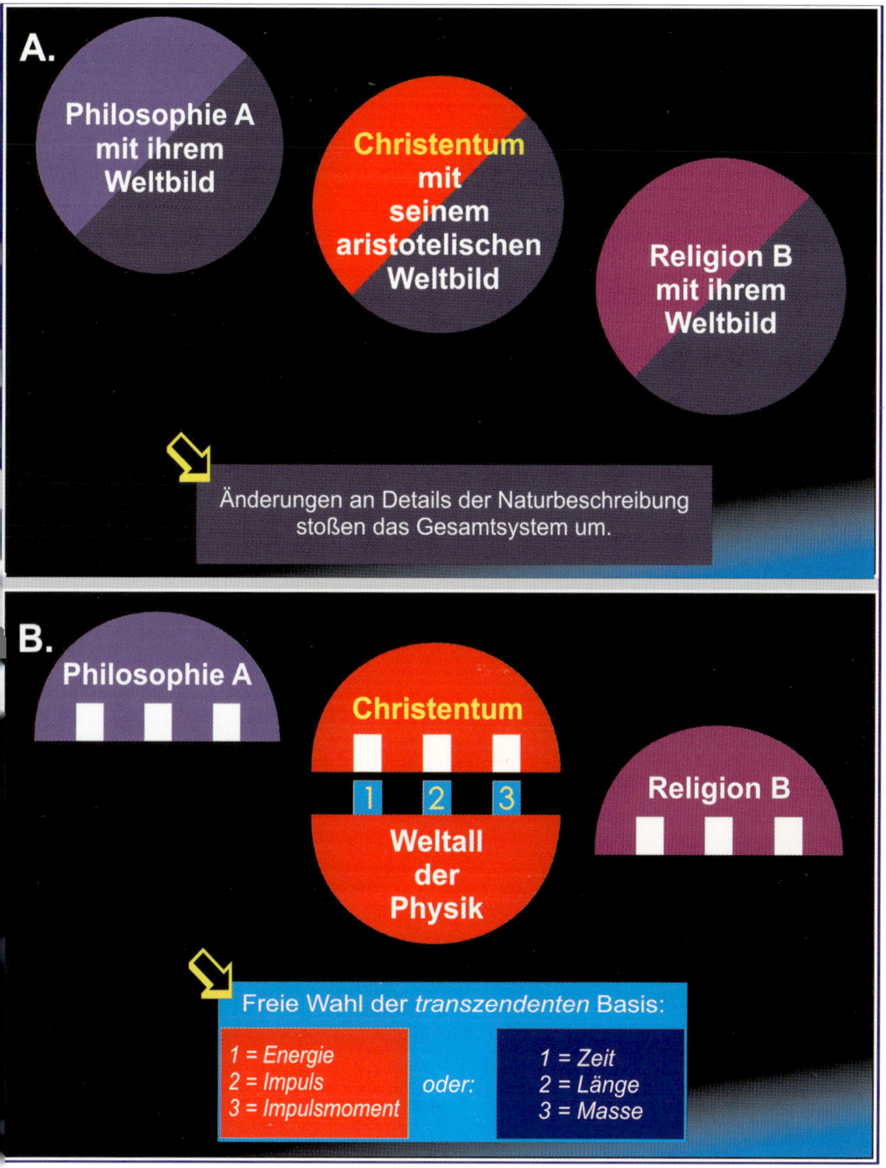

Bild 15: Der Aufbau von Weltanschauungen.
A. Einheitliche Welterklärungen. Änderungen an Details der Naturbeschreibung stoßen das Gesamtsystem um.
B. Abgrenzung der Naturwissenschaft. Die Interpretation der *transzendenten* Basis der Physik obliegt der Philosophie/Religion.

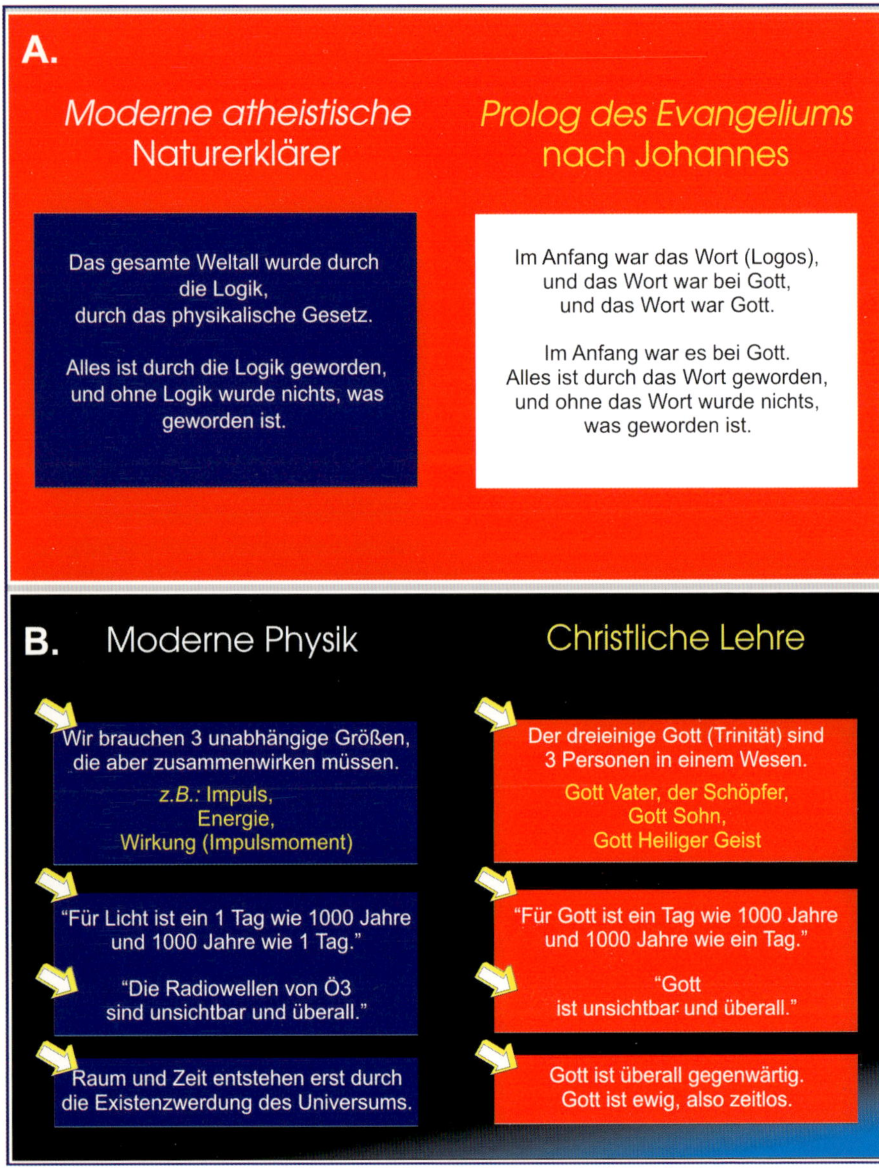

Bild 16: Moderne Physik und das Christentum.
A. Lehrsätze zur Entstehung des Universums.
B. Lehrsätze aus Moderner Physik und Christentum II.

Spezies ein »Individuum«, »atomos« (Unteilbares) oder »Elementarteilchen« nennen – unabhängig davon, wie kompliziert dieses Individuum auch aufgebaut sein mag: Es gibt weder einen halben Menschen noch eine halbe Rose noch ein halbes Wasser. Jedes dieser Individuen von komplexen Gebilden ist wiederum aus kleineren, völlig anders gearteten Bestandteilen zusammengesetzt. Ein Knochen verhält sich anders als ein Mensch, ein Rad anders als ein Rennauto und ein Elektron anders als ein Goldatom.

Nach oben hin ist es rasch erzählt: Unsere Sonne ist ein Elementarteilchen der Spezies »Stern«. Zusammen mit etwa einer Billion anderer Sonnen bildet sie – wie in Bild 7 gezeigt – unsere Milchstraße, die ein Individuum der Art »Galaxien« darstellt. Und das Universum selbst ist aus etwa ein bis zehn Billionen solcher Galaxien zusammengesetzt (Bild 7), die unter sich selbst noch in verschieden großen Galaxienverbänden zusammengeschlossen sind. Die Individuenarten auf unserer Erde sind hingegen zu vielfältig, als dass wir sie hier auch nur ansatzweise zu skizzieren vermögen.

Die Zerteilungen in immer kleinere Bestandteile lassen sich so lange fortsetzen, bis wir zu Materiegebilden gelangen, die sich physikalisch nicht mehr weiter zerlegen lassen. Diese kleinsten Individuen heißen »Moleküle«, falls wir sie mit chemischen Techniken noch weiter auftrennen können. Beispielsweise ist das kleinste Teilchen von Wasser ein Molekül, weil es sich noch in ein Sauerstoff- und zwei Wasserstoffteilchen zerlegen lässt. Lassen sich die kleinsten Teilchen einer Substanz selbst chemisch nicht mehr weiter zerteilen, dann heißen sie »Atome« und die Substanz gilt uns als ein »chemisches Element«.

Aus Bild 10 erkennen wir, dass die Atome unserer Elemente aus einem Kern und einer Hülle bestehen. Die Atomhülle wird aus Elektronen gebildet und ist für das Abstrahlen und Absorbieren von Licht sowie für die Verbindungsfähigkeit mit anderen Atomen verantwortlich. Der Atomkern hingegen besteht aus zwei unterschiedlichen Teilchensorten, den »Protonen« und den »Neutronen«. Erstere prägen den Elementtyp, also die »Gattung« des Elements und Letztere die verschiedenen auftretenden »Unterarten«, die wir »Isotope« nennen. In der Natur finden wir 92 Elemente, wobei Wasserstoff mit nur einem Proton als Kern das leichteste und Uran mit seinen 92 Protonen das schwerste ist. In unseren Laboratorien können wir derzeit zehn noch schwerere Elemente künstlich herstellen.

Die chemischen Elemente werden teils in den Sonnen selbst, teils bei deren Supernova-Explosionen durch Kernreaktionen gebildet. Der interstellare Raum kann mit gutem Recht als Müllhalde der chemischen Fabriken namens Sonnen angeschaut werden. Die Abfälle bei der Elementbildung verbleiben als kosmischer Staub, Sonnenwind, Meteore oder Kometen im Kosmos.

Allerdings gelingt es keiner Sonne, im Alleingang sämtliche chemischen Elemente hervorzubringen. Die Sonnen erster Generation hatten als Rohstoff im Wesentlichen nur Wasserstoff zur Verfügung und verbrannten diesen vorwiegend zu Helium – so wie unsere Sonne auch. Sie besteht beispielsweise aus mindestens 63 Elementen, wobei Wasserstoff und Helium allerdings fast 98 Prozent der Sonnenmasse bilden. Die 61 anderen Atomsorten tragen zwar nur 2 Prozent zur Sonnenmasse bei, das sind für irdische Verhältnisse aber immer noch gigantische Mengen, nämlich an die 6600 Erdmassen! Erst die Sonnen, die aus den Überresten der zerborstenen Sterne entstanden sind, können die höheren chemischen Elemente in größeren Mengen erzeugen.

Die Elektronen lassen sich nicht weiter zerlegen, sie sind tatsächliche »Elementarteilchen«. Protonen und Neutronen hingegen werden aus zwei anderen unzerlegbaren »Elementarteilchen« aufgebaut, die nach den ebenso rätselhaften Wesen im Roman *Finnegans Wake* von James Joyce »up«- und »down«-Quarks heißen. In der modernen Physik genügen uns somit drei Sorten von »Elementarteilchen« für den Aufbau aller materiellen Gebilde dieser Welt.

Kein einziges Naturgebilde ist unsterblich. Die allermeisten wie die Lebewesen, Himmelskörper und viele Isotopen unserer chemischen Elemente kennen von sich aus eine begrenzte Lebenszeit, andere wiederum wie die submikroskopischen Gebilde können einen Unfalltod erleiden oder in andere Existenzen umgewandelt werden. Zumeist geschieht dies durch extrem starke Zusammenstöße und/oder mithilfe der beiden Kernkräfte, wobei oft auch noch die Antimaterie mit im Spiel ist.

Für die Entwicklung des gesamten Universums mitsamt der Vielfalt aller seiner Materiegebilde und den Kraftfeldern werden bloß ein Plan und drei Dinge benötigt: Wie in Bild 11-A verdeutlicht, beinhaltet der Plan die Baupläne und Verkehrsregeln des Universums, die wir als »Naturgesetze« oder »Physik« bezeichnen. Die drei Dinge sind jene drei großen Machthaber, die von Anbeginn vorhanden waren und die in unserem Kosmos weder erzeugt noch vernichtet werden können. Sie werden als Energie, Impuls und Impulsmoment bezeichnet und mischen bei jedem Geschehnis in dieser Welt mit.

Folgen wir der heute weitgehend einhellig anerkannten »Urknall«-Theorie, dann entstand das Universum durch eine uns für immer transzendent bleibende Initialzündung. Sie war quasi die Geburt unseres Kosmos (Bild 11-B). Warum sie erfolgte, darüber können wir nur spekulieren. Jede Deutung liegt außerhalb unserer Erkenntnismöglichkeit, insbesondere jener der Naturwissenschaft. Ob es ein Willensakt eines Gottes war oder ein anderes transzendentes Geschehnis verbleibt somit reine Glaubensangelegenheit.

Die kosmische Troika Energie – Impuls – Impulsmoment wird von uns auch für die Charakterisierung jeder Bewegung benötigt. Die Energie gilt uns dabei als verantwortlich für die Bewegungsfähigkeit der Naturgebilde. Wie Bild 12-A zeigt, ist sie jedoch nicht nur für jede Arbeitsleistung notwendig, sondern bildet auch die Quelle der Materie.

Innerhalb der Winzigkeit von einem Milliardstel einer Billionstel Sekunde musste sich das Innere unseres Universum auf eine Kugel mit einem Meter Durchmesser ausgedehnt haben. Dabei entstanden bereits alle drei Elementarteilchen, die für den Aufbau sämtlicher Massegebilde benötigt werden (up-, down-Quarks und Elektronen) sowie ein viertes Elementarteilchen namens (Elektron-)Neutrino.

Dann geht es in einem ähnlich atemberaubenden Tempo weiter: Eine Millionstel Sekunde später haben sich schon je zwei up-Quarks mit einem down-Quark zu einem Proton vereinigt und je zwei down-Quarks mit einem up-Quark zu Neutronen zusammengeschlossen (Bild 13-A). Bis zu diesem Zeitpunkt war es in unserer Welt so heiß, dass die ersten Materieteilchen mit ihren Antimateriepartnern in friedlicher Koexistenz lebten.

Im Alter von einer Zehntel Millisekunde erleidet unsere Welt dann ihre erste Katastrophe: In einem Urblitz zerstrahlt die gesamte Antimaterie (Bild 13-A)! Trotz dieser Aufhitzung war unsere Welt eine Millisekunde nach ihrer Geburt auf 1 Billion Grad abgekühlt. Selbst wenn uns das noch ziemlich warm erscheint, so war es dennoch schon »kalt« genug, damit erstmals stabile Materieteilchen »ausfrieren« konnten.

Heute ist es eine der spannendsten Fragen unserer Physik, ob es in unserem Universum noch irgendwelche Gebilde gibt, die aus Antimaterie bestehen. Es handelt sich dabei nämlich um eine Kernfrage bei der Suche nach dem Werdegang unserer Welt. Sollten wir einen Antimaterie-Stern finden, dann würde dies unser Weltbild ähnlich massiv verändern, wie es die Relativitäts- und Quantentheorien getan haben.

Nach drei Minuten begann die Heliumherstellung (»Heliumfusion«) aus den Protonen (Wasserstoffkerne) und den Neutronen. Aber erst nach fünf Milliarden Jahren formierten sich die ersten Galaxienverbände mit ihren Abermilliarden von Sonnen. Wie alt unsere Welt tatsächlich ist, darüber gehen die Meinungen stark auseinander. Meist datieren wir das Alter unseres Universums aus unserer Sicht mit 15 bis 20 Milliarden Jahren.

Der zweite kosmische Machthaber ist der »Impuls«, der auch »Bewegungsgröße« genannt wird. Im vorigen Punkt (»Die gekrümmte Raum-Zeit«) haben wir entdeckt, dass wir jeden Impulsstrom als Kraft bezeichnen. Bild 13-B illustriert uns, dass wir heute vier fundamentale Wechselwirkungen kennen: Die Schwerkraft (besser: »Energiekraft«) ist für die großräumigen Strukturen im Universum verantwortlich. Sie versucht auch, das Universum wieder zusammenzuziehen. Das Haupteldorado der elektromagnetischen Kraft ist die Welt der Atome und Moleküle, und die beiden Kernkräfte (»starke« und »schwache«) sind für die unterschiedlichen Stoffsorten ebenso verantwortlich wie für die Umwandlungen der submikroskopischen Masseteilchen.

Die berühmte Frage »Was ist das Prinzip, das die Welt im Innersten zusammenhält?« des Dr. Faust bleibt im ganzen Drama von Goethe (selbstverständlich) unbeantwortet. Aus heutiger Sicht unseres Universums sind es diese vier fundamentalen Wechselwirkungen (»Kräfte«), die allesamt auf ihre Weise dazu beitragen, dass uns die Materie in so vielfältiger Weise zu erscheinen vermag. Die elektromagnetische Kraft sowie die Schwerkraft werden dabei von ruhmasselosen Überträgerteilchen vermittelt und können daher über alle Grenzen hinweg agieren.

Es gibt in unserer Welt genauso viele positive wie negative Ladungen. Da sich gleichnamige Ladungen – also alle positiven sowie alle negativen – jedoch gegenseitig abstoßen und nur ungleichnamige (positive und negative) einander anziehen, neutralisieren sich die elektromagnetischen Kräfte über große Distanzen, sodass die deutlich schwächere Schwerkraft bei kosmischen Dimensionen als Sieger verbleibt.

Die beiden Kernkräfte hingegen werden von Überträgerteilchen vermittelt, die schwerer sind als achtzig Protonen! Daher ist ihr Wirkungsfeld auf winzigste Dimensionen begrenzt, mit der Konsequenz, dass sie nicht einmal zwischen allen Protonen eines großen Atomkerns wirken können. Diese Elemente können demnach unter Aussendung harter elektromagnetischer Strahlung spontan zerfallen, wir nennen sie daher »radioaktiv« (»*radius*« [lat.]: der Strahl).

Das Impulsmoment hat in unserem Universum ebenfalls viele Aufgaben zu erfüllen (Bild 14): Es wird zum einen für alle Abweichungen von geradlinigen Bewegungsabläufen benötigt, weshalb es gerne »Drehmoment« genannt wird. Als Wirkung hat es auch die Rolle des »Bewegungsregulators« zugeteilt bekommen. Der Betrag (richtungsunabhängiger Anteil) des Impulsmomentes ist somit sowohl der Ordnungshüter jeder Bewegung als auch quasi der »Pate« der Chemie.

Der irische Mathematiker, Physiker und Astronom Sir William R. Hamilton (1805–1865) fand heraus, dass jeder einzelne winzige Teilschritt jeder real stattfindenden Bewegung so abläuft, dass die Wirkung dabei so wenig wie möglich verändert wird. Warum sich die Natur so verhält, bleibt ein kosmisches Geheimnis, das wir im Rahmen der Naturwissenschaft nicht beantworten können. Es ist aber Faktum, dass alle Regelmechanismen der Natur darauf hinzielen, das Wenigste von jedem denkbaren Aufwand zu benützen.

Max Planck erkannte später, dass die Wirkung jede Bewegung doppelt prägt: nicht nur nach dem »Prinzip der kleinsten Wirkung«, sondern auch durch ihr Digitalverhalten. Letzteres erzwingt, dass kein einziger Bewegungsablauf in der Natur so kontinuierlich und glatt vonstattengehen kann, wie es im mechanistischen Weltbild gelehrt wird. Da die Zu- oder Abnahme der Wirkung nicht kontinuierlich erfolgt, sondern nur in Schritten von mindestens einem Wirkungsquant h, können die Naturgeschehnisse ihr Verhalten nur sprunghaft – eben »quantenhaft« – verändern. Bei jedem einzelnen Bewegungsschritt muss sich die Wirkung ja entweder um mindestens eine ganze Elementarwirkung verändern oder es bleibt alles wie gehabt.

Die Körnigkeit der Wirkung ist der Garant dafür, dass die Elektronenhüllen aller Atome eines Elements völlig gleich aufgebaut sind, denn nur der digitale Charakter der Wirkung ermöglicht die Fließbandproduktion exakt gleicher Atome: Die Tatsache, dass die Atom-Elektronen nur solche Bewegungen um den Kern durchführen können, für die ihr Drehimpuls ganzzahlige Vielfache des Wirkungsquants h ist, diese Tatsache erzwingt identische Bewegungsverhältnisse für die Atom-Elektronen in allen Atomen eines Elements. Somit sind die Energieinhalte ihrer Hüllenelektronen für jede Atomsorte auf einzelne konkrete Werte reduziert und die jeweiligen Atome besitzen einheitliche Eigenschaften – was die Chemie des Universums ermöglicht.

9.

CONCLUSIO

In meiner Religion gibt es keine Philosophie.

Michael Faraday

Ich fühle Mut, mich in die Welt zu wagen.

Goethe, *Faust*

9.1 Verzicht auf Bilder vom Unvorstellbaren

Selbstverständlich brauchen wir nach wie vor zu jeder Zeit Halt, haben wir Bedarf an Erklärungen und Vorstellungen, die es uns ermöglichen, all die Eindrücke und Erlebnisse zu »verstehen«, mit denen wir tagtäglich konfrontiert werden – in der prähistorischen Zeit vermutlich ebenso wie heute. Wir wünschen uns möglichst verständliche Bilder und Ordnungen in unserer Denkwelt, um das Unbegreifliche, das Unvorstellbare, das wir täglich erleben, verarbeiten und verkraften zu können. Wir wollen vertrautes Wissen: jeder Einzelne von uns und die Menschheit als Ganzes. Der Wunsch nach vertrautem Wissen ist wohl der Ausdruck für unseren Wunsch nach Schutz und Geborgenheit, nach Sicherheit und Berechenbarkeit des Lebens.

Wir Menschen sollten aber niemals zu leugnen versuchen, dass wir Lebewesen mit einer langen Entwicklungsgeschichte sind. Das Primäre ist für uns zu jeder Zeit immer das biologische Überleben. Somit ist es nicht verwunderlich, dass das menschliche Vorstellungsvermögen uns in unserem biologischen Überleben zu unterstützen hat. Die Hauptbegriffe unserer Vorstellungswelt sind dabei geprägt von den Erfahrungen und Notwendigkeiten dieses jahrtausendelangen Überlebenskampfes und entziehen sich daher einer verständlich bleibenden Verallgemeinerung auf abstrakte Wissenschaftsgebiete.

Die Sicherung der Notwendigkeiten zum Überleben und zur Fortpflanzung ist das primäre Aufgabengebiet unserer Sinnesorgane und unseres Gehirns. Die Funktionsprinzipien unserer Umwelt interessieren das Lebewesen Mensch dagegen erst sekundär. Dementsprechend haben wir keine Möglichkeiten, Naturabläufe außerhalb unserer biologisch relevanten Welt unmittelbar zu erkennen oder auch nur plastisch vorzustellen.

Für die Erklärung von Geschehnissen, welche sich außerhalb unserer biologischen Erfahrungswelt ereignen, greifen wir daher zwangsläufig auf uns wohlvertraute Erklärungen zurück. Der Sophist Protagoras von Abdera (490–411 v. Chr.) hat mit seinem berühmten Ausspruch, dass »der Mensch das Maß aller Dinge sei«, bis heute völlig recht. Ergänzen sollten wir ihn noch durch den Zusatz: »Und die gewohnten Dinge sind das Maß seiner Vorstellung«, denn ein Haupthindernis für das Verständnis neuer Weltvorstellungen wurzelt in dem Dilemma, dass wir nur jene Erklärungen verstandesmäßig begreifen können, die wir gefühlsmäßig akzeptieren wollen. Erst dann, wenn wir emotional dazu bereit sind, gelingt es uns, Neues zu verstehen und damit unser Weltbild zu modifizieren.

Egal ob in der Naturwissenschaft, Philosophie und Theologie, überall arbeiten wir mit Begriffen, die jenseits unserer Vorstellungswelt angesiedelt sind, die also unsere Erfahrens-, Gegenstands- und Seinswelt überschreiten und die wir daher als »transzendent« bezeichnen. Bei Kant ist dies alles, was er unter den »Dingen an sich« subsumiert. Transzendent nennen wir somit jenen Bereich unserer Welt, der sich unserer Sinneswahrnehmung a priori entzieht und entweder nur durch Intuition erkennbar oder im Glauben als Sphäre des Übernatürlichen – meist Göttlichen – erlebbar ist.

Wir benötigen somit in unseren Denkwelten einen geeigneten Umgang mit der Transzendenz. Einen solchen zu finden stellt eines der schwierigsten Unterfangen im Aufbau unserer Weltbilder und Weltanschauungen dar: Einerseits müssen wir uns die transzendenten Begriffe möglichst vertraut machen, andererseits dürfen wir dazu aber keine allzu konkreten Bildern verwenden, denn solche verbauen uns den Weg zu einem besseren Verständnis unserer Welt.

Dem britischen Physiker Lord Kelvin (1824–1907) etwa, der zwar einer der ganz Großen in der Entwicklung der Wärmelehre gewesen ist, aber dogmatisch starr an seinem Wunsch nach einer völlig konkret vorstellbaren, mechanistischen Weltbeschreibung festgehalten hat, ist es so ergangen, wie das folgende Zitat aus dem Jahre 1884 zeigt:

> »Ich (*Anm d. Verf.:* Lord Kelvin) bin niemals zufrieden, bevor ich ein mechanisches Modell des Gegenstandes konstruiert habe, mit dem ich mich beschäftige. Wenn es mir gelingt, ein solches herzustellen, verstehe ich, andernfalls nicht. Daher kann ich die elektromagnetische Theorie des Lichts nicht begreifen. Ich möchte das Licht so vollständig verstehen wie möglich, ohne Dinge einzuführen, die ich noch weniger verstehe. Daher halte ich an der einfa-

chen Dynamik fest, denn dort kann ich ein Modell finden, nicht jedoch in der elektromagnetischen Theorie.«

Der biblische Gott hat keinen Bart, keine Hände, ja keinen Körper. Warum malen wir ihn dennoch oft als alten Mann? In Exodus 20,4 steht: »Du sollst Dir kein Bild von mir machen.« Dies ist doch eine eindeutige Warnung, dass jeder Versuch, Gott bildhaft darzustellen, nicht nur zum Scheitern verurteilt ist, sondern uns auch noch arg in die Irre führt, weil es uns dazu verleitet, Gott doch menschlich-körperlich zu denken.

Warum genügt uns nicht ein Symbol, mit dem wir den Unvorstellbaren, den von uns Menschen und unserer Gedankenwelt völlig Wesensfremden ansprechen und in unsere Bilderwelt hereinnehmen? Dieses Symbol wäre bloß ein konkret sichtbarer Platzhalter, eine Repräsentation von Gedachtem, die uns keineswegs in gedankliche Irre führen könnte.

Die Atome sind keine winzigen »Sonnensysteme« mit einem Zentralkern, um den die Elektronen kreisen. Warum gilt uns noch immer das als völlig falsch erwiesene Bohr'sche Atommodell als Zugang zur Quantenwelt? Nur weil es eine körperliche Darstellung dessen bietet, was sich jeder körperlichen Beschreibung gänzlich entzieht? Warum genügt uns nicht die Angabe der Techniken, mithilfe derer wir mit der völlig körperlosen Quantenwelt kommunizieren können? Heisenberg erlitt mit dieser seiner Forderung nach einer radikalen Abkehr von dem Wunsch nach Vorstellung von völlig Unvorstellbarem Schiffbruch.

Das Weltall kennt für uns Menschen keinen »Jetzt«-Zustand in seiner Ausdehnung, also kein geometrisches Bild. Alles Entfernte sehen wir wegen der endlichen Lichtschnelligkeit in vergangenen Zuständen, nämlich in jenen, in denen sie sich zu dem Zeitpunkt befanden, in dem sie das Licht abstrahlten, das wir »jetzt« von ihnen empfangen. Den Mond sehen wir, wie er vor einer guten Sekunde war, das Bild der Sonne ist achteinhalb Minuten und das ihres nächsten Nachbarn, des Proxima Centauri (»*proximus*« (lat.): der Nächste), schon 4,3 Jahre alt.

Das Licht von der gegenüberliegenden Seite unserer Milchstraße ist bekanntlich schon an die 100.000 Jahre zu uns unterwegs. Unsere Nachbargalaxie, den »Andromeda-Nebel«, sehen wir »jetzt« so, wie er vor zweieinhalb Millionen Jahren ausgesehen hat – also eine dreiviertel Million

Jahre, bevor der erste *homo erectus* herumgelaufen ist. Die Sonnen unseres Universums leben nicht unendlich lange, sondern höchstens 10 bis 15 Milliarden Jahre, die dicksten unter ihnen sogar nur Zigmillionen Jahre.

Wir sehen daher bei unseren astronomischen Beobachtungen viele Sterne, die es heute gar nicht mehr gibt, und umgekehrt wissen wir nicht, wie viele Myriaden neuer Sonnen in der Zwischenzeit entstanden sind, weil ihre Geburtsfotos erst auf dem Weg zu uns sind. Warum wollen wir vielfach immer noch das »wirkliche« Aussehen unseres Universums erfahren und begnügen uns nicht mit dem, was wir bekommen können: Bilder unserer Welt, wie wir sie im »Hier und Jetzt« sehen?

9.2 Eine neue Weltsicht entsteht

Die Relativitäts- und Quantentheorien verursachten eine gewaltige Denkrevolution, mit Konsequenzen auf unser Weltbild, die zumindest ebenso dramatisch sind wie jene der kopernikanischen Wende. Es wurden durch sie ja alle Paradigmen unserer Natursicht ausgetauscht: Das kategorische Verlangen nach tatsächlicher Machbarkeit ersetzt nun das Idealitätsprinzip der mechanistischen Weltsicht. Heute haben in der modernen Naturwissenschaft reine Gedankenkonstruktionen keinen Platz mehr, unsere Forschungsgegenstände sind jetzt die Naturgebilde in ihrer real existierenden Form und nicht mehr geometrisch idealisierte Objekte.

Die »wahre« Welt ist nicht mehr die »Welt der Ideen«, sondern unsere real erlebte Umwelt. Es gibt somit keine unendlich schnellen Vorgänge mehr, der Ablauf jedes Naturgeschehnisses benötigt eine gewisse Zeitdauer. Die Annahmen eines absolut für sich existierenden, unendlich großen Raumes sowie einer absoluten, objektiv geltenden, unendlich andauernden Zeit erwiesen sich als ebenso grundlegend falsch wie fast alle mechanistischen Naturgesetze. Damit aber sind sämtliche Weltanschauungen überholt, die Anleihen beim mechanistischen Weltbild genommen haben.

Wir wissen heute, dass Raum und Zeit keine eigenständigen und voneinander unabhängigen Naturphänomene sind und auch dass die Masse gar nicht unzerstörbar ist, da sie ja in Energie zerstrahlt werden kann. Die heutige Welt ist ein Zusammenspiel zwischen den von uns vorstellbaren Massekörpern mit den Kraftfeldern, die sich in keine wie immer geartete geometrische Form pressen lassen und somit »überall und nirgendwo« sind. Die Kraftwelt steht für die moderne Physik außerhalb unseres Raum- und Zeitgefüges und kann nur durch ihre Wirkungen auf die Massekörper erfasst werden.

Dieses Umdenken ist durch die experimentellen Fakten, also durch unsere praktischen Erfahrungen erzwungen worden, denn die unüberbrückbaren Widersprüche zwischen den Behauptungen der klassischen Physik und den experimentellen Befunden der schnellen Bewegungen und im Mikrokosmos erzwangen völlig neue Ordnungsprinzipien für unser Weltbild. Aufgrund seiner grundlegenden Bedeutung für unser Weltbild wird dieser Umsturz oft die »Zweite kopernikanische Wende« genannt, zutreffender wäre allerdings von einer »Planck-Einstein-Wende« zu sprechen.

Aus den geistigen Irrungen der vergangenen Jahrhunderte kondensierte als eine der zentralen Essenzen eine spannenden Tatsache: Wir Menschen können uns nicht allein genügen. Gerade die Fähigkeiten, die uns vor allen anderen irdischen Lebewesen auszeichnen, nämlich das Übergreifen über das unmittelbar sinnlich Gegebene hinaus, das Erkennen weiterer Zusammenhänge, beruhen darauf, dass wir in eine Gemeinschaft von sprechenden und denkenden Wesen eingebunden sind. Allein genügen könnten wir uns als mechanische, elektro-chemische Biomaschine in einer mechanistisch aufgebauten Welt der kleinen und großen Kugeln.

Seit über achtzig Jahren wissen wir jedoch, dass unsere Natur da nicht mitspielt. Da können Intellektuelle, Ideologen und wer auch immer genannt sein will behaupten, was sie wollen, eines steht fest: Moderne Computer, Kernreaktoren und Elektronenmikroskopie sind nach dem mechanistischen Weltbild unmöglich. Wir müssen somit akzeptieren, dass es in der modernen Natursicht wissenschaftlich einwandfrei legitim und notwendig ist, gewisse unbegreifbare und unvorstellbare Dinge in unsere reale Welt einzuführen und zu benützen: elektromagnetische Felder, Moleküle, Protonen und deren Bauteile, Energie, Impuls usf.

Diese Fakten zusammen mit der Tatsache, dass selbst die mächtigsten wissenschaftlichen Theorien nur Relativwissen vermitteln können, lassen die naive Unterscheidung in sich zusammenfallen, die vielfach gemacht wird: hier die exakte Wissenschaft, dort alles andere. Wir bringen in die Naturwissenschaft doch auch unser Gefühl ein: etwa unseren Wunsch nach Eleganz, nach Einfachheit als oberste Maxime, die Auswahl der Grundannahmen unserer Theorien, die »*techne*«, die »Brauchbarkeit« also, als Kriterium für die Akzeptanz von vorgeschlagenen Naturmodellen.

9.3 Wir brauchen Naturwissenschaft und Mystik

Wir Menschen müssen akzeptieren lernen, dass unserer Erkenntnisfähigkeit Grenzen gesetzt sind. Dies ist eine der grundlegenden Erkenntnisse aus der Quantenmechanik und den Relativitätstheorien. Wo sie genau liegen, das wissen wir noch nicht, aber sie existieren, wie schon die Unschärferelation und die Unmöglichkeit, das Dreikörperproblem exakt zu lösen, zeigen. Dementsprechend vorsichtig und bescheiden sollten wir alle urteilen: in der Wissenschaft ebenso wie in den Philosophien, Ideologien und Religionen.

Wir können die Naturwissenschaft weder dazu verwenden, die Nicht-Existenz eines persönlichen Gottes schlüssig zu beweisen, noch umgekehrt aus unserem Wissen über die Natur die Notwendigkeit der Existenz eines solchen Gottes ableiten. Die Interpretation der transzendenten Basisbegriffe unserer Weltanschauungen bleibt in jedem Fall von rein logischer Notwendigkeit ausgeschlossen und muss aus unserer Wunsch- und Gefühlswelt heraus bestimmt werden.

Für einen Gott christlicher Prägung darf es gar keinen logisch einwandfreien und zwingenden Gottesbeweis geben, denn ansonsten könnte das Christentum keine Willensfreiheit für uns Menschen postulieren, wir wären ja nicht mehr wirklich frei in unserer Entscheidung, Gott zu akzeptieren, sondern faktisch zum Glauben verdammt. Denn: Welcher Mensch würde sich bei völliger Gewissheit über einen solchen Gott trauen, diesem zuwiderzuhandeln?

Hier irren christliche Theologen ebenso dramatisch wie seinerzeit in ihrer Überzeugung, die Bibel wäre auch als Lehrbuch für Astrophysik zuständig. Die christlichen »Gottesbeweise« sind nur Irrtümer in dem Sinne, dass immer wieder versucht worden ist, die Existenz Gottes durch falsche Argumente schlüssig zu machen. Das Christentum etwa kann doch unzweifelsfrei so gelesen werden, dass Liebe und Güte die echten Schlüssel für den Gottesglauben sind.

Persönlich stimmt der Autor völlig mit der Aussage von Fritjof Capra in dessen Buch *Das Tao der Physik* überein, dass »die Naturwissenschaft nicht auf die Mystik angewiesen ist und die Mystik nicht auf die Naturwissenschaft – doch die Menschheit kann auf keine der beiden verzichten«. Dem Autor ist insbesondere eine Welt mit Liebe und Güte sympathischer als eine ohne sie. Daher bemüht er sich seit Langem um eine möglichst geschlossene Weltanschauung, die naturwissenschaftliches Arbeiten und den Glauben an den christlichen Gott als harmonisch vereinbar erlaubt. Deshalb wünscht er sich, an einen Gott der Liebe glauben zu lernen.

Leider ist die Geschichte des Christentums keine »Liebesgeschichte« geworden, den unbestritten wertvollen Leistungen steht eine überaus schlimme Ansammlung von völlig unverständlichen Verbrechen an der Menschlichkeit gegenüber. Allerdings hat auch der gelebte Atheismus etwa in Form des Dialektischen Materialismus ganz sicher keine bessere Menschlichkeitsbilanz. Die Geschichte bietet uns keine Entscheidungshilfe, außer vielleicht den Hinweis, dass weder der Glaube an einen persönlichen Gott, noch die Überzeugung, dass es einen solchen nicht gibt, die Ursache menschlichen Leids war und ist, sondern nur deren allzu fanatische und doktrinäre Anhänger.

Wir können und dürfen uns von der modernen Naturwissenschaft keine Klärung in Hinblick auf die Existenz eines persönlichen Gottes erwarten, denn sie ist dafür nicht zuständig. Wissenschaft ist geistige Neugierde und Religion ist für ein gesundes Gefühlsleben von unschätzbarem Wert. Verstand und Gefühl sind die beiden integrierenden Bestandteile unseres Menschseins: Jeden, der gefühllos handelt, bezeichnen wir als »unmenschlich« und umgekehrt nennen wir jeden »tierisch«, der ohne Benützung seines Verstandes seinen Trieben freien Lauf lässt.

Einer der berühmtesten Sätze der europäischen Philosophie ist der Ausspruch von Descartes »Cogito ergo sum« – »Ich denke, daher bin ich«. Aber: Sind wir nicht auch einfach deshalb, weil wir lieben, uns freuen und traurig sein können? »Ich liebe, ich freue mich, ich bin traurig, ich sehne mich nach Liebe, daher bin ich.« Warum also sollen unsere Weltanschauungen immer nur allein auf der *»ratio«* beruhen müssen und nicht auf einer ausgewogenen Balance zwischen Gefühl und Verstand? Wie wir im vorangehenden Punkt »Eine neue Weltsicht entsteht« gesehen haben, sind selbst in den umfassendsten und abstraktesten physikalischen Theorien Gefühlsentscheidungen eingebettet. Hören wir doch auf, unseren Verstand wichtiger zu nehmen als unsere Gefühlswelt!

Menschlich handeln ist in unserer Volksweisheit das ausgewogene Zusammenwirken von Verstand und Gefühl. Ergo dessen drängt sich doch auf, dass eine umfassende Weltanschauung auch beides heranziehen und Platz für deren Wirken bieten muss. Ist es nicht ein Hinweis, dass alle rein intellektuellen Erklärungsversuche unserer Kulturgeschichte für das Werden, die Existenz und den Sinn unseres Universums zum Scheitern verurteilt gewesen sind?

Vielleicht liegt der Grund in der einfachen Tatsache, dass auch das Gefühl zur menschlichen Gedankenwelt dazugehört. Da Gefühle aber nicht logisch quantifiziert werden können und zudem in extremer Form oft abstoßend wirken, werden sie von uns Bildungsmenschen oft ausgeschlossen oder zumindest als etwas angesehen, dessen man sich fast schämen muss: »Ein ›Mann‹ weint nicht« …

Die moderne Physik bezog die Mechanismen der Kraftwirkungen in ihre Gedankenwelt ein und schöpft daraus große Fortschritte. Vielleicht ermöglicht eine Emanzipation der Gefühlswelt, eine gekonnte Kombination aus Verstand und Liebe, jenen massiven Qualitätssprung bei unseren Weltanschauungen, den wir so bitter nötig hätten für ein friedliches Zusammenleben. Die bisherigen, einseitigen Sichtweisen konnten ihn nicht leisten.

9.4 Vorteile einer eigenständigen Physik

Die Eigenständigkeit und scharfe Abgrenzung der Naturforschung gegenüber Philosophien, Ideologien und Religionen bedeutet für die Erarbeitung einer Weltanschauung tatsächlich einen nicht zu überschätzenden Fortschritt: Wie Bild 15-A illustriert, sind bei einheitlichen Welterklärungen die Interpretationen der transzendenten Begriffswelt mit den erfahrbaren und erforschbaren Aspekten unserer Welt untrennbar verwoben. Das verhilft ihnen häufig zu Vorteilen in Bezug auf Überschaubarkeit, Eleganz und leichtere Fasslichkeit – das gilt insbesondere für das aristotelische Weltbild, das für mehr als 2000 Jahre unsere Vorstellungswelt prägte.

Allerdings bieten solche einheitlichen Weltanschauungen nur karge Möglichkeiten zur Revision der Erklärung von Naturvorgängen, denn selbst Abänderungen von Details haben bei diesen einheitlich formulierten Systemen meist zur Folge, dass das gesamte Weltbild zu revidieren ist. Deshalb durfte es zur Zeit Galileis nicht mehr Sterne am Himmel geben als bei Aristoteles beschrieben, und die »Fernrohre« wurden daher als »Teufelsinstrumente« bezeichnet, weil sie uns die wahre Sicht verblenden, indem sie uns vorgaukeln, dass es viel mehr Sterne geben würde.

Die Abgrenzung der Naturwissenschaft erlaubt hingegen – wie in Bild 15-B schematisch dargestellt –, dass wir unser Weltall mit den Methoden der experimentellen Forschung betrachten und beschreiben können, ohne die individuell geglaubten Inhalte unserer transzendenten Begriffswelt zu tangieren. Die Kopplungsbasis sind drei aufeinander abgestimmte physikalische Begriffe. Wie wir gesehen haben, ist die kosmische Troika Energie – Impuls – Impulsmoment dafür bestens geeignet.

Das besonders Bestechende an diesem Triumvirat ist, dass mithilfe dieser Begriffsbasis sowohl die moderne Physik als auch Mystik, Philosophie und Religionen ausgezeichnet arbeiten können. Energie, Impulse und Wirkungen (wie der Betrag des Impulsmomentes heißt) sind Begriffe, die in der Überzahl der Religionen und Philosophie in der einen oder anderen Form vorkommen – denken wir nur an die in Punkt 10.5 (»Der dreieinige Gott«) näher erläuterten Dreiheit *»energeia – dynamis*

– *entelecheia*« der aristotelischen Philosophie, in der die Unterscheidung zwischen »*energeia*« (griech.: Akt, Wirksamkeit, Handeln) und »*dynamis*« (griech.: Potenz, Kraft, Handlungsfähigkeit, Möglichkeit) benutzt wird, um Bewegung, Veränderung und Werden überhaupt zu erklären. Die »*entelecheia*« steht für »Was sein Ziel in sich selbst hat«, für Vollkommenheit, Verwirklichung, und Vollendung.

Religionen und Wissenschaft müssen sich immer ihrer Möglichkeiten und Grenzen bewusst sein. Die Naturwissenschaft muss sich immer vor Augen halten, was wir in »Die ›Nützlichkeit‹ ersetzt die ›Wahrheit‹« näher erläutert haben: (1) Ihr Forschungsgebiet endet dort, wo die Nachprüfbarkeit von Behauptungen nicht mehr gegeben ist. (2) Sie hat als Entscheidungskriterium die Brauchbarkeit, die »*techne*«, die Nützlichkeit, aber nicht das, was wir unter absoluter Wahrheit verstehen. Und (3) sie benötigt als Ausgangspunkt ihrer Arbeit drei transzendente Begriffe, die als »physikalische Grundgrößen« notwendigerweise rein spekulativ verbleiben. Die Physik kann für sie nur angeben, wie ihr unterschiedliches Auftreten verglichen werden kann (Messvorschrift) und in welchen Maßeinheiten diese Vergleiche zu erfolgen haben.

Umgekehrt dürfen Religionsbücher nicht als Physikbücher betrachtet werden. Sie sind die Heilsbotschaften ihrer Religionen. Ihre Aufgabe umfasst es aufzuzeigen, wie die jeweilige Religion das physikalisch erkenn- und beschreibbare Universum verursacht sieht. Da diese Ursachen notwendigerweise nicht aus dem Innern unserer Welt erfahrbar sind, können sie nur geglaubt werden. Religionen wären klug beraten, den Inhalt, die Essenz ihrer Botschaften, von den Verkündungsformen zu trennen.

Religionsbotschaften sollten doch in Sprache und Symbolen so gefasst sein, dass sie möglichst kraftvoll vermittelt werden können. Religionen müssen sich im Laufe der Geschichte aber an Menschen aus teils extrem unterschiedlichen Bildungskulturen wenden. Daher bedarf die Vermittlungsform der Religionen immer wieder einer Anpassung an das Weltbild der Menschen, um die sie werben. Die Fragen, welche Wörter, Metaphern und Bilder, welche Formen und Symbole benützt werden, damit die Adressaten die jeweilige Religionsbotschaft verstehen können, sollten als vermittlungstechnische Details und nicht als Glaubenswahrheiten angesehen werden.

Die richtige Wahl hängt hier nämlich von der Weltanschauung, vom Weltbild beider ab: von dem des Angesprochenen genauso wie von dem des Sprechenden. Einem nur am Äquator aufgewachsenen Schwarzafrikaner muss arktisches Eis anders vermittelt werden als einem Nordländer. Einem Bewohner des New Yorker Slums Harlem, der nie von Afrika gehört hat, müssen seine ethnischen Wurzeln anders erklärt werden als unserem Schwarzafrikaner. Und moderne Physiker diskutieren die Probleme Mondlandung, Gezeiten und Sonnenstrahlung völlig anders, als es Platon, Aristoteles, Konfuzius, Moses oder König Salomon getan haben mögen.

9.5 Strahlkraft ist vonnöten

Die Techniken, die wir im Umgang mit Gedanken, Gesellschaft, Gott etc. benützen, färben im Erleben auf die Inhalte ab. Wenn wir vorwiegend museale Techniken benützen, dann formulieren sich die betrachteten Inhalte leicht als »museal« – unabhängig von ihrer Essenz. Vielleicht war der frühere häufige Umbau und Neubau von Gotteshäusern doch Ausdruck für das unausgesprochene Gefühl, zeitgemäße Formen für den Umgang mit Gott suchen zu müssen, also Gott jeweils in die selbst erlebte Gegenwart einzubeziehen, sich aus der eigenen Zeit heraus mit den dieser Zeit adäquaten Ausdrucksmitteln mit ihm zu beschäftigen, zu ihm zu beten, zu klagen, zu bitten.

Unser derzeitiger Kulturbegriff ist weitgehend museal, in die Vergangenheit gerichtet. Wir hängen einem geistigen Leben an, das in dieser Form nicht wiederholbar ist, weil unsere Wissenswelt unwiderrufbar verändert worden ist. Bildung hat im 21. Jahrhundert auch die Kenntnis unserer Ansichten über den Aufbau unserer Welt zu beinhalten – was zur Zeit der antiken Griechen übrigens eine Selbstverständlichkeit war. Nur die blinde Nacheiferung der klassischen Bildung schränkte unseren Kulturhorizont auf wenige Gebiete ein.

Analoges gilt für die Religion. Rituale müssen in die Lebens- und Denkform passen. Menschen, die zum Mond und weiter fliegen können, die Gentechnik entwickeln und den subatomaren Aufbau unserer Materie beschreiben lernen, denken in anderen Formen als Menschen, die weder lesen noch schreiben können, die von Regenten geknechtet werden und vor Geistern und Astrologie Angst haben.

Das Festhalten an Gewohntem ohne Reflexion über die Brauchbarkeit für die Gegenwart und nahe Zukunft war und ist anscheinend eine Eigenheit der meisten Gesellschaftssysteme, aber gefährlich, da zur Erstarrung und damit zur Korrosion führend. Wenn die innere Strahlkraft einer Gesellschaftsform erblasst, dann werden ihre Ideen ausgehöhlt, entarten zu Phrasen und werden zunehmend abgelehnt. Dies ist der Boden für Verführer und Demagogen. Geistige Orientierungslosigkeit wie wir sie derzeit sowohl im Westen als auch in den überwiegenden Teilen des ehemaligen Ostblocks erleben, kann ganz sicher nicht durch Restauration gewesener Strukturen bekämpft werden.

Wir brauchen rasch neue Attraktionen für die Gestaltung unseres Zusammenlebens. Wir brauchen Strahlkraft, die Menschen, insbesondere die heranwachsenden, fasziniert und anspornt sich in Richtung dieser Leitbilder zu entwickeln. Optimistische Lebensqualität kann sein: selbstbewusste, freie Menschen zu sein, die nicht aus Untertanengeist oder äußerem Zwang, sondern aus innerer Stärke heraus leben; sich selbst in vielen Begierden und Wünschen zu beschränken – überall dort, wo damit Qualitätsinteressen anderer massiv beeinträchtigt werden. Der Kant'sche Imperativ wäre eine brauchbare Grundlage für einen zukunftsweisenden Gesellschaftsvertrag.

10.

BEMERKUNGEN ZUM CHRISTENTUM

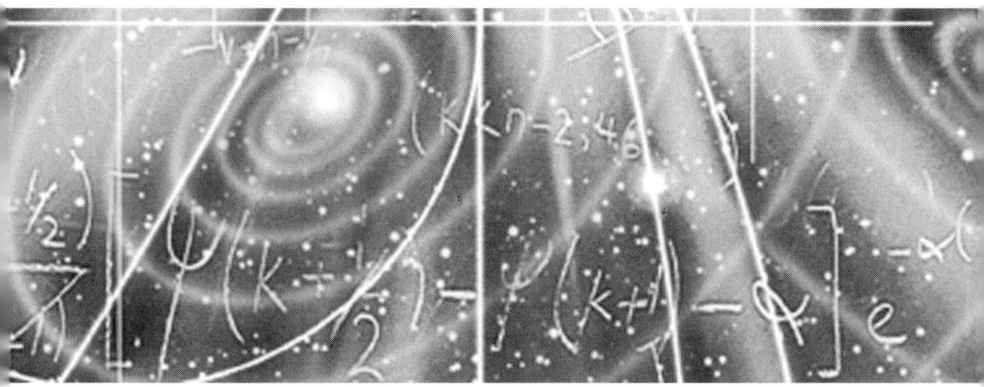

Die Wahrheit ist nicht das Beweisbare,
sondern das Unabwendbare.
Antoine de Saint-Exupéry

Geht zu Gott.
Max Planck

10.1 Beurteilt werden soll die Konzeption

Wir müssen alle Ideologien, Philosophien und Religionen nach ihrer Konzeption beurteilen und nicht nach Realisierungsversuchen. Der Dialektische Materialismus darf somit nicht nach den Gräueltaten gerichtet werden, welche ein Stalin, ein Mao Tse-tung oder der Vietkong verübt haben, sondern nach den Schriften seiner Schöpfer. Seine Vor- und Nachteile müssen wir insbesondere aus dem Schriftwerk von Marx, Engels und Lenin charakterisieren und nicht nach den Massenmorden, die in ihrer Namen verübt worden sind. Genauso dürfen wir aber auch das Christentum nicht nach den Handlungen diverser Kirchenführer oder der Inquisition beurteilen, sondern müssen uns hier ebenfalls der Mühe unterziehen, die Botschaft zu analysieren, welche uns die Bibel zeigt.

Wissenschaft, Kunst und politische Bewegungen sind genauso bunt gemischte Gruppen mit teils deutlich divergierenden Überzeugungen wie sämtliche ideologische, philosophische oder religiöse Gemeinschaften. Den Zusammenhalt über längere Zeit hinweg bilden vor allem Tradition, Gewohnheit und vom Inhalt her einige Kernaussagen, deren Interpretation aber schon oft unterschiedlich ausfällt.

Überall finden wir daher Neid, Herrschsucht und Flügelkämpfe. Jede Gruppierung kennt Extremisten, weniger Radikale und Versöhnliche. Romantiker, Liberale, Fundamentalisten, Revolutionäre, Modernisierer, Konservative und Reaktionäre sind eben nicht das Produkt irgendeiner Ideologie oder Religion, sondern Ausdruck der Geisteshaltung von uns Menschen, die sich in jenen Gruppierungen besonders manifestiert, in denen wir uns am stärksten engagieren.

In der Wissenschaft haben wir es schon kennengelernt: Die verschiedenen Ansichten über Raum, Zeit und Materie sowie über das Aussehen unseres Universums prallten im Laufe unserer Wissenschaftsgeschichte oftmals derart heftig aufeinander, dass wir von Geisteskriegen sprechen können, die immer wieder ausgebrochen sind. Es hat dabei leider immer wieder Tote gegeben: So mancher Gelehrte wurde in den Selbstmord getrieben (wie Boltzmann) oder beging ihn aus Schmach, wenn er erkannte, dass er jahrelang allzu vehement einen schlimmen Irrtum vertreten hatte. Letzteres geschah noch im 20. Jahrhundert – etwa bei einem Wiener Technikprofessor, bei dem der Vater des Autors studierte.

Warum sollte es in Religionsgemeinschaften anders zugehen? Überall sind es gleich fehlerhafte Menschen mit ihren Träumen, Wünschen, Begierden und Eitelkeiten. So auch im Christentum: Es kennt und nennt all diese Fehler beim Namen, sie heißen Sünden. Eine Grundmaxime dieser Glaubenslehre sagt, dass wir alle fehlerhafte, sündige Menschen sind, die sich bemühen müssen, ihre Fehler immer wieder im Zaum zu halten.

Auch der Papst ist nicht fehlerfrei, sonst würde er keinen Beichtvater benötigen. Die viel kritisierte Unfehlbarkeit des Papstes bezieht sich ausschließlich auf die feierliche Verkündung einer grundlegenden Glaubenswahrheit, eines Dogmas eben. Und selbst diese steht nicht in der Bibel. Dort steht allerdings ganz deutlich, dass nicht der Buchstabe der Gesetze wichtig ist, sondern deren Sinn. Im Neuen Testament wird daher immer wieder eindringlich gezeigt, dass formale Gesetzeskriterien nichtig sind, wenn Liebe und Güte gefordert sind.

Sämtliche Kirchengebote und Messzeremonien, alle Rituale und Gebetstexte sind im Laufe der Kirchengeschichte eingeführt worden, teils sogar aus dem Wunsch, gewohnte Gebräuche der Missionierten christlich umzudeuten – denken wir nur an Weihnachten und Ostern. Priester durften lange Jahre hindurch verheiratet sein und der Wissensschatz unserer Kirchenväter musste auch erst erdacht werden! Anglikanische und evangelische Priester, die zum katholischen Glauben übertreten, dürfen Priester bleiben, nicht aber jene katholischen Untergrundpriester des vergangenen Ostblocks, die zu Tarnzwecken verheiratet gewesen sind. Diese mussten nach dem Fall der Sowjetherrschaft ihr Priesteramt aufgeben. Soll das alles in sich theologisch widerspruchsfrei fundiert sein?

10.2 Der Gott des Christentums ist anders

Nirgendwo in der Bibel steht, dass sich das Christentum Anleihen bei Platon und Aristoteles zu holen hatte. Es steht aber deutlich darin, dass wir Menschen uns kein wie auch immer geartetes Bild des biblischen Gottes machen sollen. Spätestens seit der modernen Physik wissen wir, warum: Jeder Versuch, sich ein Wesen vorzustellen, das nicht in unserem Universum entstanden ist, muss notwendigerweise zu völlig falschen Ansichten führen. Schon in der Welt der atomaren und subatomaren Gebilde dürfen wir uns keine Bilder von den dort ablaufenden Vorgängen machen, weil diese notwendigerweise falsch wären.

Vielleicht half die extreme Fokussierung auf die Raum-Zeit-Struktur unserer Welt, uns loszulösen von zu viel Mystik, um die uns umgebenden immanenten Phänomene besser als solche erkennen und beschreiben zu können. Aber Raum und Zeit sind jene Größen, die am wenigsten zu einem Gott – insbesondere zum Gott des Christentums – passen, also die »weltlichsten« Begriffe, die wir kennen. Das materielle, raum-zeitliche Weltbild entspricht einer Konkretisierung des Universums faktisch unter Ausklammerung einer Wechselwirkungsmöglichkeit mit Gott – vielleicht wurde deshalb die klassische Naturwissenschaft so oft als atheistisch empfunden.

Karl Rahner machte unermüdlich darauf aufmerksam, dass der christliche Gottesbegriff anders ist, als viele Christen meinen: Wie bereits im Ersten Vatikanischen Konzil (1869–1870) ausgedrückt, lässt das Christentum Gott wirklich Gott sein. Das ist das spezifisch Christliche im Glauben an einen Gott, wodurch es sich von allen anderen unterscheidet, von allen Deisten, Pantheisten …

Das Christentum glaubt an einen Gott, der wirklich und wesentlich vom gesamten Universum verschieden ist. Es ist christliche Eigenart, dass dieser Gott aus keiner Metaphysik, sondern nur aus dessen eigener Offenbarung genommen werden kann. Dieser Gott gilt als ein völlig freier Schöpfer, der in seiner ureigensten Wirklichkeit als innerste Dynamik und endgültiges Ziel das All geschaffen hat. Wir Menschen sind damit eine Möglichkeit der Selbstmitteilung dieses Gottes. Es findet dabei ein Dialog in göttlicher und menschlicher Freiheit statt (Karl Rahner, »Die spezifische Eigenart des christlichen Gottesbegriffes«, Vortrag, Palais Pallavicini/Wien, 12.10.1981).

In einer bestimmten Art weisen Hegels Gedanken Parallelen zum

Christentum auf, denn indem der christliche Gott etwas an diese unsere Welt weggibt, nimmt er an ihr Anteil und ist in ihr Schicksal eingebunden. Er ist damit Geber und Gabe zugleich. Folgt man der Offenbarung der Bibel, dann hat Gott ein für allemal Freiheit im gegenseitigen Verhältnis zwischen sich und seiner Schöpfung, insbesondere zwischen sich und uns Menschen gesetzt. Damit wird das Leben jedes Menschen zu einer einmaligen Geschichte eines einmaligen Dialogs zwischen ihm und Gott.

Nach Karl Rahner ist die Heilsgeschichte des Christentums eine Geschichte des offenen Dialogs zwischen diesem Gott und den Menschen, und zwar mit einem offenen Ende: Heil oder Unheil. Gottes Freiheit gibt uns nicht nur die Möglichkeit des Heils, sondern Gott realisiert das Heil, ohne das Böse aufzuheben. Durch die Offenbarung wurde von Gott global endgültig für das Heil entschieden. Auf der Individualebene jedes einzelnen Menschen muss wegen der Willensfreiheit die Entscheidung noch offen sein: Hier muss jeder von uns für sich selbst entscheiden. Der Tod ist dann die Endgültigkeitswerdung unserer Freiheitsentscheidung (Karl Rahner im oben zitierten Vortrag).

Der Gott des Christentums bietet somit jedem Menschen an, für immer mit ihm beisammenbleiben zu können. Er bietet uns, die wir aus dem Materiellen geformt (gezeugt) wurden, an, die Grenzen des körperlichen Weltalls zu sprengen. Mit dem körperlichen Tod treten wir Menschen demnach aus den Gesetzen unseres beobachtbaren Universums mit seiner Raum-Zeit-Materiestruktur aus und in Gottes Verband ein. Wie das im Detail geschieht, ist und bleibt uns notwendigerweise verschlossen, da transzendent. Daher ist es sinnlos, darüber zu spekulieren. Wir Menschen sind eben »beschränkte« Wesen, die nicht alles erfahren und verstehen können.

Der Philosoph Josef Pieper (1904–1997), dem der jetzige Papst Benedikt XVI. seinerzeit sein Buch *Auf Christus schauen – Einübung in Glaube, Hoffnung, Liebe* in Dankbarkeit und Verehrung gewidmet hat, definiert Liebe folgendermaßen: »Lieben heißt, ich freue mich, dass du bist. Ich bejahe deine Existenz ohne Vorbehalt.« Die Botschaft des Christentums, dass Gott uns liebt und wir seine Liebe für immer erfahren können, bedeutet daher: Gott bejaht jeden Einzelnen von uns Menschen in seiner Existenz. Für ihn ist es völlig gleichgültig, durch welche Umstände ein Mensch geworden ist.

Der Gott des Christentums bejaht jedes Wunschkind genauso wie jedes Rausch- oder Hurenkind. Er akzeptiert jeden Menschen vorbehaltlos, der einzelne Mensch an sich ist das Entscheidende, er ist die neue Realität, mit der Gott einen neuen Dialog beginnt. Er akzeptiert jeden von uns, unabhängig davon, wie wir aussehen und welche Fähigkeiten wir geerbt haben.

Wir werden mit dem Verstand niemals feststellen können, ob wir lieben. Zweifelsfrei können wir nur konstatieren, dass etwas zutrifft, wenn wir imstande sind, es rational zu definieren, bei der Liebe gibt es diese Möglichkeit jedoch nicht. Selbst Piepers Definition der Liebe als Gutheißen der Existenz des anderen, als die vorbehaltlose Freude über die Tatsache, dass es diese konkrete Existenz gibt, ist nicht ausreichend genug, um etwa die Liebe zu einem Kind oder einem Lebenspartner ganz zu erfassen. Hier ist Unaussprechliches im Spiel, eben »Gefühl«. Somit ist Liebe tatsächlich ein Gegenpol zur »*ratio*«.

Folgen wir der Bibel, dann ist eine der Hauptbotschaften Jesu, dass Gott nicht bloß »gerecht« ist, sondern »gütig«. »Güte« ist der Wille einer Person zu liebevollem Verständnis, sie ist also die Verbindung von Liebe und Verstand, das Produkt des Zusammenwirkens vom Verstand einer Person mit ihrer Liebesfähigkeit. Das deckt sich mit unserem Alltagssprachgebrauch, denn rein verstandesmäßiges Handeln von Personen bezeichnen wir oft als »gefühllos« und Handlungen, bei denen der Verstand ausgeschaltet wird, als »triebhaft«. Nur jene Handlungen nennen wir »menschlich«, die aus dem Zusammenwirken von Ratio und Gefühl entstehen.

Liebe allein kann uns blind machen, Verstand allein kalt, unbarmherzig. Güte weiß um die realen Verhältnisse, lässt Liebe aber dennoch zu. Die Forderung »Betet für eure Feinde« ist einzig durch Güte begründet. Damit zeigt uns das Christentum als einzige philosophische oder religiöse Lehre einen Weg, wie man sich seiner Feinde entledigen kann, ohne bei deren Anhängern Rachegedanken zu schüren. Denn diese führen zwangsläufig zu neuen Attacken auf uns, die wir ansonsten wieder mit Rache beantworten müssen – und so ginge die gegenseitige Rachevergeltung als unendliche Geschichte weiter. Das Christentum hingegen macht uns darauf aufmerksam, dass wir unseren Feinden auch anders begegnen können: mit Gebet und nur jenem Minimum an Gewalt, das wir zu unserem Schutz benötigen.

Durch Güte können Eltern, Geschwister, Menschen sogar noch zu einem Mörder halten: Sie wissen um die Tat, verurteilen sie, halten aber dennoch zu dem Menschen, der das Unfassliche verübt hat. Sie geben ihm damit eine Umdenkchance. Nach einem so verstandenen Christentum dürfen und müssen wir Menschen uns und unsere Gemeinschaft vor Unheil und Leid schützen, das andere verursachen wollen. Aber wir dürfen nicht Rache für begangenes Unheil üben. Der Schutz vor kriminellen Handlungen hat im Vordergrund zu stehen und nicht das Quälen des Täters nach dem Motto: »Mindestens ein Auge um jedes Auge.«

Einige uns besonders unverständliche Charakterisierungen Gottes durch die Bibel werden im Lichte unseres Wissens aus der modernen Physik plötzlich sinnvoll (Bild 16-A): »Bei Gott ist ein Tag wie 1000 Jahre und 1000 Jahre wie ein Tag« (2 Petrus 3,8). Diese Bibelworte, mit denen ausgedrückt werden soll, dass der Gott der Bibel sich jeglicher Zeitordnung entzieht, diese Worte gelten schon für das Licht, wie wir in »Kraftfelder und Massekörper« (Punkt 8.2) erfahren haben. Wenn für das Licht und alle anderen elektromagnetischen Wellen unser Zeitgefüge sinnlos ist, weshalb sollte uns dieses Faktum dann bei einem Schöpfergott stören, der das gesamte All geschaffen haben soll?

Nicht nur der Gott des Christentums wird als unsichtbar und überall geglaubt. Das gilt schon für alle Radio- und Fernsehwellen sowie für alle anderen Felder ebenso (vgl. Punkt 8.2 »Kraftfelder und Massekörper«). Zugegeben, deren Intensitäten variieren und nehmen schnell ab, jene Gottes aber nicht. Vom noch hypothetischen Higgsteilchen wird vermutet, dass es über das gesamte Universum ausgedehnt sein könnte – und jedes Schwerefeld ist es, mit abnehmender Stärke zwar, aber dennoch.

Raum und Zeit gelten uns seit Kant als Vorstellungsbegriffe von uns Menschen, als »Anschauungsformen a priori«, also uns eingeprägte Formungsmechanismen. In der modernen Physik werden sie als Naturgrößen angesehen, die erst im real existierenden Universum auftreten. Wie sollte dann der Schöpfergott des Christentums, durch den unser Universum erst geworden ist, in Raum- und Zeitbegriffen fassbar sein?

Schon die Kraftwelt spielt in einer eigenen Liga! Kein Körper kann sie je erreichen, umgekehrt aber verschwindet jede Lichtwelle, wenn wir sie in unseren Bewegungszustand hereinbremsen wollen. Das Universum der modernen Physik ist keine Welt der starren Kugeln mehr, die auf der Bühne einer immerwährenden, absoluten Zeit in einem immerwährenden Raum herumflitzen. Nein, die heutige Welt ist dynamisch, befindet sich in einem ununterbrochenen Veränderungsreigen, Gebilde entstehen und vergehen. Es ist eine Welt des Zusammenspiels von uns bemerkbaren Körpern und der unsichtbaren Kraftwelt. Die Kraftwirkungen können wir dabei einzig an den Veränderungen bemerken, die sie an Körpern hervorrufen. Vielleicht sollen wir Menschen in unserer körperlichen Existenz Relaisstationen für Gottes Wirken sein?

10.3 Kann Logik die Liebe ersetzen?

Heute ist es bei manchen Wissenschaftlern wie etwa Paul Davies (britischer Physiker; * 1946) modern, das gesamte Universum samt seiner Entstehung auf mathematische und/oder logische Verursachung zurückzuführen. Das bedeutet mehr, als solche Zusammenhänge innerhalb unseres Kosmos zu suchen: Im letzteren Fall sagen wir bewusst, wir wollen sehen, wie weit wir solche Zusammenhänge im wohlvorhandenen Universum entdecken können. Wir enthalten uns dann der Behauptung, dass das Wesen des Weltalls aus logisch/mathematischer Gesetzmäßigkeit bestünde. Weder die menschliche Logik noch unsere Mathematik werden dadurch verabsolutiert und losgelöst von jeglichem »Sein« oder »Ding«, sondern bleiben menschliche Eigenschaften, mit deren Hilfe wir uns den real existierenden Kosmos strukturieren. Es können damit neben unseren Denkgrundgesetzen noch völlig andere Logiken existieren.

Sieht man hingegen Logik und/oder Mathematik als Verursacher des

Kosmos an, dann müssen sie offensichtlich auch losgelöst von diesem existieren. Dann sollte aber auch erklärt werden, warum es »natürlich«, einsichtig sein soll, dass die Logik unabhängig von unserem Universum existiert. Das ist nämlich genau dieselbe Problematik wie bei der Diskussion um Gott. Sagt man: »Die Logik und das Nichts existieren«, dann bedeutet dies, dass ein »logisches All« postuliert wird und alle anderen Möglichkeiten ignoriert werden. Man bleibt zwar in sich unwiderlegbar, aber man kann damit nicht die Behauptung widerlegen, dass ein Gott existiere.

Oder soll es logisch sein, dass eine Behauptung eine andere Behauptung widerlegt? Zwei Behauptungen können höchstens im kontradiktorischen Gegensatz stehen, aber einander doch nicht widerlegen. Hier müssen wir uns nochmals mit aller Deutlichkeit vor Augen führen, in welch unqualifizierter Weise Weltanschauungen oft angegriffen werden: Es wird kritisiert, dass in ihnen Behauptungen aufgestellt, Annahmen getroffen werden, die nicht schlüssig bewiesen seien, und aus diesem Faktum abgeleitet, dass daher die Gegenbehauptungen anzunehmen seien, die dann meist als »wahr« bezeichnet werden, aber auch nicht streng beweisbar sind.

Selbst für zwei im kontradiktorischen Gegensatz stehende Behauptungen sagt die Logik nur, dass eine dieser beiden Aussagen richtig sein muss – nicht aber, welche! Können wir eine Behauptung nicht beweisen, so muss sie deshalb noch lange nicht falsch sein. Erst wenn ihr kontradiktorisches Gegenteil logisch einwandfrei bewiesen ist, wird die ursprüngliche Aussage unrichtig.

Zum Nachweis, dass eine Aussage denknotwendig als richtig angesehen werden muss, haben wir nur drei Möglichkeiten: Wir beweisen entweder erstens positiv die Richtigkeit der Aussage oder zweitens, dass ihr kontradiktorisches Gegenteil falsch ist. Die dritte Möglichkeit ist, aufzuzeigen, dass die betreffende Aussage ein Axiom (eine nicht näher beweisbare Grundannahme) ist, das nicht im Widerspruch zu den anderen Axiomen des betrachteten Denksystems steht.

Die Quintessenz der Überzeugung, dass das gesamte Weltall durch die Logik geworden ist, können wir folgendermaßen ausdrücken: »Das gesamte Weltall wurde durch die Logik, durch das physikalische Gesetz. Alles ist durch die Logik geworden, und ohne Logik wurde nichts, was geworden ist.« (Bild 16-B)

Der Beginn des Johannesevangeliums dagegen lautet: »Im Anfang war der Logos (das Wort), und das Wort war bei Gott, und das Wort war Gott. Im Anfang war es bei Gott. Alles ist durch das Wort geworden, und ohne den Logos (das Wort) wurde nichts, was geworden ist. In ihm war das Leben.« Die Aussagen gleichen sich frappierend, der Unterschied liegt im Charakter des geglaubten Verursachers und Formgebers unseres Universums: eine kalte, liebes- und seelenlose Logik im ersten Fall, ein liebender und gütiger Logos im Christentum.

Die Anhänger der Logik als Quelle und Formgeber unseres Alls müssten allerdings auch angeben, aus welchen mathematischen Gesetzmäßigkeiten, aus welchen Logikakten heraus Energie entstehen konnte. Und welche logischen Überlegungen uns Menschen unsere Liebesfähigkeit zukommen haben lassen.

Die moderne Physik bezog die Mechanismen der Kraftwirkungen in ihre Gedankenwelt mit ein und schöpft daraus große Fortschritte. Vielleicht ermöglicht eine Emanzipation der Gefühlswelt, eine gekonnte Kombination aus Verstand und Liebe jenen massiven Qualitätssprung bei unseren Weltanschauungen, den wir so bitter nötig hätten für ein friedliches Zusammenleben? Die bisherigen einseitigen Sichtweisen konnten ihn nicht leisten.

10.4 Zufall oder Gott?

Für viele ist intellektuell völlig einwandfrei dennoch nur die Behauptung, dass die »Logik« absolut für sich allein existiert, also losgelöst von jeglichem Bewusstsein, sich selbst genügend, nichts benötigend – weder Energie noch Impuls, weder Raum noch Zeit. Diese Logik soll die physikalischen Gesetzmäßigkeiten produziert haben, nach denen unser riesiges All in all seiner Vielfalt entstanden ist. Und wo man nicht weiter kommt, dort verwendet man den »Zufall«.

Im Alltag sprechen wir von Zufall oder »reinem« Zufall, wenn wir für das Auftreten eines Ereignisses keine Erklärung haben. Der Begriff Zufall ist somit schwer gegen die Begriffe Unberechenbarkeit oder Unvorhersagbarkeit abgrenzbar und wird davon nicht immer unterschieden. Als Zufall gilt uns eben alles, was für uns ohne kausalen Grund auftritt. Aber nicht alles, was »grundlos« geschieht, nennen wir »zufällig«, denn »willkürliche« Handlungen werden von uns mitnichten als »zufällig« charakterisiert.

Auch die Philosophen, Mathematiker und Naturwissenschaftler konnten sich bis dato noch nicht auf eine gemeinsame Definition des Zufalls verständigen. Grob gesprochen wird in unseren Wissenschaften unter »Zufall« all das subsumiert, was für uns ohne erkennbaren Grund und ohne Absicht geschieht, also das Mögliche, das eintreten kann, aber nicht eintreten muss. Von »Zufall« sprechen wir überall dort, wo wir keinen Grund erkennen können, warum eine konkrete Ausgangssituation gerade in eine ganz bestimmte von mehreren möglichen Endsituationen übergeht. Bei wiederholtem Vorliegen derselben Ausgangssituation können und müssen dabei auch die anderen Endsituationen eintreten.

In diesem Sinn haben wir nach gängiger Lehrdoktrin den »Zufall« als Auswahlkriterium in Darwins (Charles Darwin: britischer Naturforscher; 1809–1882) Evolutionstheorie zu verstehen. Aber Achtung! Es gibt gravierende Unterschiede in all dem, was wir als »ohne Grund« geschehen betrachten: Aristoteles etwa verstand unter »*tyché*« (sein »Zufall«) die Ursache von allem, was aus einer beabsichtigten Handlung unbeabsichtigt entsteht. Das logisch Zufällige war für ihn somit dasjenige Bestehende, das nur im Einzelnen existiert, aber nicht im Begrifflich-Allgemeinen. Kant präzisiert diese Auffassung von Zufall in seiner *Kritik der reinen Vernunft* mit den Worten: »Zufällig, im reinen Sinne der Kategorie (*Anm. d. Verf.*: seine a priorischen Denkformen), ist das, dessen kontradiktorisches Gegenteil möglich ist«, und später in seiner *Kritik der Urteilskraft*: »Das Bedingte im Dasein überhaupt heißt zufällig.«

Mathematisch wird dabei von der Wahrscheinlichkeit gesprochen, dass eine dieser Endsituationen tatsächlich eintritt. Die Faszination, die seit ihren Anfängen von der Wahrscheinlichkeitstheorie ausgeht, liegt in dem scheinbaren Widerspruch, dass der Zufall Gesetzmäßigkeiten gehorchen solle. Es bedurfte einer langen Entwicklung und heftiger Auseinandersetzungen, bis die mathematische Form gefunden wurde, die solche Gesetzmäßigkeiten zu formulieren und zu beweisen gestattete. Also hat auch der »Zufall« seine Gesetze!

Damit nicht genug, müssen wir auch noch den absoluten vom relativen Zufall unterscheiden: Als absoluter Zufall gilt etwas, das weder durch sein Wesen notwendig (kontingent) noch durch eine Wirk- oder Zielursache eindeutig bestimmt ist (Indeterminismus). Unter relativem Zufall hingegen verstehen wir das im Einzelnen wohl kausal bedingte, aber absichtslose, unvorhergesehene, unbestimmbare, plan- oder regellose Zusammentreffen beziehungsweise Eintreten von Dingen, Ereignissen u. a.

Wir wissen heute, dass wir Menschen nur eine beschränkte Erkenntnisfähigkeit besitzen. Wir können weder mit unseren Sinnesorganen alle Geschehnisse dieser Welt erfassen, noch ist unser Gehirn in der Lage, Beliebiges zu denken. Zudem befinden wir uns in einem steten Lernprozess: Für vieles, das uns noch vor hundert oder mehr Jahren als völlig rätselhaft erschienen ist, kennen wir heute plausible Erklärungen. Manche Anschauungen bleiben ziemlich lange gültig, so etwa die von Kopernikus und Kepler ins Spiel gebrachte Vorstellung, dass die Erde unsere Sonne umkreist. Welche Kraft sie dazu antreibt, war damals aber völlig rätselhaft.

Vom Zufall durften sie nicht sprechen, denn dazu blieben die Planeten ihren Bahnen denn doch zu treu – somit mussten andere Erklärungen her: Descartes schlug vor, dass die Ursache für die Planetenbewegungen in Wirbelbildungen eines den ganzen Weltraum erfüllenden Äthers läge. Diese verursachten für ihn auch die Schwere der Steine. Manche seiner Zeitgenossen vermuteten aber auch, dass Englein mit ihrem Flügelschlag die Planeten auf ihren Bahnen vorantreiben würden.

Erst Newton fand heraus, dass es eine Kraft geben müsse, mit der sich alle Massekörper gegeneinander anzögen, und lieferte auch gleich sein berühmtes Schwerkraftgesetz dazu, mit dessen Hilfe sich die Stärke der gegenseitigen Anziehung berechnen ließ. Allerdings mussten wir daraufhin die Ellipsenbahnen des Kepler'schen Sonnensystems zu leichten Rosettenbahnen modifizieren, was allerdings nicht ganz zufriedenstellend gelang. Ergo war auch Newtons Gesetz nicht korrekt, und wir mussten auf Einstein warten, der dann in seiner allgemeinen Relativitätstheorie ein Bahngesetz gefunden hat, das selbst den allergenauesten Messdaten genügte.

Unser Weltall ist in der Zwischenzeit unermesslich größer und komplexer geworden und nicht einmal mehr der Himmelsäther blieb vom einstmals so eleganten aristotelisch-ptolemäischen Weltbild übrig, das mehr als zwei Jahrtausende lang unsere Vorstellung von der Welt geprägt hatte. Unsere von Kopernikus und Kepler initiierte Bewegung durch das Universum wurde damit von deren einfachen Kreis- bzw. Ellipsenbahn um die Sonne zu einer unsäglich komplexen Flugbahn: Unser Sonnensystem donnert mit etwa 900.000 km/h um das Zentrum der Milchstraße, mit der zusammen wir uns mit etwa 400.000 km/h auf unsere Nachbargalaxis zubewegen, den »Andromeda-Nebel«. Und zusammen mit allen anderen Galaxien unserer »lokalen Gruppe« rasen wir dem Zentrum unseres »Virgo-Superhaufens« entgegen, der wiederum ...

In der Naturwissenschaft können wir tatsächlich nie sicher sein, eine Erklärung gefunden zu haben, die nicht irgendwann umgestoßen oder zumindest modifiziert werden muss. Nur Darwins Evolutionstheorie soll eine Ausnahmestellung haben? Nur bei ihr darf man nicht einmal hinterfragen dürfen, ob tatsächlich der »reine« Zufall das richtige Auswahlkriterium ist oder nicht doch noch unbekannte Gesetzmäßigkeiten?

Warum darf etwa in Darwins Theorie der Zufall nicht im Sinne der Stoiker interpretiert werden: Für sie war der Zufall nur ein Ausdruck für unsere Unkenntnis der Ursachen eines Geschehnisses! Diese Ansicht wird mit unterschiedlicher Wortwahl und Akzentuierung auch von Hobbes, Spinoza, Leibniz, Hume und vielen anderen Philosophen geteilt. In diesem Fall würden wir zugeben, nicht zu wissen, warum die Evolution so und nicht anders abläuft.

Wir könnten uns dann auch die Evolution in Zusammenhang mit quantentheoretischen Fragekomplexen ansehen. Heute wissen wir, dass die Werkstatt der Natur nicht viel Spielraum hatte, um die Basis für die

Entwicklung von höherem Leben zu ermöglichen. Das Mengenverhältnis von Sauerstoff und Kohlenstoff darf dazu nur wenige Prozentpunkte variieren, die Stärkeverhältnisse der vier Fundamentalkräfte der Natur (Schwerkraft, elektromagnetische Kraft, starke und schwache Kernkraft) müssen ebenfalls fein aufeinander abgestimmt sein … Dazu benötigen wir einen uns noch unbekannten Beschleunigungsmechanismus, damit innerhalb weniger Jahrmilliarden höhere biologische Bausteine zustande gekommen sind, denn mithilfe des reinen Zufalls müssten wir gemäß der Wahrscheinlichkeitstheorie noch sehr, sehr lange darauf warten, bis sich unsere Lebensgrundlagen entwickeln würden. Wir haben daher noch sehr viele offene Fragen zu beantworten. Für Friedrich Wilhelm von Schelling (Hauptvertreter der Philosophie des deutschen Idealismus; 1775–1854) ist sein »erstes Seiende« zugleich »das erste Zufällige«, somit der »Urzufall«, da es per definitionem nicht determiniert sein kann – ansonsten müsste ja etwas anderes vorher existiert haben, was aber a priori im Widerspruch zum Begriff des »ersten Seiendes« stünde. Solchermaßen argumentiert wäre der »Urgrund« unserer Welt dasjenige, aus dem alles hervorgegangen ist – das »erste Seiende« eben –, ein zufälliges Produkt. Dasjenige, das für uns Menschen ohne erkennbaren Grund existent ist, das in unseren Termini »absolut Seiende«, das durch nichts Hervorgebrachte ist in dieser Terminologie »zufällig«.

Die Quelle und das Bauprinzip unserer Welt sind in dieser Argumentation »zufällig« – ist das nicht ein bisschen zu kühn, ja überheblich argumentiert? Nur dann nicht, wenn wir den »Zufall« als eine Macht betrachten, die nichts für ihre Existenz benötigt, die einfach »ist«. Dann bedeutet »Zufall« etwas sehr Mächtiges, ein Etwas, das sich dem menschlichen Forschergeist völlig entzieht. Einverstanden!

Das Christentum kennt ein solches über alle Maßen mächtiges Etwas: den Schöpfergott, der sich den Menschen offenbart hat, weil wir ihn mit unseren Erkenntnismöglichkeiten nicht erfassen können. Dieser Gott ist ein Gott der Liebe. Wir Menschen haben Sehnsucht nach Liebe und wir können lieben. Ich sehe nicht ein, warum eine Welt ohne Liebe und ohne Schönheit wahrscheinlicher sein soll als eine Welt mit Liebe.

10.5 Der dreieinige Gott

Etwas zwanglos formuliert ist der christliche Gott der beste Gott, mit dem unsere Kulturgeschichte je konfrontiert worden ist: Er liebt uns Menschen, gibt uns Willensfreiheit und erteilt jeglicher Gewaltanwendung eine Absage. Er lässt uns die Wahl, ob wir nach unserem körperlichen Tod lieber mit ihm für immer zusammen sein oder in uns selbst isoliert verbleiben wollen.

Er verbietet uns Menschen keinerlei Speisen oder Getränke und wir dürfen essen wann und wie viel wir wollen. Er macht uns weder irgendwelche Bekleidungsvorschriften, noch diktiert er uns, wie wir uns frisieren und rasieren müssen. Der sogenannte »Anstand« ist ja menschliches Kulturgut, aber nicht Teil des Christentums. Einen Tag die Woche sollen wir uns erholen, dürfen aber an jedem Tag wandern, Aufzugsknöpfe drücken sowie Menschen oder Tieren in Notlagen helfen.

Umso schwieriger macht der Gott des Christentums es uns, sein Wesen in Worte zu fassen: Er hat als dreieiniger Gott geglaubt zu werden, als Gott in drei Seinsweisen (Personen), aber einem Wesen. Diese Trinität (»*trinitas*« [lat.]: Dreizahl) benennen wir als »Gott den Vater«, »Gott den Sohn« und »Gott Heiliger Geist«. Salopp ausgedrückt wird jedoch »Gott dem Vater« eine gewisse »Chefrolle« zugeordnet, denn wenn wir von »Gott« sprechen, dann meinen wir im Allgemeinen »Gott den Vater« und nicht den dreieinigen Gott.

Diese (Heilige) Dreifaltigkeit ist sehr schwer verständlich, im Lichte der modernen Physik passt sie jedoch punktgenau: Wie in »Jede Weltanschauung hat eine transzendente Basis« (Punkt 7.1) erörtert, benötigen wir in jeder Weltsicht drei unterschiedliche, immerwährende Existenzen, die miteinander kooperieren können: ein »hergebendes Etwas«, aus dem der Kosmos entstanden ist, sowie ein »auslösendes Etwas« und ein »aufnehmendes Etwas«, die dafür sorgten, dass aus der Quelle des Universums das Weltall sich so entwickeln konnte, wie es sich uns Menschen in unserer RaumZeit-Erlebniswelt zeigt.

Die Trinität des Christentums bietet genau dieses Szenario: Die drei unterschiedlichen Seinsarten in einem Wesen sind die drei ewigen Existenzen, die dadurch automatisch zusammenwirken, dass sie eben in einem Wesen vereint sind. Genauere Vorstellungen und Zuteilungen der Aufgaben zwischen den einzelnen Seinsweisen sind uns jedoch verwehrt, weil dieser Gott uns Menschen immer unbegreiflich bleiben wird. Der schon zitierte Satz »Du sollst Dir kein Bild von mir machen« besagt doch, dass wir keinen Funken einer Chance besitzen, das Wesen dieses Gottes auch nur ansatzweise zu verstehen.

Dennoch lassen sich in den Termini der modernen Physik die drei Seinsarten Gottes unschwer als die drei unterschiedlichen Kommunikationskanäle ansprechen, die wir nach dem christlichen Glauben in unserem körperlichen Leben zu dem einen Gott haben: Wenn wir zu »Gott« beten, rufen wir meist »Gott den Vater«, »Gott den Sohn« und »Gott Heiliger Geist« an.

Die in dem Begriff der Trinität fokussierte Lehraussage steht so aber gar nicht in der Bibel, sondern sie wurde auf den beiden Konzilien in Nicäa (325) und Konstantinopel (381) unter Zuhilfenahme der Kategorien und Begriffe des griechischen Denkens, insbesondere der aristotelischen Philosophie, erarbeitet. Drei schon früher genannte Begriffe stechen uns dabei besonders ins Auge: »*energeia*«, »*dynamis*« und »*entelecheia*«.

Mit »*energeia*« bezeichnete Aristoteles zumeist den Zustand des real Seienden, der aus dem spezifischen Wesengrund des möglich Seienden, der »Form«, hervorgeht. Unter »*dynamis*« verstand er die Fähigkeit zu sein, die Kraft sowie das Vermögen zu handeln, und »*entelecheia*« war sein innewohnendes Formprinzip, das etwa einen Organismus zur Selbstentwicklung bringt. Er benützte die »*entelecheia*« teilweise synonym zur »*energeia*«, dann allerdings galt sie ihm als das Ergebnis eines Prozesses der Verwirklichung, den er in diesem Zusammenhang »*energeia*« nennt.

Die Parallelitäten zur Beschreibung des Werdegangs unseres Universums durch die moderne Physik sind nicht von ungefähr, standen »*energeia*« und »*dynamis*« doch Pate für Energie und Bewegungsdynamik. Verwenden wir – wie in »Vorteile einer eigenständigen Physik« (Punkt 9.4) vorgeschlagen – die Kopplungsbasis Energie-Impuls-Impulsmoment als Schnittstelle zwischen dem physikalischen Weltbild und der christlichen Gotteslehre, dann drängt sich uns nahezu auf, die drei transzendenten

Seinsweisen des dreieinigen Gottes als Quelle für unsere kosmische Troika zu betrachten.

Die drei Kommunikationsschienen der Trinität können dabei als Liebe, Ratio und Güte bezeichnet werden: Die Liebe ist die kreative Kraft, die Neues entstehen lässt, sie ist die Quelle der Energie und des Lebens. Wir sprechen in unserem Alltag die Liebe als »Wärme« an, als Leben spendende Energie: »Mir wird ganz warm ums Herz«, »Was die Seele erwärmt«, »Ich verbrenne vor Liebe« ... und bezeichnen lieblose Mitmenschen als »kalt wie ein Fisch«.

Augustinus argumentierte, dass Liebe einzig wegen der Trinität ein ewiger Wesenszug des christlichen Gottes sein kann, denn Liebe braucht immer ein Gegenüber. Somit könnte ein nicht-trinitarischer Gott erst lieben, nachdem er sich ein Gegenüber erschaffen hat, das er lieben kann. Der dreieinige Gott habe jedoch von Ewigkeit her das Gegenüber der Liebe in sich selbst, wie wir es den Worten Jesu Christi entnehmen können (Johannes 17, 24): »Vater, ich will, dass alle, die du mir gegeben hast, dort bei mir sind, wo ich bin. Sie sollen meine Herrlichkeit sehen, die du mir gegeben hast, weil du mich schon geliebt hast vor der Erschaffung der Welt.«

Die Ratio bietet die Kraft, das durch Liebe Gewollte in unserem Universum real entstehen zu lassen, sodass wir den wollenden Verstand sowohl als Impuls- als auch als Wirkungsgeber für unsere Welt ansehen können. Und die Güte versöhnt die geforderten Aufgaben aller Geschaffenheiten mit der Liebe, mit der Freude an ihrem Anteil an diesem Universum. Die Wesenseinheit der Trinität können wir somit modern durchaus als den »Willen eines liebenden Verstandes«, also als die Güte ansprechen.

10.6 Erbsünde und Erlösung

> »Dann gebot Gott, der Herr, dem Menschen: Von allen Bäumen des Gartens darfst du essen, doch vom Baum der Erkenntnis von Gut und Böse darfst du nicht essen; denn sobald du davon isst,

> wirst du sterben. … Dann sprach Gott, der Herr: Seht, der Mensch ist geworden wie wir; er erkennt Gut und Böse. Dass er jetzt nicht die Hand ausstreckt, auch vom Baum des Lebens nimmt, davon isst und ewig lebt! Gott, der Herr, schickte ihn aus dem Garten von Eden weg, damit er den Ackerboden bestellte, von dem er genommen war. Er vertrieb den Menschen und stellte östlich des Gartens von Eden die Kerubim auf und das lodernde Flammenschwert, damit sie den Weg zum Baum des Lebens bewachten.«

Nach dieser Erzählung im 1. Buch Moses werden wir Menschen alle als Nachkommen Adams aufgrund seiner und Evas »Ursünde« in einen Unheilszustand »hineingeboren« und sind so in unserer individuellen Freiheitsgeschichte vorbelastet. Das göttliche Verbot, von den Früchten des Baums der Erkenntnis zu essen, symbolisiert die Grenzen, die uns Menschen als Geschöpfen Gottes gesetzt sind. Die Missachtung dieser Grenzen führte zum Verlust der Lebensfülle und wird im Christentum gemeinhin »Erbsünde« genannt. Wir können sie leicht als Ehrgeiz in seiner negativen Definition verstehen: Dieser lässt uns Menschen ja nie über das von uns Vollbrachte zufrieden, geschweige denn glücklich werden, denn er setzt uns sofort ein höheres Ziel.

Den negativen Ehrgeiz kennen wir als Machtgier, Habsucht usf. Jeder Wunsch, Macht oder mehr Besitz zu haben als andere, erzeugt Zwist und Feindschaft. Selbst der Neid kann mit ihm erklärt werden, denn Neid ist im Wesentlichen negative Habsucht: Wir haben zwar selbst etwas nicht, wollen aber auch nicht, dass andere es besitzen, wir missgönnen es ihnen.

In dem Moment, als wir Menschen mit unserem Menschsein unzufrieden geworden sind, als wir mehr sein wollten als wir selbst, in diesem Augenblick sind wir ehrgeizig im negativen Sinne geworden. Wir wollen uns nicht mit unserer beschränkten Erkenntnis- und Handlungsfähigkeit zufriedengeben, sondern alles wissen, können und erfahren. Deshalb missachten wir beispielsweise so oft die Forderung Gottes, dass wir uns kein Bild von ihm machen sollen.

Nach dem Christentum hat uns Gott durch die sogenannte »Erlösung« die Chance gegeben, diesem negativen Ehrgeiz zu entrinnen. Sie kann im Kern so angesehen werden, dass Gott selbst uns gezeigt hat, wie wir mit Liebe und Güte die Nachteile des Mehr-Sein-Wollens überwinden können. In den Termini der modernen Physik hat er sich geometrisch, körperartig in der Raum-Zeit-Struktur unseres Universums lokalisiert und damit für uns Menschen fassbar gemacht. Gott konkretisierte sich also in der körperlichen Welt als Körper, ähnlich wie die Energie zu unseren Masseobjekten wird.

Er hat körperliche Substanz angenommen, um genauso leidensfähig zu sein wie wir. Als vollwertiger Mensch in Fleisch und Blut, völlig unspektakulär geboren von einer Frau in Armut, aber mit seiner göttlichen Kraft, zeigte er uns, wie man in Liebe leben und Leid annehmen soll. Er gab uns allerdings nicht nur Beispiel, sondern er rief uns auch sehr deutlich auf, ihm möglichst nachzufolgen, uns zu bemühen, seinem Leben – diesem Leben in und aus der Liebe – möglichst nahezukommen.

Seine Botschaft zielt bewusst auf jeden Einzelnen von uns, sie gilt nicht nur für die Menschheit im Allgemeinen, sondern vielmehr ganz konkret für jedes Individuum – unabhängig von seinen Lebensumständen, seiner Herkunft und seinen Fähigkeiten. Damit will er klarstellen, dass für ihn alle Menschen völlig gleichwertig sind und es einzig nur darauf ankommt, wie wir mit unserem Menschsein umzugehen lernen.

Als sehr konkreten Hinweis darauf, dass er tatsächlich der christliche Gott selbst war, ist er nach seinem von ihm völlig akzeptierten menschlich-körperlichen Tod kurz in körperlicher Form auferstanden, aber nicht mehr in körperlicher Substanz. Diese Auferstehung vollendete somit sein Liebeswerk an uns, die wir seine Kinder sind, denen er Liebesfähigkeit geschenkt hat als Lohn für unsere Aufgabe in seiner Schöpfung (siehe Punkt 10.7 »Der Zweck unseres Lebens«).

»Wohin ist Gott? rief er, ich will es euch sagen! Wir haben ihn getötet – ihr und ich! Wir alle sind seine Mörder! Aber wie haben wir dies gemacht? … Gott ist tot! Gott bleibt tot! Und wir haben ihn getötet! … Tot sind alle Götter: Nun wollen wir, dass der Übermensch lebe.« Diese berühmten Sätze des deutschen Philosophen Friedrich Nietzsche (1844–1900) basieren nur zum Teil auf seiner eigenen Meinung, er sah sich vielmehr in der Rolle des Beobachters: Nietzsche kam zu dem Schluss, dass mehrere mächtige Strömungen, vor allem der Höhepunkt des mechanistischen Weltbildes, das Aufkommen der Geschichtswissenschaften sowie des Materialismus und des Nihilismus, daran mitgewirkt haben, den christlichen Gott unglaubwürdig zu machen und damit die christliche Weltanschauung zu Fall zu bringen. Sie besagen aber auch, dass Gott nur subjektiv für die einzelnen Menschen »tot« ist, aber nicht für die gesamte Menschheit. Jeder von uns kann ihn daher in sich selbst lebendig werden lassen.

10.7 Der Zweck unseres Lebens

Viele von uns Menschen fragen sich, warum und wozu sie eigentlich leben. Eine dritte, zentrale Frage, die uns Menschen bewegt, ist jene, ob wir menschliches Leben – insbesondere unser eigenes – töten dürfen. Nur auf die erste dieser drei Fragen, nämlich jene nach dem »Warum«, gibt es eine lapidare und damit triviale und von jedem zu akzeptierende Antwort: Wir leben deshalb, weil wir gezeugt worden und noch nicht gestorben sind. Mit anderen Worten: Wir sind einfach da, und zwar als biologische Wesen.

Die beiden anderen Fragen sind wesentlich diffiziler zu beantworten, denn bis dato kennen wir keinen einzigen denknotwendigen Sinn für unsere Existenz. Infolgedessen sind hier alle Antworten erlaubt, die im Einklang mit unserer persönlichen Weltanschauung stehen. Betrachten wir unser körperliches Dasein rein pragmatisch, so erschöpft sich unser aller Aufgabe darin, dass wir ebenso für unser biologisches Überleben, also unseren Lebensunterhalt, zu sorgen haben wie vermutlich alle anderen Lebewesen unserer Erde auch. Verweigern wir dies, dann ist uns die Lebensbasis entzogen – wir sterben. Rein pragmatisch ist also die Verweigerung, künftig für unser biologisches Leben zu sorgen, legitim und das freiwillige Beenden unseres körperlichen Daseins aus dieser Sicht somit erlaubt.

Wenngleich wir rein biologisch gesehen keine andere echte Aufgabe als die Sorge für unser Überleben haben, steht es uns aber allemal frei, Verpflichtungen einzugehen, um damit unser Dasein erfüllter zu gestalten. Der Wiener Neurologe und Psychiater Viktor Frankl (1905–1997) machte uns nachhaltig darauf aufmerksam, dass wir uns – auch wenn es Mode ist – gar nicht »selbst verwirklichen« können, da wir zweifelsfrei doch schon wirklich sind. Er spricht daher davon, dass wir uns selbst *finden* müssen, indem wir uns eine ansprechende Aufgabe in unserer Welt suchen!

Der französische Philosoph Jean-Paul Sartre (1905–1980) hat zwar den freien Menschen als jenen bezeichnet, der frei jeglicher Bindung ist, dabei aber übersehen, dass dies bei konsequentem Durchspielen ein Leben in völliger Isolation bedeutet. Nein, frei sind wir Menschen dann, wenn wir uns einzig von uns aus an Aufgaben binden können. Wir sollten uns daher an den Ratschlag Viktor Frankls halten und uns bemühen, zu einer möglichst großen Übereinstimmung zwischen unseren Wunschvorstellungen und dem tatsächlich geführten Leben zu gelangen, sodass wir »eins mit uns selbst werden können«.

Viele von uns stellen wohl bei kritischer Betrachtung ihrer Fähigkeiten fest, dass sie kaum eine herausragende Eigenschaft besitzen, denn sie können weder so hervorragend wie so manche andere singen, laufen, Tischtennis spielen ... Dennoch sind wir einzigartig, denn es gibt nur uns selbst mit genau diesem bunten Bündel an Fähigkeiten. Schon von diesem Gesichtspunkt her haben wir nicht nur eine Lebensberechtigung, sondern sogar eine Lebensverpflichtung, denn ohne uns würde unserer Welt jene einzigartige, individuelle Mischung an Leben fehlen, die jeder Einzelne von uns verkörpert.

Solange wir Menschen ausschließlich uns selbst und niemandem anderen verantwortlich sind, ist uns alles gestattet, was im Einklang mit unserer persönlichen Weltanschauung steht. Wir sollten dabei aber bedenken, dass es nicht nur kurz-, sondern auch längerfristige Auswirkungen unserer Taten gibt. Vieles, was uns im Moment günstig erscheint, kann sich nämlich längerfristig als nachteilig erweisen – und umgekehrt. Beispielsweise kann ein sehr kräftiger Mann sich unter Einsatz von Gewalt zusammenrauben, morden und unterjochen wen und was immer er sich wünscht. Erhebt er diese Freiheit zur Lebensmaxime, dann wird er jedoch im Alter oder bei Krankheit kaum Schutz davor haben, dass er nicht auch von anderen starken Männern beraubt, unterjocht oder gar getötet wird, die ebenso denken wie er selbst.

Gewalt ist somit kein geeignetes Mittel, um langfristig unser Überleben zu sichern. Sie ist aber verlockend und wird in der einen oder anderen Form gerne angewendet, weil sie – solange man stark ist und kurzfristig denkt – so einfach ist für die Befriedigung von Bedürfnissen. Da Gewalt existiert, müssen wir uns vor ihr zu schützen versuchen, um überleben zu können. Wir schließen uns daher in Gruppen zusammen, um uns gemeinsam besser schützen zu können.

Wir Menschen gehen also Gesellschaftsverträge ein, die unser Zusammenleben regeln. Diese sind zumeist hierarchisch aufgebaut, was uns zwar natürlich erscheint, aber gewaltiges Konfliktmaterial in sich birgt: Jede hierarchische Gesellschaftsordnung ist in gewisser Weise ideologisch begründet und unterscheidet »wichtigeres«, also »lebenswerteres« Leben vom weniger wichtigen. Dass dabei die engere Umgebung immer als die wichtigere erscheint, brauchen wir wohl nicht besonders zu betonen.

Die stärksten Menschengruppen können jedoch wiederum beliebige, ihnen genehme Gebote aufstellen, weil sie sich gewappnet genug fühlen, diese allen anderen gegenüber durchsetzen zu können. Das klingt brutal und zynisch und ist es vielleicht auch – trifft es aber nicht der Kern unserer »Weltordnung«? Wir haben keine allgemein gültigen, alle Menschen gleich verpflichtenden Grundregeln für unser Leben. Jeder traditionelle Kulturkreis hat bis dato seinen eigenen Ideen zum Durchbruch verhelfen wollen – auch unsere so vielfach gerühmten »westlichen Demokratien«, denn diese wollen ebenfalls alle Menschen an ihr Lebensprinzip binden.

Die Gesellschaftsregeln sind somit das eigentlich Problematische für das Zusammenleben von uns Menschen, und es darf uns nicht verwundern, dass es uns als »realen« Menschen mit all unseren Wünschen, Sehnsüchten, Fehlern und Idealen nicht möglich zu sein scheint, konfliktfrei zusammenzuleben. Noch dazu, wo die meisten unserer Gesellschaften auf Gewalt aufbauen.

Doch zurück zu unserem eigenen Leben: Solange wir körperlich – und sei auch eingeschränkt – handlungsfähig sind, ist keine Gesellschaftsordnung imstande, uns zum Weiterleben zu zwingen. Es kann somit nur persönliche, philosophische Gründe für ein zu akzeptierendes Verbot von Selbstmord geben. Wollen wir trotzdem freiwillig aus dem Leben scheiden, dann lässt sich unsere Weltanschauung vermutlich so abändern, dass dieses Verbot für uns nicht mehr gilt.

Völlig anders verhält es sich, wenn wir an die Existenz des Gottes einer Religion glauben (wollen): In diesem Fall sind die ethischen Gesetze Ausdruck dieses göttlichen Willens und nicht mehr das Produkt unserer eigenen Reflexion. Besonders schwierig wird es im Falle des Christentums, denn dieses glaubt daran, dass ihr Gott jeden Einzelnen von uns Menschen liebend bejaht, anerkennt und so akzeptiert, wie er geboren worden ist. Zudem haben wir diesem Gott während unseres körperlichen Lebens eine Antwort auf sein Liebesanbot zu geben: »Ja, Herr, ich danke Dir, ich will Deine Liebe für immer« – oder aber, »Nein, danke, ich brauche Dich nicht, ich bin mir selbst genug«.

Selbstmord bedeutet beim Glauben(wollen) an die Existenz des christlichen Gottes daher: »Herr, das Kreuz, das ich zu tragen habe, ist zu schwer für mich. Ich fühle mich zu schwach dazu. Ich habe keine Kraft, ich bin es leid, all meine Probleme herumzutragen, mich zu quälen. Ich sehe keine akzeptable Zukunft für mein körperliches Dasein. Ich will nicht mehr!« Vielleicht aber auch: »Gott, ich weiß gar nicht, ob Du wirklich existierst. Solltest Du nicht sein, dann ist diese Plage ohnehin sinnlos. Sollte es Dich hingegen doch geben, dann hoffe ich auf Dein Verständnis.«

Fordert der Bibelsatz »Zu allen sagte er: Wer mein Jünger sein will, der verleugne sich selbst, nehme täglich sein Kreuz auf sich und folge mir nach« (Lukas 9, 23) aber nicht klar und deutlich, dass wir auch Schweres zu tragen haben? Für alle, die an den christlichen Gott glauben (möchten), ist das freiwillige Beenden unseres körperlichen Lebens somit von ihm selbst vermutlich in den allermeisten Fällen untersagt. Quasi als Ausgleich hat uns dieser Gott aber klargemacht, dass wir von ihm nicht über unsere Fähigkeiten beansprucht werden, und auch, dass das irdische Dasein jedes Einzelnen von uns einen echten Sinn hat, auch wenn wir diesen nicht zu erkennen vermögen. Dies bedeutet aber nicht, dass bei aussichtslosem, schlimmem Siechtum die Körpertätigkeit von uns Menschen nach allen Möglichkeiten modernster Medizin aufrechtzuerhalten ist, denn der christliche Gott kennt auch die Menschenwürde.

Wir können an eine faszinierende Rolle der Menschheit glauben, nämlich daran, dass wir dazu auserkoren sind, das Universum mit unseren Augen zu beschreiben. Dadurch wird der Kosmos eben mehr als nur das Kräftespiel zwischen Massekörpern und Energien, er wird sich durch uns bewusst und erhält somit eine neue, höhere Seinsqualität – ähnlich wie erst das Einschalten der Software einen gekonnt zusammengefügten Haufen von diversen Materialien zu einem gebrauchsfähigen Computer werden lässt.

Bewusstsein (»Bewusst-Sein«) hebt sich gegenüber dem »Leben« (»Lebend-Sein«) genauso ab wie Letzteres vom »leblosen« Sein. Jene Daseinsform »Bewusst-Sein«, die mit Gefühl, Liebesfähigkeit und Denkvermögen sowie bestimmten Kommunikations- und Gestaltungstechniken ausgestattet ist, nennen wir »Mensch«. Die materiell fassliche Form davon heißt »Körper« und das »Bewusstsein-Ausmachende« nennen wir »Seele«. Die Seele ist geometrisch nicht lokalisierbar, es könnte sein, dass das Zusammenspiel zwischen Körper und Seele etwa dem zwischen den Massegebilden und den Feldern entspricht. Die Wirkungen der Felder sind ja auch nur über geometrisch lokalisierbare Teilchen, also über Massegebilde erkennbar. Es ist vorstellbar, dass die Liebesfähigkeit in unserem All an die Wechselwirkung zwischen Körper und Seele so gebunden ist wie der elektrische Energietransport an die elektrische Ladung.

Weil kein einziger Mensch unser Universum in all seiner uns zugänglichen Vielfalt allein beschreiben kann, folgt daraus schon, dass die Gemeinschaft von uns Menschen mehr sein muss als ein bloß pragmatischer Vertrag. Erst die Aufgabenteilung in unseren Gemeinschaften ermöglicht uns, das menschliche Bild der Welt zu gestalten. Wir allesamt – Schneider wie Schuster, Forscher, Schauspieler, Köche und alle anderen – tragen somit zur Bewältigung dieser Aufgabe bei.

Die hier skizzierte Aufgabe der Menschheit bedeutet aber mitnichten, dass wir die einzigen vernunftbegabten und zur Liebe fähigen Wesen in unserem Kosmos sein müssen! In der Genesis heißt es doch nur: »Im Anfang schuf Gott Himmel und Erde; die Erde aber war wüst und wirr …«

Dann wird nur noch von unserer Erde erzählt, unterschiedliche Entwicklungsstufen sowie das Firmament werden genannt und unsere Rolle mit den Worten umrissen:

> »Gott schuf also den Menschen als sein Abbild; als Abbild Gottes schuf er ihn. Als Mann und Frau schuf er sie. Gott segnete sie und Gott sprach zu ihnen: Seid fruchtbar und vermehrt euch, bevölkert die Erde, unterwerft sie euch und herrscht über die Fische des Meeres, über die Vögel des Himmels und über alle Tiere, die sich auf dem Land regen.«

Es ist durchaus vorstellbar und voll im Einklang mit der Bibel, dass unser Universum auch von anderen Sichtweisen her eine Bewusstseins-Bildung erfährt, sodass die unzähligen Facetten, die unser Kosmos zu zeigen imstande ist, aus unterschiedlichsten Blickwinkeln heraus beleuchtet werden. Wir sollten uns jedoch darüber im Klaren sein, dass Intelligenz und Liebesfähigkeit mitnichten Wesen verlangen, die auf Eiweiß-Basis beruhen, also auch völlig anders geartet sein können als alles, was unsere Fantasie hervorzubringen vermag.

EPILOG

Dieses Buch ist unvollständig. Wie sollten wir auch auf der Suche nach dem Ursprung aller Dinge, auf der Suche nach einer schlüssigen Antwort, ob es einen Schöpfergott gibt oder nicht, je Gewissheit erlangen können? Es kann alles immer nur Stückwerk sein. Für die wesentlichen Fragen nach dem »Woher«, »Warum« und »Wie« der Entstehung und Entfaltung unseres Universum kann uns niemand beweisbare Antworten geben.

Die Philosophen nicht, weil sie nur »Liebende« der Wahrheit sind, Suchende, die nirgendwo Gewissheit im Verständnis der modernen Naturforschung zu finden vermögen. Die Religionen nicht, weil sie keinen logisch einwandfreien Beweis dafür haben, dass ihre Botschaft tatsächlich stimmig ist. Infolgedessen können sie von uns auch nur »geglaubt« werden. Aber auch die Physik nicht, da sie ja all ihr Wissen auf transzendenten Begriffen aufbaut, also auf einer Basis von drei Gegebenheiten, deren unterschiedliches Auftreten sie zwar beobachten kann, die Antwortsuche nach dem Wesen, der Entstehung oder der Begründung einer etwaigen »Existenz an sich« aber absichtlich aus ihrem Arbeitsgebiet ausgeschlossen hat.

Niemand kann uns Gewissheit geben und so von der Mühsal befreien, nach für uns schlüssigen Antworten auf die immer gleichen Fragen der Menschheit zu suchen. Wie sollten wir denn auch aus dem Innern unseres Universums nach »außerhalb« schauen können? Wir wissen nicht einmal, ob unsere Logik tatsächlich »die Logik des Universums« ist oder von anderen Existenzen arg belächelt würde.

Wir haben jedoch klar gesehen, dass sich das Wissen der modernen Naturwissenschaft unschwer mit dem Glauben an den Gott des Christentums zu einer harmonischen Weltanschauung vereinen lässt. Ein solches Unterfangen ist daher um nichts weniger »wissenschaftlich«, als eine Welterklärung ohne Gott zu suchen. Da es weder einen denknotwendigen Schluss gibt, dass der Gott der christlichen Offenbarung existiert, noch einen, dass er nicht existiert, obliegt es einzig dem persönlichen Gefühl eines jeden Einzelnen von uns Menschen, seine Präferenzen zu setzen.

Dem Autor ist eine Welt mit Liebe und Güte sympathischer als eine ohne sie. Es klingt ihm auch die Aussicht auf eine Existenz, losgelöst von unserem körperlichen Leben, deutlich verlockender als ein totales Nichts nach seinem körperlichen Tod. Der Autor hofft daher, dass es die Trinität, den gütigen Gott der Liebe tatsächlich gibt, und er bemüht sich, an ihn glauben zu lernen. Jedem wünscht er aus ganzem Herzen, geistige Zufriedenheit zu erlangen, und hofft, dass er dazu ein klein wenig beitragen konnte.